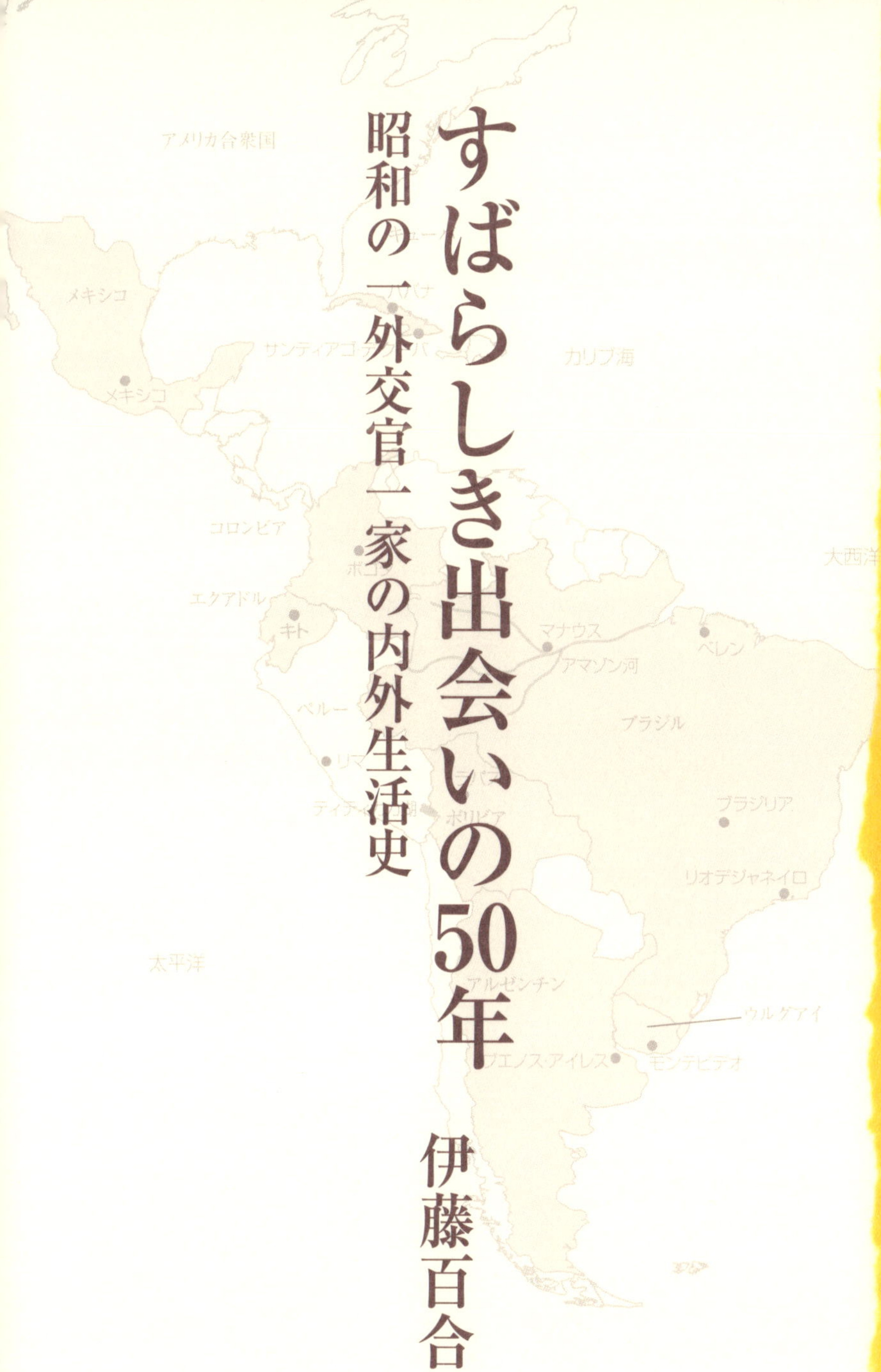

すばらしき出会いの50年

昭和の一外交官一家の内外生活史

伊藤百合子

現代企画室

すばらしき出会いの50年

——昭和の一外交官一家の内外生活史

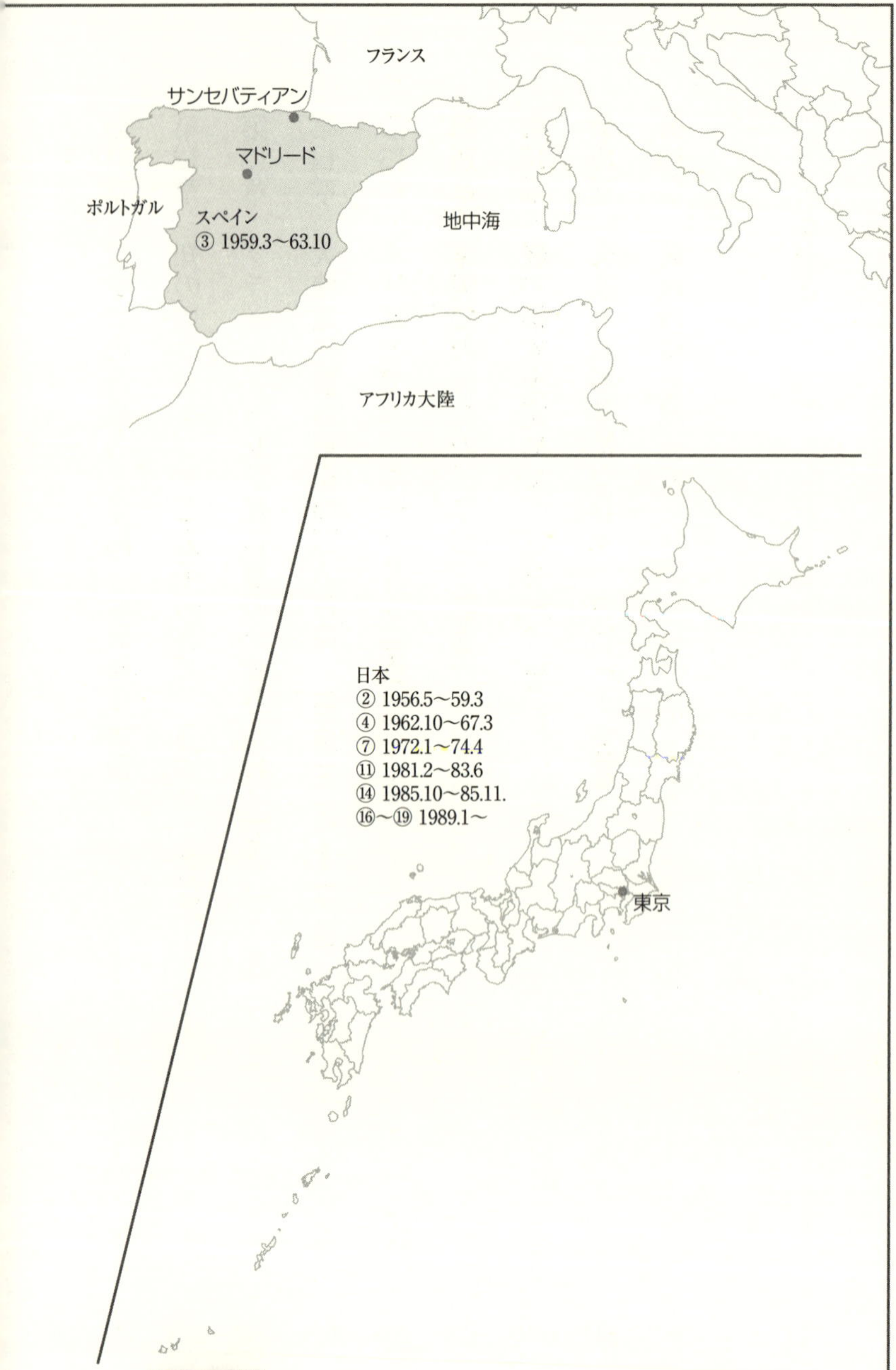

足跡

年号の前の、◯で囲んだ数字は、本書の章に対応しています。

アメリカ合衆国
キューバ
⑥ 1968.9〜72.1
ハバナ
メキシコ
① 1952.4〜56.4
サンティアゴ・デ・クーバ
カリブ海
メキシコ
コロンビア
⑫ 1983.8〜84.9
ボゴタ
大西洋
エクアドル
⑤ 1967.1〜68.8
⑨ 1976.10〜79.1
キト
マナウス
ベレン
アマゾン河
ペルー
ブラジル
⑬ 1984.5〜85.10
リマ
ラパス
ブラジリア
ティティカカ湖
ボリビア
⑮ 1985.12〜89.1
リオデジャネイロ
太平洋
アルゼンチン
⑧ 1974.4〜77.9
ウルグアイ
⑩ 1979.2〜81.1
ブエノス・アイレス
モンテビデオ

装丁――制作室クラーロ（水野慶子）

序章　結ばれた赤い糸

百合子の青春時代

私の青春時代は、軍国主義の時代の流れに支配され、個人の自由な夢など持つことはできなかったが、それでも、そこでの人びととの出会いによって創られていった気がする。

私は、今は昔と言われそうな大正十二年（一九二三年）三月栃木県益子町上大羽の、六百余年続く武家の旧家に生まれた。当時、父は益子町の小学校長、母は大羽小学校教師で、四十歳を過ぎての出産なので、三人の兄と姉一人がいたが、すぐ上の兄と七歳、長兄とは十六歳もはなれていた。それと、兄たちは高校を出ると早稲田大学などに次々と入学したので、私は一人っ子のように育った。

私は栃木県益子町大羽の小学校を終えると、昭和十二年（一九三七）四月に栃木県立真岡高等女学校（現真岡女子高校）に入学した。この年日中戦争が始まり学校でも戦勝祈願の神社参拝や慰問袋作製なども行ったが、昭和十五年（一九四〇）には『紀元二千六百年を祝う式』も挙行されて、子ども心には戦争など遠いことに思えた。

真岡高女三年になって

父母の結婚当日の写真（明治 33 年（1900 年））。
結婚式の翌日、父はそれまでの黒絹紋付袴の武士の装いを初めて洋服に替えた。母の髪型は、1894 年の日清戦争後に流行した「203 高地型」である。父、黒子孫兵衛は宇都宮家家老の末裔で 23 歳。母、長谷川イチは烏山藩家老の末裔で 21 歳。共に益子町小学校教師で、職場結婚だった。(これは、母が 12 歳の百合子に語った昔話による)

優しい先生方のお陰で学校にはすぐ慣れ、私は初年度から優等生になり褒美にNHK桶狭間支所勤務の次兄から小型ピアノを贈って貰ったりした。また汽車通学をしたので交友も同級生ばかりでなく別な学校へ通う生徒達も加わって愉しかったが、駅やプラットホームで男子高の生徒達からハヤし立てられたり、駅のトイレに相合傘の落書きをされて恥ずかしかった（二十年後、益子の浜田氏より「あなたは僕達の憧れの人だった」と聞かされ驚いてしまった）。

ところが四年生の卒業間近かの頃、理科の中松先生が召集され、私達は駅までお見送りした。先生は広島高師出の独身者で、授業中一人の生徒をじっと見つめる癖があって話題の人物だった。私は戦争が急に身近かになったと感じながら、昭和十六年（一九四一）日本女子大学校に入学したが、その十二月、日本は太平洋戦争に突入したのだった。

私が籍をおいた家政学部第三類（現社会福祉科）では、社会学、社会事業、児童心理学、異常心理学、倫理学、経営学など珍しい教科があって私を熱中させた。ただ二年生のとき自由と平等を説いた社会思想の授業は二回で中止された。しかし社会学演習で綿貫哲雄先生が、「社会学の根本は他者の痛みを知ることである」と話されたことと学校の三大綱領は、その後の私の一生の哲学となった。

また私が加わった哲学研究グループの哲学教授、管支那先生は三年生の六月立教

真岡高女四年生の夏、仲良しの仁平明子さんと

日本女子大三年の頃

大学での三木清哲学講演会に連れていって下さり、そこで戦争と向き合う体験もした。講演会は普通教室で三十人ほどの集りで、先生は煙草を口に歩きながら静かに話されたが、終るやいなや一人の学生が立ち上り、「僕達は間もなく戦争に行きます。死を前に僕達はどう生きればよいのでしょうか」と質問したのだ。男子学生が死と向い合っている現実に衝撃を受けた私は、先生の答えを聞きそこねてしまった。

その頃私の許に真岡高女の中松先生の遺族から戦死の知らせと遺品の本が送られてきた。それまで中松先生は女子大寮に住む私に三度戦地からハガキを送って下さったのだった。

（その十月、文科系大学生の学徒出陣となり、立大生も、私に恋文をくれた慶大生Tさんも戦場に送られ、Tさんは戦死したと仄聞した。また三木先生は、講演の翌年、共産主義者タカクラテルを自室に匿ったとして逮捕された。そして終戦で解放令が出て間もなく、疥癬のため獄中死した。）

三年生になると勤労奉仕で下町の印刷工場で、国債券の印刷点検作業に従事させられたが、戦時特令の繰り上げ卒業で昭和十八年（一九四三）九月卒業となってしまった。

私が卒業する直前、父が自動車事故死した（四〇代半ばより真岡や宇都宮の小学校長として単身赴任し、八年前に戻っていた）。父がいなくなったあとの古い家屋敷を手入れし、母と暮らし始めたが、戦況は緊迫して、国策に沿う仕事についていないと徴用（政府の命で軍需工場で働くこと）されるという話が伝わってきた。

私は宇都宮市で朝日新聞記者をしていた兄と宇都宮師団司令部の塚原中尉の世話で、司令部に勤めることになり、長兄の家に寄宿して仕事を始めた。私は兵務部で留守家族や遺家族援護と特別甲種幹部候補生募集の業務を担当した。特甲幹の願書を取りに来た学生とは親しく話したり、空襲警報で一緒に防空壕に逃げ込んだりした。司令部の事務職は招集された民間人が大部分で、私が親しくなったのは塚原中尉夫妻（夫人は女子大の先輩。氏はのち代議士となり国務大臣に就任。講演中突然死をしたが私達は終生親交した）と、軍事法廷の録事（書記官）の川島氏だった。

約一年後報道部の塚原中尉は大本営に転勤になり、朝日新聞記者の三兄も召集され広島に入隊し、私も参謀部にと配置換えをいわれた折に辞めた。そして長兄の友人長野氏が校長を務める栃木県女子青年師範学校の教授になった。宇都宮市郊外横川村のこの学校は横川村尋常高等小学校に併設され、高等科の教師養成が目的で、高等女学校卒業の二五名が一年間全寮制で学んでいた。教授嘱託の私は国語と洋裁の授業を担当、五日に一度寮監を勤めた。寮では女子大の寮生活の経験から、当番日には夕食後愉しい催物をした。また学校所有の畑の農作業の折には、手を動かしながら古典文学の話をして明るくと努めたので、先生はえらく人気がある、と同僚から羨しがられた。昭和二〇年（一九四五）八月終戦前の宇都宮空襲の夜は、寮生と近くの林の中に避難し、遠く燃えさかる真赤な炎を、抱き合って望見した。

そして八月十五日日本は戦争に敗け、米軍の占領下に入った。昭和二二年（一九四七）には学制改革があり、女子青年師範学校は廃止となり二度卒業生を送り出しただけで終った。私はその後一年間新制横川中学校教諭として過し、宇都宮米軍司政部の教育指導武官の視察を受けたりした。

昭和二三年（一九四八）には労働省内に婦人少年局が新設されたので、私は栃木職員室の労働事務官になり、戦争未亡人の二人と働くことになった。婦人少年局は婦人と少年の労働問題と婦人会などの婦人問題を扱うのだが、何事も宇都宮司政部の指導によるので、若い私は連絡係となって、婦人部ホワイト女史や労働部の日系二世キモト氏を訪ね、親しくなって各地の婦人会での講演会や、地方都市の工場見学に連れていって頂いた。洗濯板と彼らが呼ぶ道を疾駆し、本物のコーヒーやコーラに驚きながら。そしてキモト氏には司政部勤めを奨められ、ホワイト女史からは休暇帰国の土産に上等なカーデガンを頂いた。また女史の指導で第一回婦人の日に宇都宮市と足利市の婦人会が、一日県議、一日市会を開催し大成功を収めたので、女史は日本で最初にアメリカ地方都市の習慣の〝一日〇〇〟を実現させたと大喜びだった。

この司政部には津田塾出の滝田さんと東北大出の佐藤さんが勤務していて、米国に本部がある〝日本大学婦人協会宇都宮支部〟を作っていた。私もその一員となり企画を担当し、東京からテノール歌手を招いて音楽会を開き、収益金を奨学金として女子大生に贈ったりした。

私は婦人少年局の仕事と大学婦人協会の活動を通じて日米双方の社会への理解を深め愉しい二年間を過したが、米軍占領も終りに近づいたせいか、昭和二四年司政部も婦人少年局も人員削減となり宇都宮職員室は定員二名となった。私は宇都宮労働基準局に移籍させて頂いたが、仕事は好きになれず基準局付属の労働基準協会の演劇通の新聞記者氏から演劇を学んで過した。

こうして一年が過ぎた昭和二五年（一九五〇）五月、偶然私は町角で師団司令部勤務の折親しくなった川島氏に出会った。彼は前年地方裁判所に新設された家庭裁判所事務局長になっていたのだ。「いま女性の少年調査官を探しているんだが来ないか？」との誘いに、社会福祉を学んだ私は願ってもない話とすぐ応じた。

こうして私は二五年六月家裁所長の面接を受け、少年調査官補に就任した。少年調査官は、警察から送られてきた未成年者の犯罪調書を読み、少年と面接したり実地調査をして調書を書き、少年の処遇について裁判官に意見を提出し、審判する場合は意見を述べなければならないのだが、その第一歩が少年との面接だった。

私は犯罪を犯した少女の面接をする伊藤武好調査官補の面接ぶりを見せて頂いたが、彼が丁寧にやさしく話しかけたのには深い印象を受けたが、少女の取調べが男性ではやりにくいことも痛感した。そして彼とはすぐよい話し相手になった。彼は話題が豊富で、話し上手聞き上手だったから。仕事も横浜からの流浪少年や殺人犯の少女の事件を解決したりした。

武好の青春時代

私より二歳年下の武好は大正十五年（一九二六）三月、宇都宮市で生まれた。職業軍人の父が宇都宮聯隊に勤務していたから。そして二歳の時東京転勤となって、東京都下経堂に家を建て、移り住んだ。その後、二歳違いで弟と二人の妹が生まれた。

父の家は、徳川三代将軍のとき、江戸幕府出仕のため尾張から移った武家で、青山に屋敷を賜り住んでいた。武好の父は伊藤家の二男で、幼年学校から士官学校に進み、最初の任地・旭川聯隊にいたのを、宇都宮へ移ったのだった。兄も士官学校を出たが、静岡で勤務していたときに職業軍人を辞め、伊藤本家を造った。

母は金沢藩の漢学者の流れを汲む宇高漢文教師の娘で、明治女性らしいしっかり者だった。父は剣道の達人だったが、温厚でおしゃれで琵琶を愛好し、時折友人を招き泊りがけの愛好会を開いたりする趣味人だった。子どもたちを可愛がり、相撲や市の見物に男の子を連れていった。

武好は近くの第二桜ヶ丘町小学校に通ったが、絵と文章の才は弟の算数とともに有名だった。絵は毎年の区の展覧会で優勝したが、文章では一等になった《にわとり》の詩が残っている。

うちのにわとり　にわっきり
おんどりころして　たべちゃった
僕はかわいそうだから　たべなかった

昭和十四年、武好は父の奨めで海城高校に入学した。陸軍軍人だった父は海軍が好きだったので、海軍中将が校長の中学を選んだのだったが、教師は優れた人が多かったという。武好は英語と漢文が得意で、〝英語のイトウ〟といわれ、東大進学を奨められた。しかし軍事教練が毎日のように行なわれ、三年生の時父が戦地に赴いたので、武好は大学進学はせず、専門学校を出て一日も早く仕事に就いて母と三人の弟妹の家計を支えていこうと決心した。そして昭和十八年（一九四三）四年制の東京外事専門学校（現東京外語大の前身）に入学した。

その十二月太平洋戦争に突入したので、召集される同級生もいて、戦争が日常的になった。武好は就職に有利というスペイン語を専攻し、高橋先生等優れた師の許で熱心に学んだが、学校での授業は一年だけで、二年生からは亀戸の軍需工場で砲弾を作るための鉄工場の仕事を始めた。そのため工場近くの寮に泊り込む工員同様の生活となった。二〇年（一九四五）三月の東京大空襲では寮が焼失し、級友も亡くなったが、土曜夜で経堂の自宅に帰った武好は難を逃れた。その後母と弟妹は宇都宮市に疎開し、八月十五日の終戦を迎えた。

学校は上野の芸大の仮校舎で再開され、父も戦地から戻った。けれども、すぐ父はＧＨＱの命で呼出され、学生服の武好は父を巣鴨拘置所まで送って行った。父はその後、グアム島の軍事法廷で絞首刑に処せられた。

武好は宇都宮から汽車通学をしたが、往復六時間も勉強に熱中して気にならなかったらしい。そして学校の戦時特令が解かれないまま、一年短縮で二一年（一九四六）三月卒業となった。

当時は就職難で、東京では仕事がみつからなかったが、二一年（一九四六）七月より宇都宮市の宇都宮農業高校の英語教師の職に就いた。教師生活は二四年（一九四九）三月までだが、実習畑をもつ学校から農産物の配給があって食糧難を補ってくれたことと、余裕の時間で大学で学ぶ勉強を終らせ、同僚と碁に親しんで二段の実力をつけるなど得難い日々となった。

昭和二四年（一九四九）には家庭裁判所が生れ、少年法による少年調査官の募集があって、武好もこれに応じたのだ。そして一年後、新任の女調査官の私と出会っ

高校教師になった頃の武好と母、妹

たのだった。

家庭裁判所の楽しい日々

少年調査官の私は少女の犯罪事件を担当したが、仕事は面白く、昼休みになると伊藤調査官や他の六名の調査官や、二人の若い少年事件担当の独身裁判官とも親しくなって、おしゃべりした。ただ殺人犯少女を少年院送りにしたときは苦労したが——。

次の年私は戦後初めての文芸春秋社文学賞に応募した。私の書いた『殺人犯少女のルポルタージュ』は各県一名選出の入選作となった。それによって地裁書記官グループが上演する〝裁判所広報のための演劇〟のシナリオを書くことになったり、運動会等の催物の司会をさせられたりして、裁判所書記官たちとも親しくなった。また少年事件を担当する若い独身の裁判官とも一緒に出張したり、私の調査官室で昼休みに知能テストのゲームをしたりして親しんだ。

二六年（一九五二）四月には私の知らぬ間に伊藤調査官は外務省の試験に合格し、東京赤坂寮で暮し始めたが、六ヵ月は研修期間とのことで、私に上京を促す手紙が届くようになった。私は月一回上京し、二人で昼食をとったあと演劇をみて過した。三越劇場での杉村春子の『女の一生』や山本安英の『夕鶴』、ブドウの会の『三角帽子』など。

最初の年の八月、伊藤は研修所にいながら外交官試験を受け、一次試験に合格し研修所の同僚やキャリアの人びとから祝福を受けたと私に告げた。そして二次試験後人事課長よりこう告げられたと語った。「今回は採用されないので三年後受けなおしてほしい。君なら大丈夫だから」と。希望を残した言葉に納得せざるを得なかったという。その後彼は本省経済局へ移り、本格的に仕事を始めたが、多忙なのか手紙もこなくなった。

そうこうして二七年（一九五二）を迎え、私は元旦の祝賀会のあと、川島氏や調査官数人と裁判所長官舎に、ヤマキンさんと親しまれている山本達吾所長を訪ねた。その席上私はみんなから〝家裁の太陽〟と呼ばれていたことや、山本所長が家裁の独身の裁判官と私の結婚の仲人をしたがっていたことを知った。私は二人の裁判官が私に好意をもっているのを感じていたから、決意を定める時機が来たと痛感した。

東京からの誘いがないまま三月を迎えた八日夜、突然伊藤が私の家にやって来て開口一番こう言ったのだった。

「三月一日にメキシコ勤務の辞令が出て、二九日出発するんだ。どう、一緒に行かない？」一緒に行くって？　私は一瞬考え、彼らしいプロポーズと分ると、即座に「いいわよ」と答えた。

結婚直後のふたり

当時外務省は十年近い外交空白の終りで、四月二八日講和条約発効後の外交再開に向けて、主要な国と都市に大使館や領事館の開設準備のため在外事務所を設け、外交官を少しずつ赴任させていた。入省一年足らずで選ばれた伊藤は、他の外交官たちから羨しがられたが、出発準備に忙殺され、再度帰宅した三月二二日に結婚届を出し、夜伊藤家で私の母を加えての祝宴を開くことしか出来なかった。

私は調査官の仕事を整理して一ヵ月後渡航することを約し、二九日夫を羽田で見送ったのだった。

第1章　メキシコの四年間の生活　1952.4〜56.4

メキシコへの旅路

一九五二年三月二九日私は夫を送り出すと、家裁を辞め大急ぎで東京の姉の家で渡航準備をし、四月十九日午後石川書記官夫妻と二人の幼児に同行して羽田を飛び立った。占領下の羽田空港は金網が張りめぐられ、入口には銃を肩にしたMPが立っていた。見送り人は外務省の許可がないと入れない厳重さだったので、私は母と兄、姉、そしてフルブライト留学から帰ったばかりの夫の先輩外交官伊藤清氏に見送られた。同氏は「伊藤さんは大使になられる方だから期待しています」とはなむけの言葉を下さった。

パンアメリカン航空の機内は、全席等級のない二席がゆったりと並び、中央の階段を下ると豪華なサロンになっていた。洗面所も全身が映る姿見が二つ並ぶ高級ホテル同様の立派さだった。ただプロペラ機なので速度は遅く、まず九時間かけてウェーキ島に行き、一時間の給油休憩ののち、ハワイまで九時間、さらにサンフランシスコへ九時間というスローぶり。それでもふんだんな食事やにこやかなサービスぶりには、物不足の貧しい国からの身には、驚きと感激ばかりだった。

私は石川書記官家族と一緒に、すでに開設されていたハワイとサンフランシスコとロスアンゼルスの在外事務所（のち総領事館）の所員の家庭に招かれたり、観光させて頂いたが、どの家も大きな車やテレビや冷蔵庫を持ち、使い捨て食器を使っていて、米国の豊かさを実感させせられた。

さらに驚いたのはレディファーストの徹底ぶりだった。私がロスのホテルで五階から一階食堂へ降りようとエレベーターに乗ると、中にいた白人の男性数人がさっと帽子をとって手に持ち、一階に着くと私を真先に降したのだった。占領下の日本の田舎娘の私にと、面映ゆい気がした。

私が招かれた在外事務所員の家庭でも、男性達はレディファーストの習慣には悩まされると嘆きながらも、女性と車に乗る時には男性はまず助手席の扉を開けて夫人を乗せて扉を閉め、それから運転席に戻り車を発進させていたし、女性を先に立てて歩くようにしていた。（このレディファーストの習慣や女性をいたわる心配りは、米国ばかりでなく西欧や中南米でも行われていたから、その後二七年に及ぶ私の外国生活を快適にしてくれたのだが、武家の長男で、不器用者の夫には苦労の種だったらしい）。ともあれ、メキシコへの途上では、女性を大事にするアメリカ人の心情を知る貴重な初体験となった。

メキシコ市での新婚生活

私は四月二二日午後メキシコに着き、夫たちが開設した在外事務所のあるレヒスホテルの一室で新婚生活を始めた。その日の夜私は日記を書き出す前に、新しい日記帳を差出し「結婚式もできなかったのだから、なにかはなむけの言葉を書いて！」と夫に求めた。

新しい日記帳の冒頭には次の言葉が書かれた。

「最愛の妻百合子へ

私はあなたの最もよき理解者であることを確信する。従ってあなたを最も幸福になしうる者は私であり、又私の総てをなげうってもそうしたいと思う。新しい人生の大道を協力して進んで行こう。」

それから一週間後の四月二八日講和条約発効の日がきて、二九日から正式に日本大使館となり、事務所もホテル近くのアラメーダ公園前のビルの五階に移って本格的な活動を始め、新たに借りた大使公邸では、その夜天皇誕生日の祝賀パーティがささやかに催された。

当時本国から来た館員は千葉代理大使と石川、林屋両書記官と夫の四人で、現地職員はスペイン女性の高級クラークと二世のボーイを含め六人だった。夫は電信と領事と貿易関係の事務を担当したが、日本の新聞が三日遅れで着くので、日々の国内状勢を知るには電信が最速の手段だった。しかし電信の受信は手間がかかるので、私は着いた翌日から事務室に手伝いに出かけた。安保闘争の凄さも夫と一緒にドキドキしながら受信した。私の電信の手伝いは事務所が移転してからも続き、私は事務所に近い安アパートから夕食を持って行って夜遅くまで過すことも度々だった。もっとも半年も経たないうちに通信方法が改善されて手伝いの必要もなくなったが。

その頃のメキシコ市の人口は六百万人で、市内大通りは街路樹と並んで車道にも花の植込みのある美しい緑多い町だった。メキシコは第二次大戦争中物資供給国だったから経済的に豊かで、店頭には米国製品が溢れ、米国流スーパーマーケットも利用されていた。ただ貧富の差は大きく、高級住宅街、中流住宅街、貧民街に分れていて、中流以上は米国並みの豊かな生活を愉しんでいた。

日本はといえば貧しさの極みで、公務員の給与は八千円（一ドル三六〇円で二二ドル）、在外手当は例えばロスの総領事が五百ドルで、現地職員の高級クラークより下との事。夫の海外手当は三百ドルだったが、米国より物価が安いメキシコでは生活は出来るものの、車を買う余裕はなかった。もっともメキシコのタクシーは安く、地名さえ示せば運んでくれるので不便はなく、安上りだったのだが。

半年ほど過ると加瀬大使が着任、千葉代理大使はサンパウロ総領事に転じられた。千葉大使は八ヵ月しか在任されなかったが、御夫妻は私達の一生に大きな影響を

第一代大使赴任時の大使館員たち

与えた。大使は夫を高く買って下さって、サンパウロ総領事の時は、館員に「伊藤君を見習え」とよく言われたとのことだった。また夫人は石橋堪山氏の娘らしく知識人で明快に意見を言われ料理上手だったから、私は料理から正式宴会のテーブルセッテングまで教えて頂き本当に有難かった。

大使館は二人増員になり、月給も少し上がった。そして外交官の体裁を保つため住宅手当が別途支給されて、私達も粗末なアパートから中流マンションに移ることができた。私の食料品の買い物も下町の市場からスーパーになった。

伊藤の母、弟、姉妹の記念写真がメキシコに送られてきた

先進的な文化生活

私はホテルから貸アパートに移る前、食器を買いに隣りの中規模のデパートに行った。広々とした店内には上り下りのエレベーターがあり（日本は上りしかなかった）洋食器売り場にはマイセンなど有名な西欧の高級品が並んでいた。安いのを求めると何と《占領国日本製》とあった。日本製は安かろう、悪かろうといわれていたのを思い出した。私は洋皿セットと、焼けるとパンがポンと突び出すトースターの先進器具を複雑な思いで買ったのだった。

その後私達夫婦は市の中央部の文倉常長一行が泊ったという《青煉瓦の家》のある通りや、その周辺の商店街に出かけたが、最も利用したのはマデロ街十番地の音響器具店だった。私達はそこで米国ゼニス社のプレーヤーを買い、毎土曜日にはクラシック・レコードを求めるのが習慣となった。その店には小さな試聴室が三室あり、どんなレコードでもゆっくり試聴できたからだ。帰国までにクラシック・レコードは百枚に達していた。

それからまた嬉しい発見は、《芸術会館》と呼ぶ大理石の美事な音楽会場があって、西欧からの有名演奏家が度々来ることだった。私はベルリン・フィルの田園交響楽の演奏、ウィーン・フィルのウインナーワルツ、スカラ座のオペラ「椿姫」をいまも想い出すほどだが、その他ピアノやバイオリン独奏等にも出かけた。さらにこの劇場ではメキシコの民族舞踊も上演され、メキシコの民族舞踊の数々を堪能することが出来た。

けれども広く一般に好まれていたのは映画で、映画館の豪華さは劇場並みだった。しかも米国の映画がいち早く上映されたから、私達もずいぶん繁く映画館通いもした。その映画好きのメキシコ人を驚かせたのが、一九五二年のカンヌ映画祭で、黒沢明監督の『羅生門』がグランプリを受賞したことだった。一九五五年加瀬大使がドイツ大使となり、久保田大使が着任されたのちだったので、大使館は政府高官や著名人を招き、目抜通りのチャプルテペック映画館で上映会を開いたのだった。私達までみんなから讃辞をもらい、晴れがましい思いをした。

私たちはそれぞれのスタイルで音楽を楽しんだ

ともかく日本文化の関心が高くて、夫はギレルモ・アライ氏の発案の『日本建築史』の講演で一時ひっぱり凧になり、林屋氏はメキシコ外務省文化担当官のオクタビオ・パス氏が、『奥の細道』を訳すのを手伝ったら、共訳者とされたとのことだった。林屋氏が三年足らずで帰国したあと、夫は《俳人の会》という文化グループに招かれ、漢字や俳句の日本文の話をして喜ばれたりした。

当時メキシコでは空港やレストランなど、大きな帽子と民族衣装を着たマリアッチと呼ぶ五、六名の楽団が演奏していたのをよく聞いたが、ある朝ベッドの中でマンションの窓下でのマリアッチの音楽を聞いた。不思議に思ったが、それは友人の誕生日を祝って、早朝恋しい人に捧げるスペインの演奏を真似たものという。また私達は地方都市の公園の夜、男達は右まわりに女達は左まわりに公園内を回り歩いて、恋人を探すスペインの風習をみて、スペインが生きているのを感じた。当時メキシコはスペインのフランコ政権を認めず、国交は再開されていなかったのだが、政治と文化は次元の異なることなのだろう。

私達夫婦は最初音楽に夢中になっていたが、移民の写真屋の世話でドイツのライカM機を手に入れると、撮影に熱を上げるようになった。二五階建てのラテンアメリカタワーの建築が完成に近づいた頃、有力邦人の世話でそれを見学し、夫は二十階から《芸術劇場》を撮って日本に送ったが、それは朝日写真展に入選した!!

もうひとつ私達が好んだのは旅だった。メキシコにはテオティワカン遺跡はじめいくつもの、先住民族（インディオ）の遺跡や、特色ある都市があったからだ。近くの旅には一日タクシーを貸り上げて行ったが、遠い所はアメリカのグレイハウンド車そっくりの高級バスや汽車を利用した。夜中も運転手交替で走るバスは週末旅行に便利だったし、末尾が展望談話室になっている豪華列車ではメキシコ人と話しながら愉んだ。またユカタン半島のマヤ遺跡は、大使と夫の中米出張の帰りと合流し、遺跡近くのプール付のホテルを利用して、快適に楽しむことができた。

日常用品にはピカピカのアメリカ製品を用い、賃金の安い使用人を雇って生活できる物価の安いメキシコは、暮らし易い先進国の感じがした。

戦争と移民たちのこと

メキシコ大使館再開後、夫が真先にした仕事は〝移住者の農地取り戻し事件〟だった。メキシコは太平洋戦争が始まると、一九四二年日本との国交を断絶し、大西洋・太平洋両岸二百メートル、米国と境百メートル以内地帯に住む日独伊三国人はメキシコ中央部へ緊急退去するよう命じた。その折該当地区の日系移民は友人のメキシコ人から「日本は敵国となったのだから土地は没収されるかもしれない。だから僕の名義にして預ってあげよう、戦争が終ったら返すから……」といわれ、この

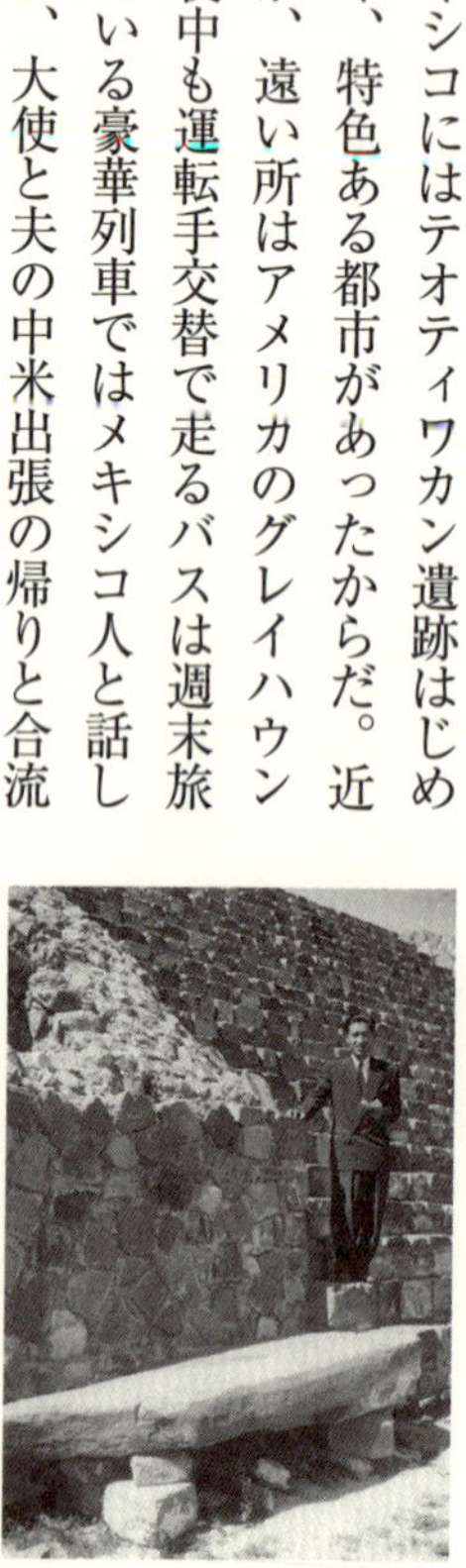

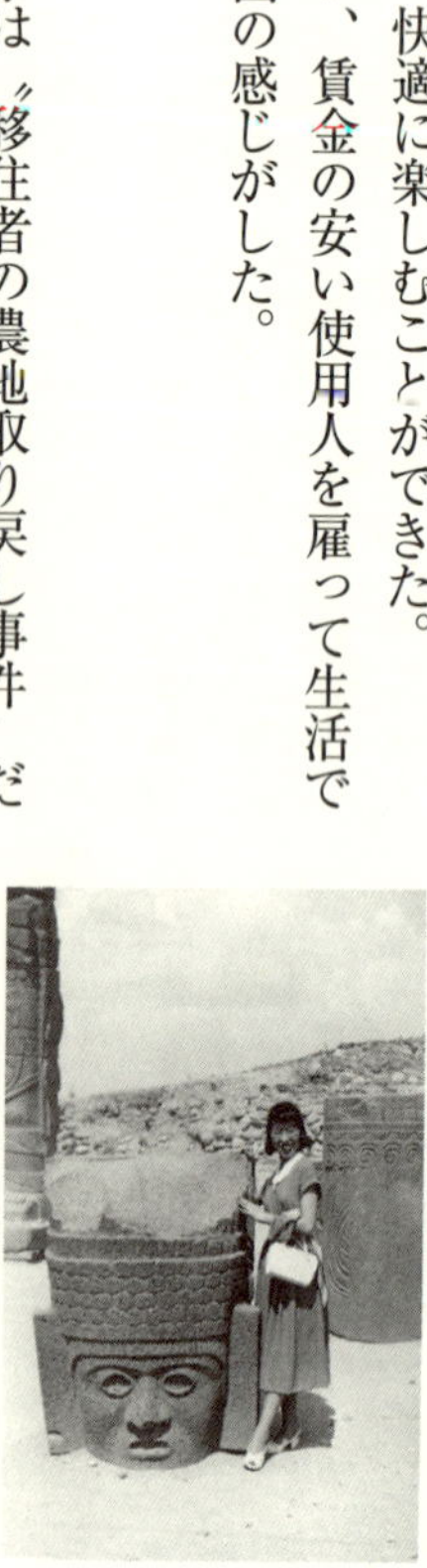

メキシコは古代文明の遺跡の宝庫だ

言葉に従ったのだった。

　ところが終戦になっても土地は返らず、困り果てた移住者たちが大勢大使館に訴え出たのである。夫が、取り交した書類をみると、土地の権利書は譲渡書になっていたが、スペイン語を話せても読めない邦人なのでそれを知らなかったのだ。

　そこで夫は元大統領の有力弁護士に依頼し大統領請願を再三行うなど手を尽したが、法的に正当な譲渡書なので如何ともし難く、土地は取り戻せなかった。

　農地を失った邦人たちは、再起をあきらめて日本に帰る者、再起を期して一小作人になる者、再起不能で貧困層に沈んだ者など、重大な悲劇の人となってしまった。

　もともとメキシコは親日的で、この退去命令は米国の要請によるものだったから、中央部に移った移住者達はメキシコ市郊外とグアダラハラの二地区で自治生活を送った。また該当地以外の邦人は何の制限もなく商売を行うことができて、それぞれに富を築いていった。土地喪失事件は〝愛想のよいメキシコ人だが、悪賢こいから気をつけろ〟という教訓を残した。

　ところでメキシコは昔から日本人移民を歓迎してきた歴史をもっていた。一四九二年新大陸に到達したコロンブスは黄金の国ジパング発見を目的の一つとしていたが、一五六五年フィリピンを征服したスペイン王カルロス一世も日本島発見を命じた。秀吉は書簡を送り、家康はメキシコから銀輸入を計った。一六〇九年フィリピン長官ビベーロ一行三七〇名はメキシコへ航行中日本に漂着、二一人の日本人も同行してメキシコに渡った。一六一三年には支倉使節団一行一五〇人が、メキシコに百人を残しセビリアからローマに向った。一六一八年、支倉一行が帰国の途中でメキシコへ寄ると、居残っていた日本人は混血児を連れて一行を見送ったという。この日本人達がメキシコ移民第一号とみられている。

一八四一年メキシコ行の日本船漂着、十一人はメキシコに残留した。その後日本はペリーと不平等条約を結んだが、八七年メキシコは平等条約を結び、居住権を確保し日本移民を歓迎した。そこで九一年には外務大臣榎本武揚は植民協会を作り、メキシコ南部の榎本植民地に三五名を入殖させた。

同じ頃熊本移民会社は十二回にわたり一二四二人を北部鉱山労働者として送り、東洋移民会社は製糖や鉄道労務者として四千人を送ったが、鉄道工事等は過酷で移民は逃走した。

榎本植民地も三年で放棄されたが、移住者らは農協や商店を営んで成功し、その地域チヤパス州では学校を作り識字教育に努めた。戦争で中央への退去例が出たとき、内務大臣は日本人七三家族に保証を与えそのまま住まわせた。

二〇世紀初めメキシコは医師不足となり、〝日墨医師自由営業協定〟が結ばれ、公式免状や学位をもつ医師、歯科医、助産婦、獣医の自由営業を許可した。但し証書を相手国外務省の査証を受けることと、十年後再審査か無効にするかを相手国に通告するというものであった。

この協定により北米にいた有資格者が多数メキシコに移住し、国内在住の邦人も各州で開業し、開業の際通訳して業務を覚え州政府の審査を受けて医師になる者が続出した。一七年から十年間で九百人余が医療業務についた。その頃メキシコで起こった内乱（一九一一～一六年）を逃れて、邦人のキューバ移住があったりしたが、その後呼び寄せ移住が行われて、一九四〇年には家族を含め七千人に達していた。

私がメキシコにいたとき、移住者は八千人との事だったが、花栽培の松本一家や北部地方都市で果物栽培の芦田氏等大富豪が生まれ、大多数が中流以上の生活をしているのは嬉しかった。各地の日本人会も組織されていたが、メキシコ日本人会はメキシコ人と日本人が共に学ぶ学校を持って、教育事業を成功させていた。

一般的に日本人は正直勤勉で嘘はつかないと信じられていたせいか、右も左も分らない私もよく道を尋ねられた。私は引っ越しの折メキシコ人女中に腕時計を盗まれたり、色々なお店で注文の品は「明日着く」と明言しても決して着かなかったり、レストランで計算を間違えられたりと腹の立つ経験をしたが、憎む気になれなかったのは、明るくあっけらかんとした性格によるものなのかもしれない。

コルティネス大統領夫人を招いて茶会を開いた。前列左が久保田大使夫人

メキシコ工業品評会に招かれて

セキ・サノ氏とのおつきあい

外交再開後のしばらくの間、夫は日本から来られた新聞記者や文化人の方々を案内通訳し、画家のリベラ、タマヨ、シケイロスのアトリエや、トロツキーの家、セキ・サノの演劇教室を訪れていた。こうして二回の訪問以来セキ・サノ氏とは急に親しくなり、一九五四年二月二日私宅にお招きすることになった。

その日は折よく福沢一郎画伯が長期滞在中で我家によく来られていたので、一緒に夕食を共にした。セキ氏は馴染みのない日本食にとまどった様子で、デザートのメロンを食べるとき少し皮をかじって「メロンを夜食べるときのメキシコ流食べ方」と言って笑った。

そして食後の団欒になったときセキ氏は「私は六ヵ国語を知っていますが、日本語が一番下手で話すのを忘れてしまいました。だから私はスペイン語で言うが、あなたはスペイン語で話して下さい」といわれ、すぐ質問をぶつけてきた。

「アバシリはどうなりましたか」

あの時代、左翼運動に参加していた人たちにとって、網走刑務所に送られることの厳しさを私達も知っていたから、すぐ氏の思いを感じとった。夫は戦後の政治犯の解放や社会の変貌を西語で詳しく説明した。それから話題は戦中の苦労話や戦後の物不足まで及んだ。

常にパイプをくゆらせていた佐野碩氏

サノ氏はパイプをくゆらしながら、大きなゼスチアを交え、低い声でゆっくり話すのだが、時にはせき込むように質問した。結局日本語は使われず、西語だけの座談は十二時半まで続いた。サノ氏の話しぶりは外人そのものなので、福沢画伯と私は二人芝居を観るような面白さでそれを見守るばかりだった。

帰りしなに日本の本が読みたいととの希望で、手許にあった『中央公論』『思想』『文芸春秋』を差上げた。彼はそれを左脇に抱え、わが家の三階から階段を下りて行った。幼児期ポリオを病み不自由になった右足を少し引きずりながら――。

その日から間もなく、ショパンホール（劇場）でのチェホフ作『結婚申込み』『白鳥の唄』『熊』の三部小品上演に招待された。そのとき彼は「メキシコではまだチェホフの長編は無理なんですよ」と内輪話をしてくれた。

さらに同じ月二回目招待された電気管理委員会労組集会場で、モーム作『雨』上演の際は、「今日は歌舞伎の花道を真似て、客席の間から役者を登場させるようにしました」と語った。私達は思いがけず氏の歌舞伎への想いを知った気がして感動してしまった。

そうこうして三月八日私達は再び氏を自宅に招いた。すでに気心もよく分かり、打ちとけた話が出来るようになっていたが、いきなりこう言われたのにはびっくりした。

舞台稽古の休憩時に話し合う佐野氏と武好

「実は私は日本大使館に怨みがあるんですよ」と。私達は氏がメキシコ入国の際、日本大使館がベラクルス港の日本人会と税関に、入国させないよう指示を出していた、と聞いていたので、夫は「あの頃日本は極右の軍国主義でしたから……」と応じただけで話を終らせてしまった。（後になって調べたところ、入国時におけるメキシコ側と日本側の戦いは、氏の命をかけた凄いものだった。それを知っていれば、もっと話を聞いてあげられたのに、と悔んだ）

その夜の話題は日本の演劇界のあれこれで終始した。私達は結婚前演劇にのめり込んでいたので、話題は豊富にあり氏を喜ばせた。

氏は「あの村山知義が……」とつぶやいて懐旧の情をあらわにみせたりした。

夫は『夕鶴』のメキシコ上演を提言し、氏も同意して日本語原本から自分で西訳したいと意欲を示した。私達は日本から日本語と英訳の脚本を取り寄せ、木下順二に上演許可を求める手紙を書いたりした。

次の年五五年には、久保田大使公邸での花柳秀実の内輪の踊りの会のとき、四、五人の女優をお供に見に来たり、芸術劇場での音楽会で顔を合わせ、私宅への招待をしたりした。だが三回目の会食日持病の心臓病で欠席され、夫はサノ氏のマンションに見舞いに行った。

その後東京から精神科医の兄が来訪され、夫の案内で大使館の応接室で対面され

稽古場でのスナップ

た。兄弟は英語で会話し、時間も長くなかったという。日本人離れしたセキ氏に兄は近親感をもたれなかったからかもしれない。

そうして五六年が明けると、セキ氏はコロンビアに演劇指導のため出かけられ、私は思いがけない妊娠さわぎと帰国準備でお別れの挨拶も出来なかった。

私達は五九年三月スペインに赴任し、その夏コロンビアでセキ氏が逮捕されたという噂を聞いた。折しもキューバ革命成功時なので共産主義者の彼は誤解されたのだろう。

それから六年後の六六年九月二九日、サノ氏死去の訃報を聞いた。

私は改めて氏の六一年の生涯を調べ、メキシコが彼を温く迎え入れ、彼はそれに応えてめざましい活動をしたことに感動した。

セキ・サノ＝佐野碩は一九〇五年生まれ、東大法学部在学中叔父の社会運動家佐野学とプロレタリア演劇運動を行い、三〇年逮捕された。その後モスクワに渡り、著名な演劇指導者スタニスラフスキーに師事してその演劇システムを学んだ。そして三八年フランスからニューヨークに渡った。しかし共産主義者として長期滞在を拒否され、四月末メキシコ東岸ベラクルスに赴いたのだった。

佐野入国の報に対し、日本大使館はベラクルス日本人会に入国反対を指示し、上陸阻止のために武官の一団を送った。一方当時のカルデナス大統領は労働運動指導者ロンバルド・トレダーノに、大統領の兵を連れて出迎えさせた。カルデナス大統領は労働者や芸術家達の支持を受け、共産党も合法化していた。それにメキシコはスペイン市民戦争以来、人民政府を支持し、亡命者を受入れてきた国であった。

ロンバルド・トレダーノの一行が日本人武官より先に現場に到着したので、危機一髪で彼は救い出されたのだった。こうして入国を果たした佐野は、三ヵ月後には電気労組支援のもと、労働者の中から俳優を育てるための無料の演劇学校を設立した。そして四〇年十一月には民衆画家ポサダの版画民謡をもとに、舞踊劇『植民者』を演出、四一年には地方の貧農の闘いを描いた『コルガドスの反乱』を演出して大成功を収めた。

しかし四〇年にはメキシコに亡命していたソ連の革命家、レオン・トロツキーが暗殺され、四一年十二月には太平洋戦争が始まった。日本人は敵国人となり、とりわけ彼は共産主義者として危険視された。そのうえ芸術家組合の内部でも意見対立や経済問題があり、四二年には共同指導者であり妻でもあった舞踊家ウォルディーンとも別れた。彼は友人宅や労働大学の物置きに寝泊りするなど、転々とした苦難の日々を送った。

一九四五年、四〇歳で戦争終結のときを迎え、直ぐ活動を再開した。そして四六年には『じゃじゃ馬馴らし』『欲望という名の電車』を上演、ロングランを記録した。

こうして彼はメキシコばかりか中南米全域の演劇界にその名を轟ろかせたのだった。

さらに五六年コロンビアに招かれた彼は、スタニスラフスキー・システムを中心とした独自のシステムで、俳優のみならず二人の優れた演出家を育てた。その演出家ブエナベントゥラはカリ市で、ガルシアはボゴタ市で六三年より活動を開始したが、その頃ボゴタ市に造られた小劇場《セキ・サノホール》は、演劇活動の中心となった（ホールは二〇〇一年からコロンビア国立大学主催の『国際問題討論会』の会場となり、社会問題も話し合う場ともなった）。

メキシコでも六三年には市の郊外コヨアカンに《コヨアカン劇場》と演劇学校が建設され、サノは新しい活動を開始した。

けれども三年後の六六年九月二九日心臓発作のため、六一年の生涯を閉じた。彼はメキシコの芸術家協会の墓地に著名な俳優達と眠り、新聞評論家協会は彼の業績を称えるために、演劇賞部門に《セキ・サノ賞》を設けた。

セキ・サノは英独仏露西日の六ヵ国語を解し、苦難の時代を生きぬいた社会運動家でもあったが、演出家としては三〇以上の作品を演出し、六五〇〇人の演劇人を育てあげ、ハリウッドで活躍する人材も輩出させた。

私は、彼が思想的に自由なメキシコを愛し、彼の望み通り舞台の傍らで最後を迎えたと信じ、彼との短い交りの日々を大事に心にしまったのだった。

アライ姉弟達との親交

アライ姉弟と私達のつき合いは、長女ヒサ氏が千葉代理大使と三人の館員夫婦を自宅に招いた時から始まった。アライ姉弟の父アライ氏は昭和十年代メキシコ日本公使館公使を勤めた外交官で、メキシコ女性と結婚して二男二女をもうけた。長女ヒサは四〇代の独身弁護士で、父の遺した大きな邸宅に一人で住んでいた。長男アルベルトはサラリーマン、次男ギレルモは建築家で大学のハイアライ（スカッシュ）の設計で有名。二女スミエは精神科医プラードと結婚していた。そしてこの四人は日本人離れをした風采で日本語も話せない二世だった。

夫はすぐヒサ女史と親しくなり、彼女の提案で私達は彼女の家に間貸りしたが、加瀬大使と一緒に着任した会計担当官が高齢なので慣れるまでと私達と一軒家に住むことになって、一月ほどで移ったりした。その後二人の男性は日本語を習いに来たが、三回でダウンしてしまった。そうこうするうち、私の〝ガンさわぎ〟が彼らの信頼を深めたのだった。

メキシコ滞在二年目の六月二九日、私は左乳房に小さなしこりをみつけ、プラード医師の紹介で専門医の診察を受けることになった。医師は診察を済ますと黙って診察室を出てしまい、私は二〇分余も待たされていたが、少し離れた応接間にいた夫にこう告げたという。

スミエさん夫妻に、精神病院を案内された。左端は福沢一郎画伯

「癌の疑いがあるから、手術してしこりを取り出し、精密検査をしましょう」と。夫はその言葉を聞くやいなや意識を失い、しばらく大騒ぎになったらしい。待ちくたびれた私を迎えに来た夫は「待たせてごめんね、少し気分が悪くなって休んでいたんだ」と少し青白い顔で私の手をとって帰りを促した。

その一週間後、検査の結果癌の疑いは晴れ、プラード医師も本当に喜んで下さったが、夫に内緒で失神の話をしてくれたのはその後大分経ってからだった。ともあれアライ一族はとても感動し、夫への信頼を深めたように思われた。私も気が弱い人、と口先ではけなしながら、じんと心にしみる思いだった。

そのようなことで、長男アルベルト夫妻は何度も自宅に招待してくれたり、私達が知り得ない町や遺跡などにドライブさせてくれたりした。

次男ギレルモは建築家なので、日本建築に強い興味を示した。当時豊かなメキシコ市は日本大使公邸が貸りた高級住宅ゾーンや、新しい見事な住宅の分譲地などすばらしい建物が多くて、見るだけでも心豊かになったほどだったから、日本建築の話を聞きたいというギレルモの求めに応じ、夫は日本の古代から現代までの建築をスライドで説明することを約した。ギレルモは沢山の写真のスライド作りをし、国立芸術劇場小ホールの会場をとって下さった。当日私は夫の話の進行に従いスライドを順次映すという手伝いをしたが、ぶっつけ本番で失策もした。けれども講演は大好評で、そのあと三つの大学から講演依頼があったが、助手はギレルモが努めてくれたらしい。

夫の講演は建築専門誌に掲載され、仲介者ギレルモは名をあげたと喜んでいた。

末娘スミエの夫プラードは精神科医だったが、社会問題にも熱心な人で、私達が少年調査官だったことを知ると、非行少年問題についての講演会を計画した。折しもメキシコでも少年法を制定しようとしていたとの事で、内務大臣も出席するなどの熱の入れようだった。その後私は彼の案内で、無料の母子病院、少年院、精神病院、老人ホームなどを見学したが、メキシコの社会福祉を識ることができ、本当に感謝した。

それから後スミエさんが女児を出産してからは、自宅に招いてくれたり、知人の大金持の家――門脇の門番小屋から私達の訪問を伝え、広い庭を車で玄関まで行って、一枚ガラスの広いサロンで、遠くの一本の小さな桜をみながらお茶を頂いた――や、伯父さんの誕生日祝いに連れていってくれた。伯父さんの家にはハイアライ（スカッシュ）競技場が隣接して設けてあったのに驚かされた。

五六年を迎えて間もなく、私は体の変調に気づき、プラードの世話で産科ベニテス・ロハス医師の診察を受けた。それ以前の血液検査で妊娠は分かっていたのだが、医師は横臥した私の下腹部に私の手を持っていくと、「ここにセニョリート（坊ちゃん）がいるよ」と笑顔で叫んだ。夫は姓がイトウなので、セニョール・イトウと呼ぶとき縮めてセニョリートと呼ばれていたから、赤ん坊をセニョリートと呼ぶのが面白かったらしい。私が「セニョリータ（お嬢さん）かも」と言っても、いやセニョリートだと譲らなかった。

私達の帰国前プラード夫妻は自宅で送別会を開き、帰りの私達を車で送ってくれた。「このちっぽけな車には、二家族の六人が乗っているのだから、運転に気をつけなくちゃ」といって、妊娠中の私への思いやりをみせたのだった。

私たちの四年間にわたるメキシコ勤務のあいだに、三人の大使が交替した。五二年四月から五三年一〇月まで千葉代理大使、五三年九月から五五年八月までが加瀬大使（八月西独へ転勤）、五五年九月からは久保田大使だった。四年七ヵ月後、私たちは帰国した。

加瀬大使は謹厳実直な方で、夫人は英米人並みの英語を話された。久保田大使は率直明朗な方で、歌人。夫人は幼少から現地で仏語を学ばれた方で、西語もすぐ堪能になり、社交性を発揮された。

当時日本からの渡航許可が厳しく、一ドル三六〇円のドル高で、メキシコへ来られるのは政財・新聞界のトップクラスの方や著名な文化人などだった。私は夫が西語専門で、経済と領事を担当していたので、それらの人びとの会合には必ず出席させていただいた。親しくなって、自宅にお招きもした。

在留婦人とのお付き合いは、在留邦人会をはじめ日常生活上も親しくなって、方々のお宅に招待された。ポポカテペトル山登山や戦争中収容所となった町の訪問など珍しい経験もさせていただいた。たくさんの方々なのでお名前は書かないが、多くの方々のお陰で本当に愉しく有意義な日々を過ごさせていただいた。ただ感謝の言葉のみでございます。

「霞ヶ関」という世界の不思議な話①

結婚前の八月末のデートで上野公園を歩きながら武好は思いがけない話をした。ぼくは八月初めの外交官試験を受け、一次試験に合格したんだ。研修所で一緒に学んでいる上級職合格者も専門職合格者も、とっても喜んで祝福してくれたよ。だが数日後の二次試験発表の日、朝ぼくは人事課長に呼ばれ、「君は今回は採用にならないから三年後もう一度受験するように。君なら大丈夫だから」と言われたんだ。残念だが三年後叶うだろうから今回はあきらめるよ。彼は案外にさっぱりしていて驚かされたが、私の国のお役所という機関がご都合主義を通すのは許されてよいのだろうかと考えた。

「霞ヶ関」という世界の不思議な話 ②

メキシコ二年目の四月二〇日、五階の夫の事務室に手伝いに行った私は、書類の中の秘密文書と思われる人事の一覧表をみてしまった。上級職採用者（キャリア）は外交官補からスタートし、三階級の書記官、公使、大使と昇進するが、専門職採用者（ノンキャリア）は副理事官から始まり三階級の理事官のあと書記官三階級を経て総領事で終っていた。この昇進の速度は上級職の方が倍以上早いと思われた。

私は二つの地位の差に驚いたが、夫が入省直後の研修中上級試験を受験し、筆記試験に合格したが採用されず、三年度再受験するよう云われている事を聞いていたから、彼も三年後はキャリアになれると胸をふくらましていた。

ところが五月末頃、夫を尊敬すると公言する同期生だった、北大出身で独語専攻の土佐勝男氏より思いがけない手紙が届いた。〝先日僕達同期生全員は人事課長の前で、上級試験を受験しないと誓わされ、これまでの受験年令三〇歳を二八歳に引き下げた事と他の試験合格者の三年間の上級試験受験禁止の内規を示されました。私の親族は人事院の試験関係の部局にいますので、貴兄の試験を調べ、貴兄の成績が東大京大卒十五名の合格者中第四位と知りました。親戚の者も僕達も貴兄が採用にならなかった事を残念がっています〟

私は言葉もなかったが、夫はあっさりと「どっちでもいいさ。後悔しないよう働くだけさ」と言って単々と礼状を書いた。

「霞ヶ関」という世界の不思議な話 ③

六月某日、私はメキシコ外務省関係者の夜の簡素な立食パーティに出席した。ひととおり握手し終り、私は話相手もなく立っていると、近くのメキシコ外交官が夫の方をちらりと観て、日本外交官に「誰?」と訊ねた。日本外交官が「伊藤という副理事官です」と答えると彼は「なんだ、外交官じゃないのか」といって夫と話そうとしなかった。事務員じゃ話にならないと思ったのだろう。私は外交官ではないの言葉に傷つけられ、そんな官職名をつけた本省の意図を哀しんだ。ただその後は西語の話せる夫のお蔭で、どんな会合にも出席し外交官として処遇された。

「霞ヶ関」という世界の不思議な話 ④

帰国前の四月某日私達は到着時からのおつきあいで親しいM歯科医の家で、二人の移住者とお喋りした。一人が「昔の公使館はおっかなかったな。書記生のくせに僕らを怒鳴りつけるのだからね」といい二人もうなづいた。そしてＭ氏は「伊藤さんも帰ったら試験受けるといいよ」と云った。私は昔も今も移住者が大使館員の身分差を知っているのに驚かされた。

第2章　東京での二年二ヵ月　1956.5～59.3

息子の誕生

私は旅行しても安全な妊娠五ヵ月の頃に帰朝命令を出して貰って東京に帰ると、姉の紹介で慶応大学病院の尾島教授のお世話になって出産した。最初の診察のとき、教授は私がメキシコから帰ったばかりと傍らの四人の学生に話し、メキシコがどこにあるかを訊ねた。すると医師の卵たちは顔を見合わすばかりで、誰も答えられなかった。

そうこうして十月十二日朝男児が誕生した。尾島教授が「立派な男の赤ちゃんですよ」と教えてくれたとき、私はメキシコのベニテス・ロハス先生の「セニョリート」だと言って譲らなかった自信たっぷりの顔を想い浮べた。そして産後の休息から目覚めると、その日が〝コロンブスの日〟と呼ばれる米大陸の大事な祝日であることに気付いた。私達はコロンブスが新大陸を発見したように、米大陸の文学を開拓する英雄になるように願って、文雄と名付けた。

この慶びのすぐあと、私の身には一生の難病が住みついてしまった！　息子誕生から二ヵ月後の冬の朝、息子を抱いて朝食のサービスをしていた私の手をみた夫は、

やっとお座りができるように

「おや指が曲っている！　どうしたの？」と声をあげた。何と右手の四本の指が子指の方に曲り、掌がくの字になっていたのだ。全く痛みがなく不自由も感じなかったので、私は気づかなかったが、一夜の変りように愕然としてしまった。

私はどこで受診してよいかも分からず、新聞広告のお茶の水の名の通った精神科医を訪ねてみた。その時右足のつけ根に少し痛みがあってリウマチと診断された。そして新薬を試みたが、服用してしばらくすると顔が丸くはれ、副作用のムーンフェスとの事で服用を止めた。右足のつけ根の痛みは消え、変形した手も気にならなくなった。

文雄は順調に愛らしく成長した。生後五ヵ月の頃外務省の友人三人を自宅に招いてブリッジをしたが、翌日友人の一人はこう言って言いふらしたという。「あんな可愛い赤ちゃん見たことないわ。でも両親のどちらにも似ていないの」

さらに息子の好奇心は成長と共に強まり、生後六ヵ月の保健所検診のときは、医師の聴診器にさわろうとしたり、腕に注射されるのをじっと見守ったりして皆に驚かれた。

そして歩けるようになって散歩に連れ出すと、息子はつないだ私の手を振り切って、さっさと気に入った家に入り込んだ。どこの家でも驚きながら快く遊ばせてくれたので、私達は芝生の庭のある老夫妻の家と、ブランコを庭先にした日航パイロ

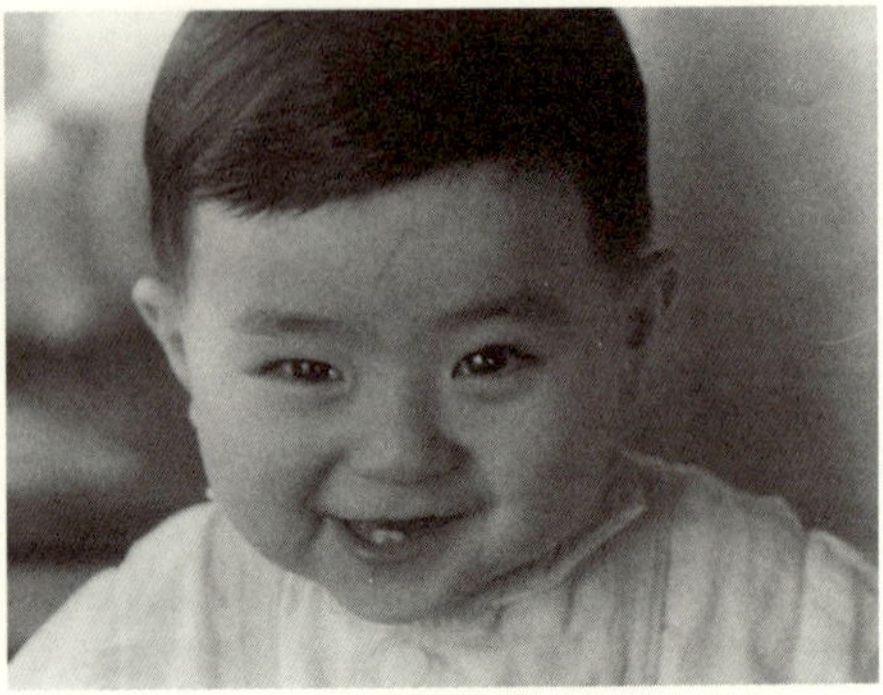
歯が生え始めた文雄

ットの家、木の多い庭が広い写真家の家の方々と親しくなった。

一方休日には姉の家を訪ねたり、甥と姉妹が来てくれたり、時には宇都宮市の夫の母や益子町の私の実家に行く楽しみもあった。私は近所の人々とも息子を通して話をするのも習慣になって、息子のお蔭で世界が広くなったと感じ、小さい息子の存在が本当にありがたく思われた。

夫の活躍

さてそのころ、夫は中南米課に配属になり、時には担当する国のミッションやお偉方が来ると、案内通訳の任に当った。ベネズエラ経済ミッション一行十名が、京都に行って雪を珍しがって食べ、投げ合ったことや、金沢で日本刀を沢山見せられて驚いた様子などを語ってくれた。

さらに感動的だったのがボリビア前大統領パス・エステンソロの日立製作所案内の折だった。招待者の日立製作所の訪問では、日立側は日立市の駅から本社までの沿道に、ボリビアと日本の国旗の小旗をもった小学生を配し、本社迎賓館前では国旗を掲揚し、楽隊がボリビア国歌を演奏した。その時前大統領は隣国に亡命中だったから、元首を迎えると同じ歓迎に感動したのか、涙を浮かべていたという。その後日光を訪問して、宴席で芸者遊びを愉しんで夫ともすっかり親しくなってしまっ

祖母（武好の母）にだっこされる文雄

たのだった。

　当時日本では外国の地域研究が緒につこうとしていたときだったので、夫は母校東京外語大の非常勤講師として中南米事情の授業へ行っていた。週一回の授業だったが、大好評を受けたらしい。だが五八年十二月初めで打ち切らねばならなかった。移住監督として南米に行くためだった。

　当時の日本は〝戦後の南米移住〟の最盛期だったのだ。毎月移住者を運ぶ日本船二隻、外国船一隻が就航していたし、夫も富山県や福岡県などに出張して、現地事情を話したりしていた。夫はオランダ船で十二月十七日出発することになり、私は息子と大学生の姪と神戸に見送りに出かけた。夫は前日から神戸移住施所で同伴する四百人余の移住者調書を読んだり、赤道祭等の行事の景品を準備したりと大忙しだったらしい。

　私達は夫の案内でチチャレンガ号（一万トン）の船内をみせて貰ったあと、十二時半の出航を見守った。船と陸をつなぐテープが切れ、楽隊の蛍の光の演奏が終っても、遠くに見える船影をみつめたまま立去ろうとしない人が多く、私もこみあげてくるものを感じた。

　私達は関西三都市の観光をして東京に戻り、翌年一月を迎えた時、中南米課長から夫のスペイン行きの内示を頂いた。夫も三月末までの移住地視察を止めて帰ると

夫を見送ってから立ち寄った京都・西本願寺にて

の事。こうして二月二七日朝八時、突然夫は帰宅した。移民船の最終寄港地ブエノスアイレスから五四時間乗り続けて直行機で戻ったのだ。空港には夫の隣席の弟子を迎えに力道山がいて、夫に道場招待を申し出られた。夫は冬の東京を寒がりながら日焼けした顔で、移住船の三五日間を語ってくれた。

夫の乗ったオランダ船チチャレンガ号は一万トン余の貨客船で、高級船員はオランダ人、中下級船員は中国人で、多数の雑役夫は香港で乗り込んだ中国人だった。そのため英語と中国語しか通じず、移民への通訳は乱暴な日本語を話す中国人で、「聞けよお、船員と喧嘩すると死ぬよ、ボイラーも海もある！」と手ぶりを混ぜた通訳は迫力があったと真似してみせた。夫は船員達が驚くほど船に強かったので、高級船員達と三度の食事を愉しみ、夜は甲板で南半球の星座を学んだりした。

移住者の人々は船酔いで横になる人が多かったが、毎日話を聞いたり囲碁をしたりして親しくなり、インド洋上では赤道祭を開き、女の赤ちゃんが生れるなど慶事があって、和やかに長い航海を終えることができた。航海の後半になって日本人移住者がポルトガル語を、同船の多数の中国人移住者が日本語の勉強を始めたのが印象に残ったという。

スペイン行きの準備を始めた頃、リウマチへの関心が高まり、慶応病院内科に専門のグループが生まれたので、私はそこを訪れた。〝変形性慢性関節リウマチ〟と

著者の実家にて。祖母と武好と文雄（一八〇五年頃建てた実家の中央玄関階段にて）

診断されたが、原因も治療法も不明の由でスペイン行のために鎮痛剤ブタゾリジンを沢山処方して下さったのは本当に有難かった。

その後私は母に上京して貰って息子の相手を任せ、渡航の買物や荷作りに精を出した。甥の清隆君と姪の淑恵、千重子が日曜に来てくれたので、楽しみながら準備を終らせることができた。

「霞ヶ関」という世界の不思議な話⑤

帰国した翌年の二月、私は外出ついでに夫と昼食を共にしようと、初めて中南米課を訪ねた。すると夫は三階の〈あかね〉というF外務大臣愛妾の喫茶店に連れていってくれた。そこはコーヒーとサンドイッチくらいしかないので、そのときも二組しかいなかった。

夫はすぐ不快を吐き出すように話し出した。さっき他の課長が僕らの部屋に来て上席の方をちらりと見て「なんだ。誰もいないのか」といって帰って行った。部屋の奥の上座の課長と主席事務官（三〇歳前後のキャリア）の席は空でも、僕達の席はいっぱいだったのに。僕らはいないも同然というわけさ。

それから僕らは各国にある大使館から送られる公信をもとに、経済月報と

祖母（著者の母）におんぶされる文雄

いうようなまとめた公文書を作るのだが、それにまず主席事務官が朱を入れ、さらに課長が朱を入れるのだ。直さなくてもよい助詞助動詞を言い換えたり、外務省独特の言い廻しや論述法で大々的になおすこともある。とにかく公文書はキャリアの朱が入ったクセのある外務省流でなければいけないのだ。

とにかくキャリアは偉いから、僕らは彼らに「仕えている」わけで、言葉でも仕えるといわなければいけない。例えばメキシコで一緒だったYさんではなく、お仕えしたYさんというように。ただキャリアも入省時の先輩に対しては、仕えると言っているがね。

私がそれじゃ御殿女中みたいというと、夫は、すさまじきものは宮仕えだが、外国勤務では自由な思いがけない出会いがあり、心に残るおつきあいができる、という特権を持っているからね、と思い出を懐かしむ表情になった。

「霞ヶ関」という世界の不思議な話 ⑥

二年目の四月夫は若い専門職採用のT氏から、課長の引越の手伝いに行こうと誘われたと私に告げた。夫は行かなかったが、のちT氏は二ヵ月の休職を許可され八月の上級試験に合格した。上司サービスは他にもいただろうが、夫は一度もせず正月の挨拶に行ったこともなかった。公務員同士でする必要はないというのが夫の云い分だった。

「霞ヶ関」という世界の不思議な話 ⑦

夫は同じ大学出の専門職大先輩より、大事な話を聞いたから私にも伝えておきたいと語った。一つは〝職員待遇の悪平等と不平等〟。外務省は上級職グループ、専門職グループ、初級職グループの三つに分かれているが、大使館勤務の時は専門職と初級職は同じ官職名なので、年輩の初級職が専門職の上位におかれることもあり、外交官として招宴されることもあった。これに対し専門職は上級職と同じ仕事をしているのに、決して上級職の上位にならず監理職につけない。つまり専門職と初級職との悪平等、上級職と専門職の不平等が行われている。

そしてもう一つは人事監理を容易にするための職員採用。毎年上級職は三十名以内、専門職と初級職は各四五名前後を採用しているが、この数字は前者が全員大使に、後者は総領事（館長）に就任できるよう配慮している。

第3章　スペイン、マドリードの三年半　1959.3〜63.10

マドリードの特別な暮し

私達一家は三月十七日の夕刻羽田を立ち、アムステルダムに一泊、次の日夕六時マドリードに到着した。空港テラスは到着客見物の人でいっぱい。私に手を引かれた息子は注目の的で、可愛い！　とか、気をつけて、と大声をあげてくれた。息子ははじめ驚いたが、歓迎を感じたかご機嫌で手を振ったりした。

　ところが翌朝ホテルで目覚めた息子は、広い寝室のクローゼットまで探し廻ったあげく、「ネネタマ（東京で可愛がってくれた従姉妹のこと）やババタマ（私の母のこと）はどこへ行っちゃったの」と真剣な面ざしで私に訊ねたのだった。そして通りに出て、見知らぬ女性に話しかけられた言葉が分からないと気づくと、私のスカートを握りしめ怖れをみせた。私は西語を知らない二歳半の息子が、異った新しい環境にどうしたら馴染めるかと心配でたまらなかった。

　それから一週間後、私達は市街を東西に貫くカステリアナ通りがフランコ総統通りと名を変える地点の枝道、ハバナ通りの入口の十階建てマンションの七階に居を定めた。

アムステルダムで一泊

広さが八十平方メートルほどのゆったりしたマンションの窓やテラスからは、眼下から西方に伸びる広い遊歩道と、車道に並列する高級マンションの連なりが見え、フランコ通りの彼方には巨大な空地（夏は移動遊園地になる）が眺見できた。そしてその遊歩道は子供達の遊ぶ〝子供の天国〟だった。

私は息子に玩具のバケツとシャベルを持たせ、遊歩道の街路樹の下で土遊びをしていた女の子の傍に連れて行った。すると女の子は自分のシャベルを息子に差し出して、息子と土遊びを始めたのだ。そして次の日は男の子達が街路樹のまわりを走り廻る仲間にしてくれた。子供のつき合いに言葉はいらなかった!! それから約一月後日本からの船荷の三輪車が着くと、息子は子供の天国の英雄になってしまった。「フーミオ、わたしに貸してね」「僕にも！」とピカピカの三輪車はひっぱりだこ。息子も鷹揚にみんなの後で乗っていた。

そのうち七月からの夏休みになり、十月からは幼稚園生活が始って、子供の天国とおさらばしたが、言葉は僅かな単語が増えただけだった。

さて、スペインの一日は四つに区分される特異なものだった。夫は朝九時出勤すると一時まで働いて帰宅し、一時間もかけての昼食と、二、三〇分の昼寝をし、四時にまた出勤して八時まで働いて帰宅した。それから宴会がある場合は出かけるが、普通は軽い夕食をとり一〇時半からの映画やショウを見物に出かけたりした。

私は夫を送り出すと息子を連れて遊歩道に行き、遊ぶ息子を見守りながら本を読んだり、居合わせた母親達とおしゃべりして一時までを過した。その間わが家の女中はベッドメークと掃除、食料品の買出し、昼食の調理とめまぐるしく働き、昼食のサービスをした。そして昼休みも洗濯をすませ三時半頃から息子を連れて遊歩道に行き六時半まで遊ばせると、そのあとはアイロンがけや私の夕食調理の手伝いと夕食のサービスをして八時半に一日を終えるのだった。

このように女中はわが家を支える大事な人なのだが、女中は台所で食事をするのが習慣になっており、エレベーターは二つあるエレベーターの荷物用を使い、主人用のは主人の子供と一緒のときだけ使えることになっていた。

マドリード生活一年後、女中はマドリード近郊出身のサルーから、ガリシア出身のイイナに代ったとき、イイナはある祝日の夜友人と外食する約束を当日朝キャンセルされたことがあった。私は髪を整え待っていたイイナが哀れで、わが家で夕食を共にしようと誘った。すると彼女は、「奥様が私を招待して下さった!」と電話で友達にいいふらした。

当時マドリードでは昼食を正餐として、家族全員が集って一時間以上もかけて食べるのが普通だったが、客を招くのは夕食時だった。私達がスペイン人を招いたときは、私が「食卓へどうぞ」というと、それまで上衣を脱いでいた人は急ぎ上衣をつけ身なりを整えて食卓に着いたので、夫は儀式に出るみたいと称した。これに対し日本人は着ていた上衣を脱ぎ、ネクタイもとって「それじゃくつろいで頂きますか」と食卓につくのだった。

この食卓を共にすることは、欧米では深い意義をもっていて、スペインの歴史書には○○王子は兵士と食事をした人間だ、と人柄を讃える例としていた。このような事実から私は階級社会と感じたのだが、大使館の現地職員コエリヨ氏より、スペイン内戦のエピソードを集めた小誌をみせて貰い、スペイン人観を変えることになった。

スペイン内戦は共和制政府打倒のためフランコ軍がモロッコから進撃して始まったが、政府軍はマドリードを本拠とし五〇キロ西方のトレードを攻略した。トレードでは士官学校長モスカド大佐が、学生教師とその家族六百人と義勇兵千人と市内城砦内に六九日間も攻撃と食不足に耐えていたのだ。政府軍はマドリードに住む大佐の息子に電話で降伏を呼びかけさせたが、少年はピストルを突きつけられながらも、名誉のため抗戦をと励まし、父もキリスト教徒らしく死ねと応じた。そして三日目の降伏勧告を受けた大佐は、ミサと讃美歌を唄うことを求めただけで王制を信じる人達と死を共にした。その一団には聖職者や貴族や軍人、普通の家族など富者も貧者も加わっていた。そして隣人家族同士も自分の信念に従って戦ったのである。

つまり階級闘争ではなく、共和制（左派）対王制（右派）、コミュニズム対ファシズムの戦いだった。

ところで女中イイナは息子を「私の王様」と呼んで可愛がったが、読み書きができないので恋人との手紙の代読代筆は夫が担当した。たどたどしい手紙は愛の深さを感じさせたが、ある日曜日午後いつもより早く帰宅したイイナは決然とこう言ったのだった。「彼ったらホテルに行こうというんですよ。私はもう彼とはつき合いません！」と。その後、イイナは私たちが帰国する直前にフランス、ドイツ、イギリスへの集団出稼ぎの波に乗ってフランスへ出かけた。年の暮れにはフミオ宛のクリスマス・カードが届いた。

スペインの女性礼讃の風習は独得で興味深い。街の通りで好ましいと思う女性をみかけた男性は、「お茶をご一緒しませんか」と話しかけ、女性が承知すれば一緒にお茶を飲んだり、ダンスをしたりして二、三時間過し、女性を家まで送ることになっていた。その間女性は例えばダンス中必要以上に体を寄せる男性に「私達はそんな仲ではありません」といえば、男性はすぐ止めて自省するので危険はない。勿論茶菓代もバス代も男性もち。

そして家の中で最高の権威をもつのが母親だった。いい年をした男性でも、何かを決めるときは、「おふくろに聞いてから返事するよ」が当然になっていた。

フランコ時代の生活

私達のスペイン在勤はスペイン内戦（三六年七月一七日〜三九年四月一日）の終結からちょうど二〇年経った時で、まさにフランコ時代の隆盛期だった。スペインは第二次大戦後軍部独裁のため、米国のマーシャル・プランの援助を受けられず、独力で経済復興十ヵ年計画を実施し《奇蹟の復興》といわれる成果を上げていた。そして外国貿易と観光客招致に力をそそいでいたのであった。

夫は大使館で経済と文化と領事事務を担当したが、最初のガット三五条（通商貿易の関税に関する条文）の締結で半年近く苦労した。後半には本省と通産省から係官が一ヵ月間派遣されていたが、一人がノイローゼになってしまい、わが家のホームドクターの勧めで私が和食と気楽な団欒を提供した。ノイローゼの原因は、日本側がスペインを後進国的視点をもって対処したことと、スペイン側の提言をいちいち本省に伺いを立てるという決断の遅さをスペインが軽蔑したからであった。それでも通商条約は成立し、そのあと夫はスペイン政府から叙勲されたり、担当官と親しく飲み歩く仲になった。夫は通商事務を担当しているうちに、スペイン人は信義を重んじるので、貿易関係のクレームの最も少い国の一つと確信したと語った。

それから貿易赤字を補っていたのが観光だった。当時観光客は二千万人といわれていたが、さらに増やす努力を重ねていた。スペインの道路はローマ時代と、〝道路狂〟といわれた大臣がいた共和政府時代に全国に道路網を完成させていたから、補修や標識を整えればよかったのだ。バルセロナ十街道には一キロ毎の道路標石がおいてあったし、事故死した地点には十字架が立っていた。

そして古城や貴族の館や修道院を改装した国営リゾートホテル（パラドール）が作られ始めていた。私達の滞在中は十個所程度だったが、一流ホテル並みで豪華な気分に安い料金でひたれるパラドールは本当に嬉しかった。

このようなので特に独裁の暗さは感じなかったが、一般では新聞等の検閲への不満、人の集まるバー等で反政府発言をした人を、私服警官が連行するという噂が広がっていた。だが治安のよさは格段で、夜中女一人歩いても心配ないといわれたが、それは風情ある中世からの夜番（セレーノ）の習慣のせいだった。

私達が夜中の一時すぎ夜遊びから帰り、マンションの玄関に近づくと、こんばんはといいながら長いマントを着た夜番が、鍵束をガチャガチャいわせながら玄関の鍵を開けてくれるのだ。夫は彼に小銭を渡し、私達は彼の礼の言葉を背に玄関にすべりこむという次第。

夜警はもともと中世の習慣で、夜中町や村を「いま十二時……、平穏無事（セレーノ）」とふれ歩いたことからきている。マドリードではふれ歩くことはないが、通り一〇メートルの両側一〇数軒のマンション一帯の治安を守るため警察権をもつ夜番をおいていた。夜番はカッパの下に警棒をぶら下げ、ポケットに警笛をしのばせている夜の警察官なのだった。

ただ主な収入は玄関を開けたときの住人のチップなので、住民の秘密は決して漏らさず、親切に愛想よく迎えてくれた。昼夜働くという働き者のガリシア人が多かったが、わが家の夜警もガリシアからの出稼ぎ人だった。夏の夜は街灯の下に影を落して佇み、冬は寒さを避けて玄関前の階段にうずくまる風情ある夜警のせいでマドリードの夜は本当に平穏だった。だが、私達の帰国後出稼ぎが盛んになり、セレーノもなくなったという。

それから、フランコの二つの贈りものの習慣が、日常生活に余裕と楽しみを与えていた。その一つはシエスタ（昼寝）で、フランコはスペイン内戦のときイタリアから来た高官との会見時間を、シエスタだからといって遅らせたという。彼は古代ローマからの習慣を好んでいたらしい。

古代ローマでは一日を六時〜九時、九時〜正午、正午〜三時、三時〜六時の四つに区切り正午から三時をシエスタと呼んだ。そして日差しの強いこの時間を中世の教会では祈りの時間としたが、庶民は昼食と休息時間とした。スペインの大部分は大陸性気候で、七、八月は日差しが強いが室内は涼しいので理に叶って長く続いたのだろう。私達も食後の短い昼寝の快適さにはまり込み、それが習慣となっていた夫は帰国後苦労したようだった。

もう一つは、長い夏休みとその間は政府がサンセバスティアンへ移転することであった。スペインでは六月下旬にすべての学校が終了し、七月から九月までの三ヶ月間は学校も職場も休暇期間となった。その間大抵の家庭では家族を海や山の避暑地で過し、主人だけが一月休んでそれに合流していた。これは金持ばかりでなく、私のマンションの管理人のような低クラスでも、知人の家に間貸りするなどで愉しんでいたから、夏のマドリッドはブラインドを下し、外国人観光客だけの街になっていた。

この政府移転の習慣はフランコが政権を執ったときから始まった。マドリードが共和軍の本拠となって破壊されたため、北部都市ブルゴスを首都として、内務外務陸軍の三省をおき、港町ビルバオに商工省を、サンセバスティアンを避暑地にしたのだ。その後マドリードが再建されると、サンセバスティアンは夏の首都となった。

七月から九月までの長い夏休み中、各国大使等はサンセバスティアン近辺の貸別荘やホテル、マンション等に移り、彼地で開かれる公式行事に参加した。私達館員は長い休みはとらなかったが、四、五日ほどホテルに泊り、海水浴をしたり与謝野大使のお供でフランスのビアリッツのカジノに出かけたりした。

サンセバスティアンから一〇キロほどの西仏国境の橋の上は、安い食料品を買出しに来るフランス人達と、上級品を仕入れたり出稼ぎのスペイン人で賑っていたが、私達にはスペインの海岸で禁止されているビキニ姿の美女をみるのが楽しみだった。

カスティリヤとアラゴンの友

私達がスペインに行ったときマドリードに住んでいた日本人は、大使館員とその家族十数人と留学生十人ほどだった。留学生は語学やギターを学ぶ人が大部分でフラメンコを習う女性も一人いた。最初の二、三ヵ月まではわが家が集会所で、度々四、五人が集まり夜明けまでお喋りしたものだった。

その中で記憶に残ったのは、金の乏しい留学生が中距離旅行をするにはトラックでヒッチハイクするといいとか、国内乗り放題の国鉄割切切符で旅行した際、車内の人が食べ物を沢山くれるので食費が要らなかった話など。さらにギタリストの大沢さんは、「私の下宿のギタリストのスペイン人は、日頃弾く私のギターをボロくそにけなすんですよ。腹が立って帰国してしまおうと思うほどですが、先日発表会で私が上手に弾くと、自分の事のように喜んで抱きついてきて賞めるんですよ」と語り、みんなを感動させた。これに対し語学留学の西岡さんは、学生寮で四、五人と話していると、私の話中「ちょっと待った！　いまの君の言葉はこうでなくちゃいけない」といって彼の言う通りに正しく出来るまで、何度もいい直させるんですよ」と言葉にうるさい事を話した。すると別の語学留学生も「僕はバスの中で車掌にそれをやられたよ」と同調したのだった。これら時を忘れた話し会は、いつも窓下から聞こえてくるジプシー女が御者を勤めるゴミ運搬のロバ荷車が石畳みの車道を走る音と、奇妙なロバのいななきで終りとなった。

その頃私は夜遅くまで息子をサロンで遊ばせていて、階下から紳士の声で「足音がうるさいから気をつけろ」と電話で注意されたり、エレベーターボタンを押したがる息子を「この子はいたづらっ子だね」と隣人からいわれていた。こんなうるさ方のおせっかいじゃ友達は出来そうにないと思ったのだが、意外にも友達が現われた。夫の仕事で商工省外郭団体主催の物産展を見に行ったとき、私達を案内し説明してくれたそこの責任者カルロス・フェセール氏が、別れしなにそれまでの西語を日本語に代え、

「わたしは日本語が好きで、独学で勉強しました。まだ下手で恥ずかしいんですが」と言ったのだ。感心した夫は正確な彼の日本語を誉め、どうやって勉強したかを訊ねると、彼は妻に話して招待日を決め招きたいとの事。

それから四、五日後、彼の家を訪ねると、彼は親友のベルタ・ロイさんも招いていた。彼女は五〇歳位の英語教師だが、若い頃四国の女学校の英語教師をしたとの

三歳の誕生日パーティ

二月のカーニバルの日の武好と文雄

由で、上手な日本語を話した。それで私達は日本語まじりの西語のおしゃべりをして、小太りの夫人を笑わせた。フェセール夫妻は、十二歳前後の姉妹と八歳位の男児と四歳の女児を挨拶に来させ、二人の姉妹は食事のサービスをさせた。こうして一夜にして一家とベルタさんと私達は親しくなってしまった。

その後私は息子の誕生パーティに、幼稚園の友達二人とフェセールの長男とその妹を招いた。親友のハービーと文雄ははしゃいで皆を笑わせてばかりいたが、フェセールの長男は馴れないせいかおとなしく全く話もしなかった。それでも楽しげな様子なので、私は会の成功が嬉しく引きとりに来た大人達に彼らを渡した。

それから程なくフェセール夫妻とベルタさんを招いて夕食会をしたとき、雑談の途中でフェセールは一寸あらたまって、誕生日パーティに息子達が招かれたことのお礼を云い、こうつけ加えた。「実は息子のカルロスは知恵遅れなんですよ。だから一人でも食べていけるように、小さなお店でも持たせたいと考えているんですよ」

私は彼の率直さと優しさに感動した。そしてスペイン暮しが長くなるにつれて、スペインではゴルド（デブ）コロラド（赤面）コーホ（びっこ）などなど、平気で外見的違いをいうが、それは軽蔑ではなく、ありのままを現わし、場合によっては同情する気持も内在させていると感じた。王様の話をするときも「狂女のファナ女王」とか「ばかな王様」「賢い王様」「インポテンツな王」など愛情をこめた表現として出てくるのだ。

ともあれ私達の交友はスペインを離れてからも続き、時にはルーツを示し家系史も書いてきた。それによれば彼は十二代目のケルトイベロ族（スペイン原住民）の末裔になるらしい。

フェセール家での初対面以来、ベルタさんは私の西語の先生になった。私はベルタさんの家へ週二回通って授業を受けたが、テキストはベルギー王室に嫁いだ王女の童話だった。ベルタさんは大変な王様好きで、フランコが皇太子をイタリアで帝王教育した後王制にするという方針に反対していた。

ベルタさんはちぢれた金髪に青い眼の、小柄だががっしりした体格の五〇代初めと思われる独身女性で、中学校の英語教師をしていた。高校教師の資格をと英国大使館図書館に通って勉強して、一年で目的を果した努力家だった。鳩を一羽飼っていて、私が行くと籠から出して指にとまらせ、頬ずりをしてみせた。私達はベルタさんの都合のよい日ドライブに誘うと、ベルタさんは息子の手をとって歩いたり、小舟に並んで坐った息子をずっと抱きしめていたりと、愛情と心配性をむき出しにした。

息子の幼稚園二年目の夏休み、私達はベルタさんの招きで故郷アラゴン地方のゴトール村を訪ねた。この地方は五世紀に東ゲルマン族の一派ゴート族が地中海を経て上陸し西ゴート王国を作ったところで、王国は中央部に版図を広げトレードを首都として七世紀まで繁栄した。アラゴン地方は荒涼たる大地と強固なアラゴン人として知られていた。

ゴトール村は村はずれに古い大きな教会と修道院があるが、村は小さく目抜き通りの十字路に共同井戸の蛇口の柱が立っていて、その前の床屋兼雑貨屋が集会所となっていた。そして路の両側に石造りの二階家（一階に豚羊鶏が飼われ、二階に人が住む）が軒を連ねていた。そこから数軒の小さな家が散在する小路を登った所に、村一番の地主のベルタさんの石造りの大きな家があった。古い家なので二階の二つの寝室の横にトイレがあったが、便器はなく板が細長く切ってあるだけで、下は藁草の堆積物で、昼間鶏がその上で藁草や人間の排泄物をついばんでいた。

私達はある午後車で三〇分ほどのウジェカ町を訪ねた。この町は靴作りの町で、靴屋街の坂を登った丘の上にはルナ伯爵の城跡が残っていた。柱と土台だけの城は子供の遊び場だったが、オペラのルナ伯爵を思い出した。

その帰り中程まで坂を下りた十字路に、人だかりと小柄の老人が何か読み上げる姿がみられた。「おやプレゴネロだ！」と夫がいう。プレゴネロ（告知人）は役場の通達を人民に知らせる中世からの習慣だった。当時スペインでは役場に対し〝ウジェカ町閣下〟と敬称をつけていて、その告知人は権威あるお役人なのだ。集った人々が神妙に老人の言葉に耳を傾けていた。その夕暮れの中世の雰囲気は私達に忘れ難い強い印象を残した。

マドリードに戻る前夜、コロラド（赤面）爺さんと呼ぶギタリストとその仲間を招いて歌会が開かれた。酒やけの顔をさらに赤くしてギターが奏でられると、他の爺さん達は手足を上げ足を床で鳴らして素朴に踊り出した。ホタと呼ぶアラゴン民謡はアラゴネーサ（アラゴン人）と呼ばれる頑固な気質を映したものだった。だが私はアラゴン出身の画家ゴヤを思い出していた。

闘牛士との交わり

私達が闘牛士と交際するようになったのは、私が『婦人公論』誌の特集「世界の話題」に寄稿するためインタヴューをした時からだった。日本大使館職員のバロミノ氏が闘牛狂で、闘牛組合役員が親友だったので、組合推薦の闘牛士と組合の応接室で話す幸運に恵まれたのだ。六二年二月の珍しく暖かい日だった。

私達が定刻より早く行ったのに、闘牛士とマネジャーはすでに来ていて、礼儀正しく私達を迎え入れた。愛称でオルテギータと呼ぶアントニオ・オルテーガは黒髪と黒い瞳の小柄な温和しそうな二十歳の青年で、両親と下町に住むマドリード生まれの一人っ子だった。十一歳から闘牛を習い始め、十六歳でノビジエロ（若牛殺し

闘牛士にインタビュー中の著者。左が闘牛士オルテギータ、右はマネージャー

の準闘牛士）になったが、近くトレーロ（闘牛士）になる授剣式を行う予定だという。闘牛は、闘牛助手三人と、馬に乗った槍さし二人の六人のチームで行うが、チーム五人とマネジャー、トレーナーの報酬は闘牛士が支払う事になっているから、この青年は相当な実力と人望の持主らしい。そばで明快に言葉を返す大柄な三十代のマネージャーは、頼りになる兄貴といった風情でほほえましい感じがした。

闘牛服に話が及んだとき、オルテギータは「ぼくは十六歳から金の服でした」と誇らしげに言った。そしてそれを着るのをみせてくれるといって闘牛のする日と支度をするホテルを教えてくれた。

スペインには四〇人の闘牛士と百人余の準闘牛士がいて、それぞれ六、七人のチームを持っている。闘牛士の報酬は普通一場所(二頭の牛と対決)二、三百万円だが、名闘牛士マノレーテは五百万以上だったという。しかし準闘牛士だと十五万から五十万円位。自分のチーム全員の報酬を支払い、マスコミへの心付けや一着七万円もする闘牛服と入場式で使う豪華な二十万から六十万もするケープなど服装費も要るから、一流になれば大金持だが、多くは地味で闘牛士を辞めて助手になる人も多いという。

スペインには大小合せて三一一の闘牛場があり、ポルトガル四〇（牛を殺さない騎馬闘牛）メキシコ二二五、フランス十五、コロンビア十一などの群をぬいた闘牛王国を誇っている。それらスペインの闘牛場には必ず礼拝堂と応急処置室がついており、マドリード闘牛場には博物館もある。またマドリードには闘牛士専門病院もあり優れた医師も多い。

この闘牛王国では国立芸能組合闘牛部が、闘牛士と闘牛場、闘牛飼育場の間に立って、闘牛士の出場契約から闘牛場の完備に至るまで管理監督を行っている。しかも闘牛士の報酬は一回毎の評価で決まるので、闘牛組合の仕事は細かく責任重大というわけである。

一方、闘牛士と同じように大事にされているのが、牛と観客である。闘牛の牛はイベリア半島特有の猛獣の野生牛で、動く物に突きかかる攻撃性をもっている。しかも闘牛士がカッパや赤布で数回パスすれば、すべてを覚えてしまう頭脳の持主だから、カッパ捌きは五回まで、殺すまでの時間は十五分と定められている。また槍さしや銛うちは、牛の攻撃する筋力活力を弱めるためで、これをしないと闘牛士は牛を殺せないのだ。

スペインのアンダルシア地方では昔から飼育が行われ、十六世紀からのミウラ飼育場など有名飼育場がいくつもある。牛が一歳になると背の焼き判押し、二歳頃には〝試し〟という行事をする。試しは騎馬で牛を追いつつ性癖を観察し、良否をきめるためで闘牛士も参加する。四、五歳になり体重五百キロ以上の真黒の牛が闘牛

入場式を待つ闘牛士たち。左端がオルテギータ

場を沸かせるのだ。闘牛の日のポスターには闘牛士と牛の飼育場の名と牛の体重が明記されるし、立派な闘いをした牛は頭部の剥製が闘牛博物館等に飾られて長く讃えられるのである。

そして闘牛を愛する観客は、闘牛士と牛を公平に観察し正しい判断を下す審判官の役目を果す重要人だった。まず闘牛場に突進してくる牛の戦闘力活力を見極め、不良な牛は取り換えを審判官に要請するし、闘牛士の技には拍子と罵声で優劣を現わす。そして良く闘った牛の屍は万雷の拍子で見送り、勇敢に闘った闘牛士には、牛の耳や尾を褒美にと審判に要求する。闘牛場には審判表も売っているから、熱心な観客はそれを基に目を肥やす。審判官にとっても観客の反応は大事な評価資料なのだ。

オルテギータの招待により、一週間後の日曜の午後私達は下町のビクトリア・ホテルを訪ねた。闘牛士はすでにフリルのついたワイシャツと真赤な短いネクタイをつけ、頭の後ろにコレタという髪飾りをつけていた。ワイシャツの下の胸は長い絹布を巻き、厚手のズボン下をはいているという。窓下の小机にはマリア像のイコンが飾ってあって彼が祈りを捧げていたことを思わせた。

私達はマネジャーやコーチと雑談を交わしたが、彼はほとんど話に加わらず、時折窓から外を覗いては「今日は風が強くて」とつぶやいた。風は闘牛の大敵なのだ。

不安と孤独の彼を私は抱きしめてやりたくなった。

　時間がくると闘牛士は金糸で刺しゅうをした薄黄色の絹地の上衣をつけ、横長の闘牛帽をかぶり、左腕に豪華なケープをかけた。このきらびやかな正装をした闘牛士は、女性上位の礼を守って私を先に立て、人々の〝御幸運を〟の声に送られてホテルを出た。私達は、闘牛士を乗せたマネジャー運転のベンツと屋根に闘牛用品の箱をのせたコーチのタクシーのあとをつけて、闘牛場に向かった。

　その日の闘牛はマドリードの郊外のサンセバスティアン・デ・ロスレイエスだった。四月からの闘牛士シーズンを前にした三月恒例の闘牛なので、中規模の闘牛場は人が溢れていた。

　四時半きっかりに審判席後ろの吹奏楽隊のファンファーレが鳴ると、入口の闘牛士群の前列にいて中世の軍服姿の騎馬の二人が、巧みな馬さばきで審判官席の下に進み出て、審判長が投げる牛の出口の古鍵を鮮かに受取った。すぐパソドーブレ(哀愁をおびた軽快なマーチ）が奏でられ、闘牛士三人と槍さしと助手の十五人と牛の屍を引く飾り立てた二頭立ての馬と赤い服の人夫数人の華麗な行進を行なった。

　ふつう闘牛は三人の闘牛士が先輩順に二回闘い二頭の牛を殺すが、闘いの順序と仕方は厳しく定められている。最初の場は猛然と突進してくる牛を、観客席と砂場の間の通路で待機していた闘牛士が、赤と黄のカッパを蝶が舞うように捌えて、自分の体すれすれに通過させるマリポサ（蝶）を五回行うのだ。

それから助手達が牛を通路際に誘導し、騎馬の槍さしが馬上から牛の頸を槍で刺す。槍先は少ししか入らないが血が胸を赤く染める。そして馬が退場すると第三場となり、闘牛士か助手が両手に八〇センチほどの紙飾りつきの銛をもち、突進して来る牛の直前、高く跳び上って角の間から牛の頸部に突き立てるのだ。三回繰り返すと牛の背には六本の銛が垂れ下った。

〝最後の死の瞬間〟と呼ぶ場になると、闘牛士は剣を真剣に代え、真赤布ムレータを剣に垂らして体すれすれに牛を通過させるムレータ捌きを数回みせる。その後牛が頭を下げて突進する瞬間、心臓めがけて剣を柄元まで突き刺す。そして牛が倒れ止めが差されるのだ。

ロスレイエス闘牛場でオルテギータは二番目と四番目に闘ったが、二番目の最終場面で牛をパスさせたとき牛の角に突き上げられて地面にたたきつけられ助手に運ばれた。だが水を飲んで元気をとり戻し、突かれた腿に布を巻くと再度最後の場を首尾よく果した。褒美の牛の耳を掲げて場内を一周する彼に私が真っ赤なカーネーションの花束を投げた。彼は鮮やかに空中でつかみ微笑んだ。若者は勇気ある人になっていた。

闘牛の起源はローマ時代に溯るといわれる。王の即位結婚誕生など宮廷の慶事に貴族の男子が馬上から牛を殺す狩りの一つだった。最古の記録は九世紀初めで、一五三〇年には法王ピオ五世が禁止命令を出したが、スペイン側は一回十五分だけの出場として続けた。その後闘牛は貴族から庶民の手に移り、馬を使わない専門の闘牛士が生まれた。一九世紀初頭一時禁止されたが、その後王立闘牛学校が出来たり闘牛辞典が出て再び盛んになった。

闘牛は牛殺しのショウではない。勇気ある一人の男と攻撃性ある一頭の野牛が、一枚の布によって強烈で純粋な死の美を描き出す悲劇なのである。厳しいしきたりと古典美を技に託して。

闘牛の日から二週間後、私達は闘牛士とマネジャーをフラメンコに招いた。九時から夕食を愉しみ、ポルトガルの女闘牛士を紹介してくれた。しかし十時すぎにはマスコミ関係者が来て闘牛士も夫もその応対に忙しく、結局フラメンコ見物をしたのは私達だけだった。闘牛士はマスコミやヒイキとの応待も大事なのだ。

それから一週間後の日曜日、私達はポルトガルの女闘牛士ジナ・マリアの家を訪ねた。下町のバラハ闘牛場近くの二階家で、一階に五頭の馬の厩舎と居間があり、居間の外は闘牛練習用の広い砂場になっていた。彼女は馬に乗ると、下男に砂場の一隅にあった木製の牛の頭部をつけた車を自分に向けて突進させた。そして手綱をあやつってそれを避け、銛をくびにつき刺す真似をした。鮮やかな馬の足技と手綱さばきの美しさ！は、スペイン闘牛とは異なる穏やかな感動を与えた。ポルトガル女性のレホネオ（馬に乗って牛に銛を打つ闘牛）闘牛士ジナ・マリアは三人の男の使用人をもち、マネジャー兼コーチのスペイン人と住んでいた。

五月になりマドリードではサンインドロ祭りの十五日間連続闘牛が行われた。そしてオルテギータの授剣式は七月二五日バレンシア闘牛祭で実施された。入場行進のあと、レホネオ（ポルトガル闘牛）があり、二人の先輩より先にオルテギータが闘牛をしたが、最後の場になると一時牛を隅において、授剣式となった。先輩闘牛士がオルテギータに真剣を渡し肩を叩いて祝福したのだ。オルテギータはこの剣で鮮やかに牛を倒し、牛の耳を与えられた。簡素だが重みを感じる授剣式で、小柄な彼は雄々しく小意気にみえた。

私達は闘牛シーズンの終る九月、帰国準備で忙しく彼らに会わず帰ってしまったが、その年のクリスマス以来オルテギータからのカードが届くようになった。ほほ笑みを浮べた闘牛服姿の彼は堂々たる闘牛士ぶりを示していた。

しかし二度のクリスマスの後の六月、兄のようだったマネジャーのルイスの交通事故死を知らせる黒枠の手紙が届いた。闘牛場への移動中の交通事故という。

私の手元には彼から贈られた絹のパーティバックが残された。表が真赤で裏が白の小さなバックは広げると肩飾りのついた闘牛士の愛らしいカッパの形となって、

褒美の牛の耳を掲げて場内を一周するオルテギータ

私達と闘牛士の友情を想い起させた。

サンタイリア幼稚園とその勉強から

息子も三歳になり幼稚園を探さなければと思っていると、行った年の六月に、一〇月から始まる幼稚園の案内書が送られてきた。わが家の前の通り〈ハバナ通り〉を北に車で十五分ほど行ったところにある普通の二階屋で、スクールバスもあり、昼食付きとのこと、よさそうなので、申し込んでしまった。息子は喜んで、スペイン語で一、二、三と数える勉強を始めた。歩道の子どもの天国から子どもの姿が消え、どの家でも三ヵ月もの長い休暇で地方へ出かけたらしかった。わが家でも、政府が移転するサンセバスティアン方面から大西洋岸地方や中央部各県へ旅したりした。

一〇月一日、夫婦で子どもをつれ幼稚園へ行くと、子ども達はそれぞれの部屋にいるのだが、入り口近くの教室には三人の子どもと院長先生がいた。息子が私たちから手を離さずにいると、院長先生は息子をしっかり抱き上げると、絵を描いている子どものそばに連れて行き、やさしく見せた。やっと息子がそれに気をとられていると、先生は私たちに、お帰りなさい、と目で合図。私たちはそうっと幼稚園を出て帰ったが、昼になってスクールバスで若い先生に送られて、ご機嫌で帰ってきた。ただ、昼食後先生が迎えに来ると、ベソをかいて出て行った。夕方、わが家の

カーニバルの日も友だちといっしょに

玄関前の通りに出迎えると、愛らしい絵のついた小型スクールバスには、一〇人くらいの子どもと若い先生が乗っていた。先生は息子を抱き下ろし私に渡した。子ども達は、「さよなら、フーミオ」を連発、息子も手を振って別れを告げる。そして次の日から、朝一〇時少し前、女中が息子をスクールバスに乗せ、午後四時に帰る子どもを私か女中が引き取る生活が始まった。スペインでは、誰もが子どもの安全に気を配るのに感心した。

幼稚園では小学校並みに国語・算数その他五つほどの学科を勉強させるのだった。そして前期（一〇月〜一二月）と後期（一月〜六月）の学年の終わりには通信簿が送られてきた。それも学科の採点数ばかりでなく、勉学の仕方や性格についても書かれていた。前期は「よく努力する。社交的で明朗である」と、後期の評には「宗教的関心が乏しい」（この表現はもっと難しい西語だった）など、精神的事柄も書かれた。次の後期には「利発で、性格が強い」などと書いてあり、いつも励まされるのだった。

息子はサンタイリア幼稚園長の息子、ハービー（ハビエル）とずっと親友だったので、院長は別れの前に一日ゆっくり遊ぶようにと自宅で気ままに過ごさせてくれた。別れし何二人は抱き合い、「二十歳になったら、また会おうね」と言った。

二十歳のとき二人はそのことを忘れていたが、大学卒業のときハービーから突然

サンタイリア幼稚園の学芸会で

五歳になった文雄（一九六二年四月）

電話がかかってきた。「マドリッド空港の管制官になるんだ」と彼は言ったそうで、息子は自分のことのように喜んだ。

スペインの不思議な魅力

スペインの毎日はとにかく愉しい。昼一時から四時までの休時間、夜十時からの歓楽の時間等毎日の楽しみのほかに、春の聖週間、夏のバカンス、十二月の降誕祭が加わるからだ。春の聖週間は三月末か四月初めで、どこでもキリストと聖母を讃える行列等が行われる。夏のバカンスは七月から九月までの三ヵ月間で、この頃マドリードは夜九時頃まで明るいので、子供達は十二時頃まで公園で遊ぶ。また野外劇場も開かれ、私達は〝ドンファン物語〟の劇と、フランスから来たオペラ〝カルメン〟を月の光の中で観た。

また十二月の降誕祭は十二月早々からの祭壇作りの道具売りから始まり、各家では室内にスペイン独得のうま小屋の祭壇を作って毎日祭りを行い、一月六日子供へのプレゼントで幕を閉じる。

その上お店かレストラン以外は週休二日制（お店は土曜は開くが、シエスタ時間は店を閉める）だから、スペイン人は働かないと思われそうだが、私は働き者だと感じた。女中たちの職業意識を持ったすばらしい働きぶりと、サロン壁ぬり職人の仕事ぶりをみたからだ。感心したのは仕事を終えた職人達は、水をつけて髪をととのえ、衣服を着がえて道具を抱いて帰って行ったことだった。

私達の帰国が近づいた頃、夫の後輩の独身の外交官が、現地職員になってスペインに留りたいと言い出した。私達も同僚たちも、彼の気持はよく分かると言い合い、そんなにも私達を引きつけるスペインの魅力は何だろうと話し合ったが、明快な答えは出なかった。

息子は帰国が近づくと、よくタクシーの運転手に嬉しげに話しかけた。

「ぼくはね、もうすぐ日本へ帰るんだ」

「ほう、それでスペインは好きかい？」

「だーい好きだよ。けど日本はもっと好き。」

「そうか、祖国だもんな。君は立派な愛国者だ。」

故郷思いの彼らはこう言って息子の手を強く握りしめ、さよならの代りにブエナ・スエルテ（グット・ラック）と言い添えた。

スペインからの帰途のルフトハンザ航空の機内は六割程の乗客で三名の外人を除き日本人ばかりだった。渡航自由化の前なので職務出張や農協の団体かと思われた。そして九月末夕刻羽田に着き、荷物引取り場に出た息子は一言こう叫んだのだった。

「アーイ!!　タントス・ハポネセス（ああ、何と沢山の日本人!!）」と。それ以来息子は決してスペイン語を話さなかった。忘れないよう家の中だけでもと私が奨めても、「ぼくは日本人だもん」と繰り返すばかりだった。

「霞ヶ関」という世界の不思議な話⑧

たしか六一年四月だったと思うが、スペイン大使館に所属する上級試験による留学生二名は、一年の留学を終え本省への論文提出も済ませていた。一人は東外大西語科出身で米西戦争をとりあげた論文で、マドリード大学の博士号も取ったやり手で、私達も親しかったが、もう一人は英語で入省したが、西語研修を命ぜられた東大出の若い留学生だった。

私がその留学生に会ったのは、政務担当の官補と経済担当の夫、専門職の会計担当理事官がいた部屋だった。そこに入って来た彼は「いよいよ帰国ですね」の夫の言葉に簡単に答えたあげく、昂然と言ったのだった。「もう何もやることが無くなった」と。おせっかいな私は〝これから一杯勉強しなくちゃいけないいんじゃないの〟と言いそうになり、黙っている夫をみてすぐ気がついた。夫が上司となる彼に忠告めいた事は云えない立場であることを。さらに彼は何もやらなくても本省の慣例に従えば出世できる身分であることも。

羽田空港に着くと、文雄は「あぁ、何と沢山の日本人 !!」とスペイン語で叫んだ。

第4章　東京の四年五ヵ月　1962.10〜67.3

国立市に住んで

私達は国立市の一橋大学通りのはずれの、ハウスと呼ぶ個人所有の米軍宿舎三軒のうちの一軒を貸り、夫は中央線と地下鉄を利用して外務省へ、息子は近くの〝ママの森幼稚園〟に通い始めた。

ママの森幼稚園は画家夫妻が主宰していたが、息子が空を紺青に描いた事から感覚の違いを認められて目をかけて下さったし、息子も幼稚園が好きになって、加島徹君という親友を作ってしまった。

息子は六三年四月から国立市立第三小学校に入学した。入学式のとき爆弾発言したり、授業中の他のクラスを覗いたりするいたずらっ子ぶりだったが、先生方はスペイン帰りのイトウ君と呼んで叱らなかった。それに担任の和田洋子先生は初対面の教室で、四〇人ひとりひとりに名を呼び話しかけるほど、個性を大事にする先生で、毎日連絡帳とガリ版刷りの国語や算数のプリントを渡して下さった。息子は学校が愉しいらしく、クラスが別になった加島君とは放課後毎日遊ぶようになった。

私はＰＴＡの学級委員となって広報を担当したが、学校新聞の発行に携わった。

ママの森幼稚園の友だちと

新聞作りに際しては専門家を招いて割りつけから印刷までを学んだ。私は創刊号と夏休前号の二回先生方の協力を得て新聞を発行したが、タブロイド版四頁の新聞は内容充実で好評を得たのは嬉しかった。私は校内が自立心と自由な精神に溢れている事を感じ、国立住いが好きになってしまった。

都内生活の明暗

ところが夫は通勤の苦労を訴え始めた。通勤はまずわが家前のバス停から国立駅まで一駅をバスで行き、中央線荻窪で地下鉄に乗り換え霞ヶ関に行くのだが、荻窪では一旦外に出て乗り換えるので、そこでコーヒーで一休みしたくなるとの事。夫は耐えかねて都内の公務員宿舎を申し込み、夏休みの転居を決めてしまったのだった。夫は六三年から東外大の講師も勤めていたし、輸出用機械の説明書の翻訳をよく頼まれていたから、楽な通勤をしたかったらしい。

私達は八月中旬世田谷区池尻の国家公務員住宅に移転した。近くのバス停からバスで十五分で渋谷駅に着く便利さ。わが家の建物と裏の建物の間は大きな〝子供の遊び場〟で、砂場や鉄棒の遊具もあって、野球をする子供の姿もみられた。

けれども九月から息子が通い始めた小学校は、歴史ある古い学校らしく暗く片苦しくて国立の対極にある感じがした。教室には国立にはないテレビや給食があった

国立市立第三小学校入学の日に

が、子供達は規則を守るのに精一杯で、自発性や活気が感じられなかった。一年生の担任は教頭らしい中年の先生で子供への配慮が乏しい気がした。二年生の担任の中年女性教師は昔の師範学校出のような厳しさで、授業中落着かない息子をいじめる子供達の側に立って息子を叱るばかりだった。息子は学習意欲をなくし投げやりになったので、私は先生を訪ね息子の経歴を話し理解を求めたりした。

三年になると担任は若い小椋という男性教師になった。私はクラス代表のPTA役員になり、夫は〝父親参観日〟で先生の依頼による司会を勤めて父親達と教師の本音を引き出すことに成功した。そのせいかクラスは明るくのびやかになって息子もよく勉強した。

その正月夫はエクアドルへの赴任命令を受け、一月末出立した。私は息子に三年生の授業を受けさせるため二月末出発することにした。そしてその最後の日、息子は次のように別れの挨拶をして級友と授業参観で集った母親達を感動させた。「ぼくはこれからエクアドルに行きます。ぼくはどこへ行っても皆さんのことは一生忘れません」と。小椋先生は母親達の希望が叶って四年生持ち上り担任となった。

池尻の公務員宿舎で迎えた誕生日。右は親友になった加島君

スペイン文学の共訳出版

夫はスペイン語を習い始めたとき高橋正武先生の指導で、ヒメネスの『プラテー

ロとわたし』を学び、最も好きな作品となっていた。メキシコで結婚後真先に買ったのがこの本だった。早く一緒に読めるようになればいい、と言い添えて。そしてスペイン在勤中、私もこの本に感動し、夫と共訳を思い立ったのだった。スペインでは出版許可を求めたビンソン・ヒメネス氏からマスコミに伝わり、私は〝日本の白百合がプラテーロを祖国へ〟の新聞記事になってしまった。

『プラテーロとわたし』はノーベル賞作家ファン・ラモン・ヒメネスが愛するロバ・プラテーロに託して、故郷モゲール村の人や出来事を綴った一三七篇の叙事詩で、〝子供のような黄金の心をもつ人々へ〟と書かれたものだった。だから脱稿したものの出版社探しは大変だった。幸い友人の児童文学者渡辺としさんが、この本にふさわしい理論社を紹介して下さり、知識人小宮山量平氏によって美事な本になった。本文の各篇には長新太氏の絵が描かれ、表紙はロバを浮き出したブルーの布表紙で、ロバの情景を描いた箱入りという豪華さ。

この本は一九六五年（昭和四〇）十二月初めに出版された。すると程なく随筆家で東外大講師の串田孫一先生より丁重なお手紙を頂いた。自分のラジオ番組でこの本を使う許可を求めてだった。それからしばらくして詩人の堀口大学氏（父君が外交官で、同氏もラテンアメリカで生活された）より次のような心温るお便りを頂いた。

「拝復、ごていねいなお手紙とご新著『プラテーロとわたし』拝受いたしました。厚く有難く御礼申し上げます。よいものをお訳しになったことを先ず以ておよろこび申し上げます。何しろ今まで邦訳がなかったのが不思議なくらいの名著ですから。私もごく若いころメキシコやマドリードに住んで、ブリキート（ロバのこと）たちには深い親密感をもつものです。わけてもスペインのブリキートたちには。私も自分をブリキートだと思っています。死んだら墓石には

驢馬だった
働いた
働いた
驢馬だった

と自作を彫んでもらいたいと思っております。

お礼の手紙が脱線、おかしなことになりましたが、こんなブリキートの哀れのひとこととご一笑。

四十年十二月二十日

大学処許生」

そのほか中学生や主婦達からファンレターを沢山頂いたが、中には本によって長く交際する方ができたり、お食事に招いて下さる主婦の方がいたりと新しい友人が

できたのは本当に嬉しかった。また横須賀の中学生伊藤幸子さんは、他の訳書も読んでいるらしく適確な批評などを書いてこられるので、私達は中学生の感性や判断力は大人にまけない事を教えられた。そして若い者が、〝子供のような黄金の心を持つ人のために〟書いた本のすばらしさを痛感したのだった。

その頃朝日新聞日曜版で〝ふたりでいるとき〟という連載をしていたが、訳書を見ている二人の写真入りで私達と本をとり上げて下さった。私達は互いにねぎらいと喜びの言葉を交わしただけで、次の在外勤務の支度に追われて越年した。

朝日新聞に掲載された写真。

第5章　エクアドルの一年半　1967.1～68.8

エクアドルへの母子旅

一九六七年（昭和四二）一月二十日、私はエクアドルへ赴任する夫を送り出すと、二ヵ月後の私と息子の渡航準備に忙殺された。息子の思いを考えて四年生から中三までの教科書やドリル、指導手引書などを買い集めたからだった。そして二月二六日羽田を立ちホノルルに向かったが、機中巨人軍一行三五名と一緒になり、息子は王、長島氏にサインを貰って大喜び。私は川上哲治監督と十年前のメキシコ遠征の懐旧談にふける。メキシコの高さに負けてほとんど出場しなかった川上氏だったが、メキシコ人との九戦九敗は苦い思い出らしかった。

息子はエクアドル行きで張り切って、スペインの幼稚園の教科書で勉強を始め、夜ふけまで眠らなかったので、翌朝ホノルルに着き、総領事館の人が島のあちこちを案内して下さったときは、居眠りしながらの有様だった。

そのあとロスアンゼルスで一泊しデズニーランドで一日遊んだが、私はメキシコからの帰国途上、妊娠五ヵ月の胎児を抱えて訪れた場所なので感慨もひとしおだった。その時は夫が私の体を気づかって遊びを選んだが、今度は息子が、「これは怖

母子の旅で、ハワイで一泊

そうだからママに向かない」と私を考えて遊びを選んでくれた。九歳の息子がナイトぶりを発揮するのも外国へ来たせいかと、嬉しい発見！

ロスからパナマを通りエクアドルの首都キト市に着いたのが三月三日午前八時。アンデス山系上空を飛ぶ間揺れていた飛行機が、市街地の屋根すれすれに空港に下りると、そこは物語りに出てきそうな美しい山の都だった。

キト市はアンデス山脈の中、海抜二六〇〇メートルの高地にあり人口約五〇万人。南北に細長く広がる盆地の北半分は、ピチンチャ山麓に辿い上がるように白壁赤煉瓦の屋根が軒を並べる住宅街で、南半分はインカ時代の遺跡とスペイン植民地時代の町並みや教会等があって、植民地文化繁栄の面影を残していた。

エクアドル（赤道の意）はその名のとおり赤道直下の国で、キト市北方三〇キロの所に赤道標がある。高地のせいで気候は年中日本の春か秋といったところ。日の出は午前六時、日没午後六時は一年中変らない。ただ午後は霧が出るので、飛行機の発着は午前中に限られていた。

私達が貸りた家は住宅街の中のキト・ホテル近くで、二百坪ほどの芝生の庭の中央に立つ三百坪の二階建てだった。石造りの門から家の玄関までは小高い径がついていた。私達はゴルフボールを追って家を一巡したり、息子の友人達とバトミントンやボール蹴りして遊んだ。

日常生活では混血の若い女中が、スペインの女中同様に食事を作って食卓のサービスをし、掃除、洗濯、アイロンかけも一とおりやってくれたので、私は不足品の買物程度で余裕たっぷり過せたのは嬉しかった。

当時大使館員は大使夫妻と息子と同年の姉弟、一等書記官の夫と私達、独身の二等書記官と中年の会計の理事官の四人で、スペイン語を解するのは夫だけで、日本語を解する現地職員の二世が館員の補助をしていた。エクアドル社会は外交が活発ではないように感じたが、夫は政務・経済・移住者問題等で多忙だった。

四月東京の朝日新聞からインディオの記事をとの求めで、私達はインディオのモデル・コミュニティ〝スレータ農場〟を訪ね、その記事を送った。それは日曜版一面に掲載された。

また弥生書房からは「世界の詩」の一冊にヒネメスも加えたいと、詩のアンソロジーの訳を依頼された。膨大なヒメネスの詩をまとめるのは本当に難しかったが、次の年脱稿し六月、「世界の詩」57として出版された。

皇太子殿下ご夫妻のペルーご訪問

六七年四月初め夫は五月十五日からの皇太子殿下のペルー訪問の際に公式通訳を務めるためにペルー出張の命令を受け取った。夫は本省で移住を担当し、ペルーの移住者に格別の関心があったから、思いがけない任務を喜んだ。ペルー移民はずっと苦難の道を歩んでいたのだ。

ペルーへの第一回移民は一八九九年（明治三二）甘蔗耕地や製糖工場人夫として斡旋会社が四年契約で送り出した約八百名だった。ついで一九〇八年に同数の第二回移民がペルーに渡ったが、奴隷制廃止後の奴隷代りだったから、取り扱いは非常で苛酷で、労働に耐えきれない移民は、都会やボリビアへ逃走したり、マラリアやコレラに罹って、移住後一年で半数が死亡したという。そのため第三回からは六ヵ月の短期契約として一九二二年までの三〇年間移住が行われた。「三年働けば大金持になる」という風評に煽られて。

こうして約二万人の移民は一部の人が林業に従事したが、大部分はリマ市その他の町で小売業や理容、洗濯業等を行い各地に根を張り豊かになっていった。三〇年代には日本人小学校大小二〇数校を数えるほどだった。

しかし、この日本人の成功はペルー人の反感と嫉妬を買い、農業移民で来ながら農業をしない日本移民の排日気運が高まり、〝奴隷野郎の支那人〟（チーノ・マカッコ）と軽蔑された。それに三〇年代は米国が日独伊人への警戒を強めたこともあり、リマでは不穏な空気が広まった。そして四〇年五月の日本人商店の略奪という大暴動となった。

この事件は理髪店組合の会合で、居合せたペルー婦人が争いに巻きこまれ死亡した事が発端で、中学生による排日デモが十三日間続き、二日間の日本人商店の破壊と略奪の大暴動に発展したのである。被害世帯六二〇軒のうち五〇〇軒は沖縄系で、再起不能の五四世帯は翌年日本に送還された。

大暴動の二年後太平洋戦争が始まり、日本と国交を断絶したペルーは、まず日本人会指導者や有力者等百余人を国外追放し、米国の敵国外国人戦時抑留所に送った。四一年三月までに米国テキサス州クリスタルシティ抑留所には、家族を含め約二六〇〇名が送られたという。

国内でも商店は閉鎖を命ぜられ、北部軍港や鉱山地帯の日本人の強制退去が行われた。こうして苦難の四年を過したのち敗戦になると、ペルー政府はペルーに帰化した日系二世七九人の帰国を許しただけであった。止むなく二六四人は米国に残留し、一二三五人は日本に帰国したという。(東出誓一著『涙のアディオス』、彩流社、一九八一年より)

その後移民達は徐々に生活をとり戻し豊かになったが、反日感情をもたれないよう遠慮がちに行動した。何しろペルーは〝リマの百家族〟と称されるスペイン系名家が牛耳る国で、日本人成功者など成り上がり者としか認められず、社会的進出も阻まれていた。

このような社会であったが、一部上流階級や庶民の中には、日本皇室に神秘と畏敬をもつ人も現れていた。当時のベラウンデ大統領は娘に日本名をつけるほどの親日家だったとの事。そのせいか日頃高慢な名家の夫人達が、公式晩餐会のためのドレス作りに大騒ぎしているとの噂が日本人社会の話題となっていた。そんな事で、五月十日の御到着以来、リマは前代未聞の歓迎ムードに包まれた。

まず空港での盛大な歓迎式典では、「父天皇の名代として、ペルーを訪問するのは私の喜びとするところです」で始まるお言葉は、日本移民には国民としての感激を、ペルー人には威厳と気品と親しみのある〝天皇〟を目の当りにしての感動を与えた。ベラウンデ大統領の歓迎の挨拶も喜びから形容詞がいっぱいついた長々しい名文となった。

その時以来皇太子殿下ご夫妻について連日写真入りで大きく報道されたが、特に人々を感激させたのは〝優しき夫婦愛〟と題した記事であった。両殿下が日本ペルー会館をご訪問になったとき、妃殿下が歓迎の花束を受けとられた直後、隣席の皇太子殿下に寄りかかるように倒れられ、皇太子殿下がやさしく抱えられた様が、写真とともに大きく掲載されていたのだ。この思わぬ出来事は、家族を大事にする国柄の人々に、より親しく人間味を感じさせ、お二方のお人柄に魅了される結果となった。

夜の大統領主催晩餐会の前の一時。語り合う皇太子殿下とベラウンデ大統領（大統領府付写真家提供）

もう一つは生物学者三人のご進講を受けられ、次の日予定外のアンデス紀行をされたことだった。郷土愛のつよいペルー人は自分の国の国土や生物に心を寄せられたことが本当に嬉しかったらしい。ご進講はお泊りのリマ宮殿のサロン風の部屋で三時間もの長時間だったとの事。通訳の夫はタバコを吸えないことによる禁断症状のためか、持前の巧まざるユーモアからか、殿下の方を向いてスペイン語で、博士方には日本語で話しかけ、一同の笑いを誘ったらしい。

三博士（動物、植物、生物）の話にアンデスに興味を持たれた殿下は、翌日の公式行事を一時間繰り下げ、早朝アンデス山岳地帯をドライブされ、河原でペルーの人々らと朝食を摂られるなど、実地体験をなさったのだった。

また最後の夜の日本大使公邸での晩餐会の折、南十字星をとの殿下のご希望で、館員一同と庭に出られたが、夫のみが南半球の知識があったので、「南半球の星座は北半球に比べ貧弱ですが……」と南十字星をお示ししたという。夫は、ご多忙な中でも好奇心を失わない殿下に畏敬の気持を覚えたと語ってくれた。

こうして五日間のペルーご滞在は感動を残して終り、第二の訪問国アルゼンチンへと向かわれたが、このご訪問はその後のペルー人の日本人観を変える蔭の力になったと私達は確信するようになった。私の遠い親戚の移民坪山夫妻から、次男が中央官庁に勤めるようになった事や、日系人がペルー社会の各方面で活躍する知らせ

皇太子妃の通訳をする武好の顔が隠れ見える

が届いたからだった。

夫と私は外交官がどんなに努力しても及ばない皇室の力を目の当りにして、皇室が伝統の国の重みを伝え、内外から敬愛される日本人の代表であることを実感した。

スペルマン・スクールに学んで

キト市には外国人の子供のための学校アメリカンスクールがあったが、夫は地元の子と学ばせたいとスペルマンスクールに息子を転入学させた。この学校はスペルマン大司卿が米国に建てた同名の学校の系列校で、幼稚園から高校までの男子一二〇〇人が学んでいた。市の中央の高台にある五階建の大きな校舎の裏には、緑の芝生の校庭とフットボール競技場があり、その彼方に雪山が眺見できた。

息子がそこへ通い始めてから二度ほど私は授業参観に出かけたが、いつも子供達は生きいきと親切だった。私が教室に入ると入口近くの二、三人の子供達が空席の椅子をもってきて、私の席を作ってくれたのだ。「どうぞ奥様ここへ」と。また十時の二〇分の休憩時間に私が受持の先生と話している所へきて、ハポンはどこにあるのとか、山が一杯あるかとか訊ねたり、午前の授業が終って帰るとき、息子の乗るスクールバスまで案内してくれて、前席に座らせてくれたりした。

それから先生と子供達との親しげな関係は、教師はそれぞれの受持クラスを自分の部屋としていて職員室が無い事から生まれたのだろう。教師は自分のカバンを教卓におき、休憩時間は子供達の話を聞いたり庭で遊んだりしていた。午前十時からの休憩は二〇分で、教師も生徒も広いテラス風廊下の隅のキヨスクでパンや飲物をとったり、庭で遊ぶのに夢中な子供達もいてのびやかさを感じた。

息子は最初の一ヵ月受持先生に家庭教師をしてもらい西語にはすぐ馴染んだが、毎日一時間の米国人シスターの英語の授業には苦心していた。英語は小一から教えられたが、結構難しかったから。

そうこうして四ヵ月が経ち、六月の学年終りの時には息子も授業に困らなくなった。そして学年末通知票には、〝進級おめでとう〟で始まる努力への誉め言葉が書かれていた。南米の学校は小学生から落第の制度があるから、及第はとても大変なことなのだ。授業のほか息子はサッカークラブに入ったり、学芸会ではアコーデオン独奏や民族舞踊団の一人として踊ったりと学校行事に参加した。これら学校行事は中高校生が実行委員を努めていて、絵画展のときは「フミオのクラスの展示室はこちらです」と中学生らしい生徒が案内してくれた。また各クラスにはサッカークラブがあり、校内対抗戦初日の選手入場式には女子校応援団も来て、まるで国際試合並みの華やかさだった。

九月からの四年生の担任はコロネルという若い先生に代った。熱心な先生で授業

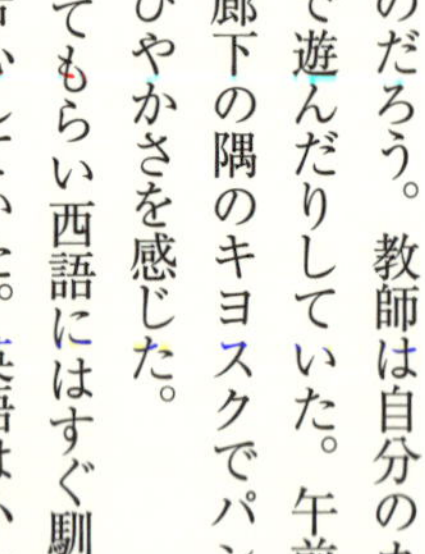

我が家の門前で犬と戯れる文雄

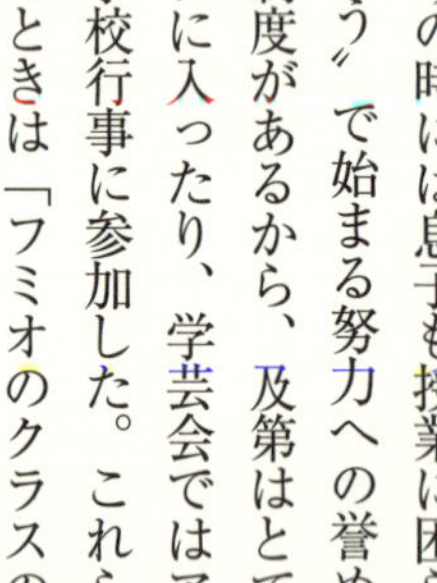

裏庭で仲良しの友だちと一緒の文雄

前一時間四人の生徒に苦手な課目の個人指導をした。息子の前期終りの通知票には誉め言葉ばかりの評で、私達もその進歩ぶりに驚いたのだが、六月学年終了時の通知票は授業参観のあと父母に渡されることになった。

六月十六日コロネル先生の授業参観が終ると教室は話合い会場に変り、四〇人近い母親達がそれぞれに座を占めると、先生は各教科の成績点数と順位を書いた〝エンマ帳〟を回覧させたのだった。母親達は喚声や溜息をもらしながら、廻し見をしていたが、一番と書かれた息子の母と私を認めると、「おめでとう、すごいわね」と次々と握手を求めてきた。私はクラスの一番から三番までの子は中央ホールドに写真が貼り出されることや、息子も先生にパスポート用写真を求められたことを思い出した。息子も小一から高三までのクラス代表の優秀生としての光栄に浴したわけで本当に嬉しかった。エンマ帳公開というあけっぴろげのやり方と子供のありのままを認めようとする母親達の強さに私は圧倒され通しだった。

それから二ヵ月ちょっとの夏休みに入ると、息子は私達が何も云わないのに日本語の勉強を始めた。日本語の教科書を読みドリルに答えを書くのが面白いらしく、忙しい私達を相手とせず自習を愉しんでいた。

エクアドルの日本人達

当時ペルーには三万人もの日本人が住むのに対し、エクアドルの日系移民は六六年からマニラ麻栽培を目的とする十数人に過ぎなかった。

このマニラ麻栽培事業は、戦前フィリピンで成功した古川義三氏が南米各地を見て歩いた結果エクアドルを適地と選び、かつての関係者と再開したもので、将来はロープや麻糸として米国に輸出する予定との事だった。そのためキト市から百キロ離れた低地サントドミンゴに原野を買い開拓に苦労を重ねていた。政府が労働者保護政策をとっていたので、労働者はすぐストライキを起こし賃上げを要求したからだった。

夫は政治・経済の担当官として、古川農場の問題で度々政府と交渉するなど苦労していた。私達がキューバに転勤するとき、空港に見送りに来た高齢の古川氏は、涙ながらに夫と固い握手をして感謝を示されていた。

ところで、当時キト市に住む日本人は大使夫妻と小学生の娘息子、三〇代の独身男性、中年夫婦と小学生の息子二人、私達三人の四家族と、通産省地質研究所から派遣された武田英夫博士夫妻だけだった。武田博士は国立大学で地質学をスペイン語で教えていて、私達も国立大学へ案内してもらった。夫人は広島原爆投下時入院中で、全身にガラスの破片がつき刺さり、まだ少し破片が体内に残っているとの事だが、明るく親切な方で私達一家もすぐ親しくなり、家庭の交際のほか一緒に旅行もした。ただ日本の地質調査ミッションが乗ったヘリコプターの墜落事故があったときは、夫は百キロも離れた現地に出かけ休日の政府高官との連絡など大変な苦労をしたけれども。

このように淋しい日本人社会なので、時折来訪するチリーやエクアドルからの商社員や日本から来る人の接待は愉しかった。いつも和食の夕食のあとは暖炉の前で夜の更けるを忘れてお喋りした。「クリチャン」という漫画で有名な根本進氏は、ガラパゴス島への旅の前夜お招きした。息子はサインをもらって大喜びしたが、私達はその夜の縁でそれから三〇余年、亡くなるまで親しくおつき合いするようになった。

インディオの現状とその本の邦訳

エクアドルではチブケヤ、チム、キツ、カラ人などが小王国を作っていたが、第十一代インカ帝国ワイナ・カバワクがそれらを征服し支配下においた。彼はキツ王国の美しい都キトを好んで離宮を建て、王女パクチャを愛妾に最後の帝王となるアタワルパをもうけた。

十六世紀、アタワルパはスペイン軍に滅ぼされた。そして、エクアドルはスペインの植民地となり、一五三七年には新世界初のバロック様式のサンフランシスコ教会がキト市に建てられた。それ以来六〇もの教会が建立され、キト市は植民地文化の中心地となり、その宗教画や彫刻はキト派と呼ばれて、他国に影響を与えた。

しかし、社会生活では植民地時代の征服者の大農地領有制から生れた三層の社会構造が今日まで続いている。つまり少数の支配階級とその命で働く混血の中間階級、それらに支配される奴隷同様のインディオ階級の三つである。エクアドルの人口比率は白人七%、混血三二%、インディオ五八%、黒人三%であった。

エクアドルのインディオは標高二五〇〇メートル以上の山岳地帯の、山の斜面にワシプンゴと呼ぶ小区画の畑を貸りて小屋を建て、じゃがいもを栽培していた。ワシプンゴは本来大農園で働く労働の代償として農園主が貸与するものだが、インディオはその僅かな畑を自分のものと信じ自給自足していた。山肌に美しいつぎはぎ模様を描き出すワシプンゴは、インディオの悲惨な境遇を映しだしていた……。

二十世紀になると、インディオが人口の半数以上を占めるペルー、ボリビア、エクアドル、グアテマラでは、インディオの解放と地位向上のため〝インディオ主義〟が叫ばれ、三〇年代にはインディオをテーマにした社会小説や詩が数多く発表された。しかし、インディオの状況は変らず、六四年エクアドルでは農地改革法を出し、農地の解放や適地への国内移住を計ったのだが。

『ワシプンゴ』日本語版の書影（朝日新聞社、一九七三年刊）。カバー・デザインは、メキシコで懇意になった福沢一郎画伯にお願いした。

その三年後、私達はエクアドルに住み、インディオ小説に熱中し、夫はエクアドルの作家ホルヘ・イカサの『ワシプンゴ』の邦訳を希望するほどになった。そのためイカサ氏とは度々お会いしインディオの現状を教えて貰った。「農地解放は進んでいないが、唯一変ったことは、それまで農園売買の新聞広告に、『農園三百ヘクタール、ルナ（インディオの蔑称）五〇人』と公然とインディオ売買が書かれていたのが無くなった」とのことだが、農地と一緒にインディオは売られているとの事だった。

イカサ氏は若い頃エクアドル南部の山岳地方で大農園を経営していた伯父の家で過した経験があり、作品の執筆前には各地のインディオの生活を調査し、通夜にはべって彼らと悲しみを共にしたりした。私達にもケチュア語とスペイン語混りの葬いの歌を口誦した。

「アーイ クンシイシヤ、アーイ ボニティカシヤ……（ああクンシィよ、美しい女よ）」

イカサ氏はスペイン系の白人で国立図書館の館長だが、博学で思いやりのある人柄だったので、私達はすぐ親しくなり遂には夫人を交えての家族ぐるみの親交となった。

私達は日曜日にはインディオの市《いち》に行くよう努めたが、感動させられたのはスレータ農場とオタバロ人の市だった。スレータ農場は元大統領で当時米州機構事務総長のガロープが、十六世紀以来の自分の大農場に、インディオのための学校や無料診療所や薬局のほか畜産加工場や日用品販売所を建て、ワシプンゴを解放して農地や加工場で働くインディオに賃金を支払うことにしたのである。私達もそれら施設を見せてもらったが、コミュニティとして安定しているのに感心した。

またオタバロ人の市はインバブラ湖畔で早朝から開かれたが、昼食時からはインディオ同士の交歓となるのどかさだった。昔この地はインカ時代カラ人の小王国だったがワイナ・カパックは十七年かけてそれを亡ぼし、ボリビアのチチカカ湖近くのアイマラ人を入植させた所なのだ。このオタバロ人は知性と決断力があり織物が巧みで、北部アンデス一帯の交易を行うようになった。

私達は湖畔のホテルに一泊し、夜明の薄明かりの中大きな背を背負って集る大きな広場の市を見たが、インディオ達は野菜や手作りの物を物々交換し、塩や帽子は店で買うとの事。大きな広場の市はささやくようなケチュア語が交わされるだけで静かなものだった。そして昼時になるとインディオ達は三々五々連れ立って街角や公園に行ってお喋りした。ショールやマントを売る織物市の前は観光客で賑わっていたが、静かでのどかな市は、他のインディオ市にはみられない光景だった。

私はキト旧市内で稀にインディオの小さなデモを目撃した。彼らは小さなプラカードを先頭に、場違いの所に来たように小走りに歩いた。二〇人足らずのデモ行進は農地解放など叶えそうにない哀れさだった。

山酔いから、急場しのぎのキューバ行き

夫は皇太子殿下のペルーご訪問の頃から歯痛で悩まされて医者通いをしていたが、六月には目の下まで痛くなったといい、女歯科医の奨めるまま全部の歯を抜いて総入歯にする手術を受けた。その頃欧米では美観から総入歯が流行していたからだった。顔中膨れ上り食事も摂れないので三日程家で寝ていたが、程なく元通りになり、悪かった歯並びも美しくなった。

そして一月も経たない七月初旬突然、夫は山酔い（ソローチェ）に襲われた。天井がぐるぐる廻るように見え、足元もおぼつかなく壁をつたわって歩かなければ歩けないのだ。気分も悪く寝ても起きてもぐるぐる廻る光景には、横になって目を閉じているほかはなかった。高地慣れしたインディオさえ苦しむ高山病で、私もどうしてよいか解からずおろおろするばかりだった。そして歯を抜いた事で体力が落ちたせいだろうと思い、すぐ低地に降さなければと思ったが、三日ほどで重い症状は消えた。

それから間もなくの七月中旬中南米課長が来訪され、夫は元気に接待に当ったが、

課長は高山病の再発を心配してこう言って下さった。

「また高山病になったら大変だ。そうだ、急場しのぎのキューバ行き、といこう」

こうして七月二五日付で夫のキューバ転勤の辞令が出たのだった。だがこの話を私と息子は全く知らず、突然キューバ行きを告げられて仰天し、恵まれた環境から離れねばならない息子が哀れでたまらなかった。息子も一瞬不満げな顔をしたが、すぐ明るくこう言った。

「ママ、キューバにもコカコーラあるかしら」

私は息子への〝キューバ生活の前慰労〟と〝一番になった褒美〟にと母子の南米旅行を思い立った。そこで七月三一日キトを立ち、リマで二泊した。日中はバチャカマ遺跡や天野博物館、黄金博物館などを見学し、夜は坪山家の歓迎会に出席した。坪山夫妻と四人の子供のほか親戚知人で二〇人余の集りで、二、三世が多かったので会話は殆んどスペイン語だったが、息子はよく応対してすぐ仲よくなった。話題はまず皇太子ご夫妻の事で、ご来訪後ペルー人の日本人観がよくなったと痛感させられた。

翌日坪山夫妻に見送られＹＳ11機（日本製）でクスコに飛び、マチュピチュ遺跡や古いインカの段々畑や市場などを見て廻り、クスコ中央にあるエクアドルに続くインカ道の出発点に立って、広大なインカ帝国の驚異を母子で語り合った。

それからクスコから汽車でチチカカ湖畔のプノに行き、夜の船で一夜を過しながらボリビアに入った。首都ラパスの日本大使館には息子と同年の男児をもつ館員がいて、チチカカ湖に近いテワナク遺跡を案内してくれた。広大な遺跡のある村には博物館もあって、一日プレインカの古代文化を堪能した。

そのあと私達は富士山頂ほどの高地の首都ラパスから、大西洋岸の港町ブエノスアイレス市とモンテビデオ市を訪れ、帰路はアンデス山系を越えて太平洋に面するチリのサンチヤゴに出、グアヤキル市に立寄った。この港に海上自衛隊の練習艦隊が来ていたからだ。

グアヤキルでは同市に駐在中の商社マン宮崎さんの案内で、館内や市内を見せてもらい、夜の親善パーティにも出席した。私と息子は唯一人の日本女性、日本少年というわけで、大歓迎され恐縮してしまった。そして翌日、四隻の船隊を見送ってから、怪我で入院していた隊員を見舞った。船が揺れ二段ベッドから鉄の床に落下したとの事。一人残され心細そうだったが、約一週間後飛行機で帰国したという。

グアヤキル市ではインディオは全く見かけず、高級住宅街や活気ある大きな市場など、商工業都市らしい発展ぶりを感じた。アンデスの山の都と太平洋岸の港町は、〝ふたつのエクアドル〟と称されるほど仲が悪い由だが、住む人間と自然環境の違いがそれを生んでいると知った。息子もインディオ国とそうでない国の違いを体験できたと大喜びだった。キトに帰った私は、息子の親友オルドニス君も加えての〝サントドミンゴのリゾートホテル〟一泊旅行を行った。帰りの山道では霧が車をおおい、曲折して六〇キロの道で夫の安全運転にみなが心と口を合わせた。

八月二四日夏休みで先生にも級友にも別れを告げられないことを嘆きながら、私達はメキシコに飛んだ。キューバに入るにはそこからキューバ航空で行かなければならなかったからだ。

「霞ヶ関」という世界の不思議な話⑨

夫がエクアドルに赴任する頃、低い官職名は外交上不利と悟った本省はそれを訂正をしたので、夫はたしか二等書記官だったと思う。その上夫は次席なので快く働いていた。大使は英語専攻なので、英語の国の駐在大使や英語の出来る政府高官の招宴を一、二度開催しただけだったが、格別問題はなかったようだった。

ところが現地の雑誌が各国大使夫人紹介のシリーズを行い、和服姿の日本大使H夫人も紹介されたとき、問題は起った。その和服姿の夫人のまわりのイラストがクーリーハットをかぶった中国人だったので、日本を侮辱するものとして外交問題にすると外務省に抗議したのである。抗議文は西文ではなく英文なので、夫は知らずにいたが、外務省の知人から、雑誌社に注意を促して話に決着をつけたといわれたという。H大使はエクアドル人にチーノ（中国人）と呼ばれるのを極端に嫌っていたのだった。彼らは無知なだけで軽蔑の気持などなかったのに。

第6章　キューバの三年半　1968.9〜72.1

日の丸のついた住い

六八年八月二六日、キューバへ向かう中南米大陸の唯一のルートであるメキシコ空港から、ハバナ行きの飛行機に乗った。午後一時出発予定が五時になったが、〝キューバの恋人〟という合作映画出演の津川雅彦一行と一緒で退屈せずにすんだ。キューバ航空のソ連製イルージョン機の機内標識はロシア語のみで、乗務員はキューバ人男性ばかり。質素な機内が余計暗く感じた。

夜十時に空港ターミナルのうす暗い部屋で腰にピストルをぶら下げたグレイの半袖の制服姿の四人の男女の税関吏に迎えられた。入国審査も荷物検査も荷物引き取りカウンターでしてしまうのだが、私達は外交官慣例で荷物検査をせず黒人女性が「ビエン・コンパニェラ（よろしい、同志）」とパスポートと荷物を渡してくれた。愛想はないが親しみをこめた「同志」の言葉に、私も共産国の一員になった気がした。そして迎えの車で両側に高い椰子の並木が連なる大通りを走って、やっと明るい南国を感じた。

翌朝ハバナ・リブレ（自由ハバナ）ホテルの十五階自室ベランダからみたハバナ

ハバナ空港に到着。出迎えの人と

の街区はきらめく太陽の下白い装いをした貴婦人のよう！　ハバナは革命前米国人の歓楽の都で、この旧ヒルトンホテルはその中心だったのだ。泊ってみると浴室の蛇口が壊れて水はチョロチョロ、メニューはみせるが、出るのは鶏肉の御飯とサラダばかり。そして白日の街を歩くと、道はデコボコ、家々の白壁は汚れたままで現実の厳しさを見せつけられた気がした。

四日後私達は政府指定の次席用マンションに移った。ホテル前のL通りを海岸に向って二ブロック半行った所の九階建てマンションの七階で、白いペンキぬりの玄関ドアには半紙大の日の丸の紙片が貼ってあった。

このマンションは玄関を入ると長い廊下となり、その左右に二軒ずつの部屋が並び、つき当りに地下駐車場にも通じるエレベーターがあった。その地階（一階）の玄関近くの一室に革命委員会があり、住民と客の出入りをチェックしていると聞かされ、少々憂うつになった。

日の丸のついた私達の住いは広さが九〇平方メートル位で、窓のある三寝室に並列して、サロンと食堂・台所・女中部屋があり、床は大理石だったが、コンクリートの壁はペンキ塗りの味気なさ。それでもL通りに面したベランダからは、建物の彼方にメキシコ湾の海が眺められ、右手のハバナ・リブレ・ホテル前の公園から、左手の海岸通りまでを見通せるのは嬉しかった。

翌朝八時、寝室の窓真下の配給所に七、八人の行列がみえた。キューバは一切が配給制なので、各家では毎日配給所に行ってその日配給される物を買ってくるのだ。いつも挨拶をする住民の中には「今日の配給はじゃがいも四つだけ」と買物袋を見せる人もいた。

ただ外交官や公用で来ている外国人のためには外人専用店があり、食料から電気製品・布地等を買う事ができた。だが一ドル一ペソと割高の上、品不足や不良品で悩まされた。わが家ではソ連製の冷蔵庫を買ったが、一夜で五〇センチも前進し、板をかわねばならなかった。それでも何とおいしいコカコーラがあった！　といっても、革命前からの古瓶は字が消えかかり傷だらけだった。はじめ下男が二ダース入り木箱をかついで来たが、一般人は手に入らない貴重品と聞き、車のトランクに入れるようにした。

ガソリンは六七年から配給制だったが、近く部品が無い車には配給しないとの噂さがある由。わが家のダットサンの新車に軽いいたずらが二度あったのはそのはらいせか？　また労働者に無料支給されるワイシャツ、ズボン、靴も実費支払になるらしいとの事。前任者から引きついだ黒人の下男オズワルドも、政府から私達が収めた給料を貰う公務員だが、わが家では和食サービスの度に、「もっと御飯？」（マス・アロース）を「マロ」とキューバ流西語を連発し、正常語と仲間語を混ぜて話した。読み書きはできないが主人思いの私用人だった。

数少いレストランではスパゲティにビール程度の料理を出したらしいが、長時間行列しなければならず、その行列を撮った日本人記者が逮捕され、フィルムを没収される事件が起った。その後、前夜に次の日の予約券を出し、レストランの行列は解消した。外人には専用のホテルのレストランがあったが、品数少なく高いので私達は一度しか行かなかった。

キューバでは少ない配給のやりくりを〈レソルベール（都合をつける）〉といっていた。自分の職場の電機部品や食料品を秘かに持ち出し、困っている友人に役立てるのだが、誰も罪悪感をもたず、「生活権の獲得で政府に代ってやっているのだ」と公言し合っているという。この助け合いが、口では配給不足を嘆きながら悲壮感を感じさせないのだろう。私達も廊下の電球が切れたとき、外人専用店で買った中国製電球を度々レソルベールした。

ところで肝心な私達の食料品は専用店では不十分なので、毎週末本省からの外交行嚢を取りに行くクーリエが各家庭の食料品や日用品を買ってきてくれることになっていた。クーリエは三人の在キューバ大使館員と一名のメキシコ館員が担当するので、夫も毎月一回のメキシコ往復が仕事となった。

夫はクーリエでメキシコに行くと、館員達とブリッジや囲碁で遊べると楽しみにしていたが、毎回遅れる帰路の空港の苦労を嘆いた。午後一時発の便が夜八時になったときは、幸いにインド大使館員二名のクーリエとキシヤ大使が一緒だったので、重く大切な行嚢の見張りを二人に頼んで、大使とゆっくり夕食したと、苦労の中の喜びを語ったりした。

おつきあい奮闘記

キューバで意外だったのは、各国大使館の国際日のパーティの明るさだった。その日は大使公邸の芝生の庭で昼の軽食をつまみながら立話するだけのパーティだが、黒人音楽のバンド演奏等もあり共産圏の人々も西語で話をしてくれたからだ。私達が何度か出席したのはブルガリア、チェコスロバキア、ハンガリー、ユーゴスラビア、英仏伊、ベルギー、スイス、ポルトガル、インド、インドネシア、セイロン、モロッコ及びメキシコだった。ロシアと中国は大使だけの招待で、私達の出席の機会はなく、また中南米諸国のパーティが皆無なのは寂しかった。

ユーゴの大使夫妻と親しくなったのは、ブルガリア大使館のパーティだった。彼は初対面の挨拶のあと「日本はわが国より社会主義国だ」と言ったのだ。そばのブルガリア大使も大きく頷き、彼らが何かと規制の多い日本を熟知しているのに驚いてしまった。その日以来日本通ラドビック書記官と親しくなり、彼は私達だけを何度も自宅に招いてくれた。インド大使キシヤ夫妻と親しくなったのは日本の国際日のパーティで、私がサリー姿の夫人の西語を誉めてスペイン人と分かったこととキシヤの名からだった。キシヤ夫妻は二度私達を市のはずれの広大な公邸に招待してくれたが、二度目の晩餐会は私達が主客なので遠慮ない質問をぶつけ、広大な庭はゴルフコースがとれることや、大使が出張中の夜は夫人が鉄砲をベッドにおいて寝ること等内緒話もして貰った。口数少なく殿様然たる大使とテキパキ話す美女の組合せも座をもり上げて快かった。

インドネシア大使館の人々との交際は六九年五月の一等書記官の送別会から始まり、七一年十月の大使館廃止で終った。送別会の折は太平洋戦争当時日本軍に強制的に教えられた日本の歌を歌ってくれた。二度目は七〇年八月の独立記念日の夜、大使と書記官の娘六人が火を点した皿をもって踊る民族舞踊を踊ってくれた。私はいつも民族衣裳をつけたスプラプト夫人と親しみ、時折竹内花園に連れていって上げて、花好きの夫人を喜ばせた。

ところで国際日のパーティで忘れられない事が二つある。その一つはハンガリー大使館で、ハンガリー大使とフィンランド大使と話していたときの事。突然フィンランド大使がこう言ったのだ。「そうだ、われわれ三国はルーツを一にしている‼ハンガリーはハンの国だし、フィンランドはフンの国だから同じ東洋人というわけだ」。私達は改めて握手を交し、旧知の仲のような心地をおぼえたのだった。

もう一つは七一年三月のイタリア大使館での事。中国の外交官二人が私達に近づいてきてにこやかに握手を求めたのだ。それまでは私達を見かけると後ろを向いたり避けたりして決して握手をしようとしなかったのに——。急変の理由不明のまま事実を本省に伝えて驚かせたが、程なくニクソンの四月訪中が判明した。いずれ日本との国交回復を予想した中国のすばやい対応に驚かされたのだった。

さて国際日は政府関係者も出席していたが、私達が親しかったのはアジア課長アナマリアだった。彼女は革命戦士で女児をもつ若い母だが、早口のキューバ流スペイン語の聞きとりにくさで有名だった。だが人柄がよく、彼女の話を十分理解する夫とは親友だった。もっとも夫は外務省の人々とは親しいらしく、自室の本棚を押せば逃げ道になるなど、内緒の話をした。私も一度外務省を訪ねたが、すごく美味しいデミタスコーヒーに、冷たい水と葉巻をそえたスマートなサービスぶりに驚いてしまった。

国際日のパーティの女性達は、装身具をつけず地味な感じだったが、流行には敏感でロングスカートの流行をすぐとり入れた。私も品数の少い外人専用布地店で購入した布地で縫ったスカートを着たら、同じ布地の服の女性をみかけ恥ずかしい思いをした。

ところが公式な交際に比べ私的な交際は僅かだった。最初は六八年十月の大使館現地職員エルビラとテレサ姉妹と両親の亡命送別会で、十六人を招き夕食後は〝グアンタナモの百姓娘〟の大合唱をした。この歌は——グアンタナモの百姓娘よ／私は地上の貧しい人と運命を共にしたい／海山よりも村の小川が好きなのだ／死を迎えるときは祖国も主人もいらない／花束と旗を墓に入れてくれ——というホセ・マルティの詩なのだが、明け放した窓とテラスから流れる、革命後は唄われない歌声を革命委員会の人々がどうとったかが心配になった。亡命二日前に姉妹が来て夕食を共にしたことも……。

革命十周年

キューバ革命十周年を迎えた一九六九年から七一年の三年間ほどキューバが国際的に注目された時はないと思われたが、とりわけ六九年は日本からのマスコミ関係者も多数訪れて、キューバ革命の成功を讃える記事を書いた。

十周年のイベントは一月一日のカストロ首相の閲兵式と演説から始まった。私達も十時からの演説を聞こうと独立広場に行った。広場に面する政府の八階建ビル一面の巨大なゲバラの肖像画が、大群衆の広場を見下していた。演説前の軍隊の閲兵式は、ガソリン不足と道路破壊の懼れから、戦車等の行進はなく小規模なものだったとの事。

カストロの演説はソ連への援助の感謝と、十周年の成果のほか、七〇年六月までを〈耐乏の年〉と名付け砂糖増産一千万トンをめざすという厳しい内容だった。長演説で有名なカストロもその日は二時間で終ったが、「栄光か死か、みなでうち勝とう！」のしめくくりの常句で話を終えると、「フィデル！　フィデル！」と彼の名を呼ぶ喚声が挙り、しばし鳴り止まなかった。

そこで私は改めてキューバ革命の現実とその後十年間の成果を調べ、その蔭にあった女性の力を知ったわけである。

三十歳のカストロが同志八二名とメキシコを出港し、オリエンテ州海岸に上陸したのは五六年十二月七日だった。彼等は政府軍の攻撃を受け、射殺されたり捕えられたりした者半数、行方不明者二〇名等で、十三日シエラ・マエストラ〈マエストラ山脈〉入口に残ったのはゲバラを含め十二名のみであった。幸いその地方は五三年のカストロの反政府運動に対する農民の支持者がいたので、食糧支援などを受けることができた。さらに五七年二月には反政府運動家セリア・サンチェスとビルマ・サンティアゴがカストロに会いに来た。そしてこの二人の仲介でニューヨークタイムズ記者と会見、カストロ健在のニュースが世界に流れたのだ。五七年三月から十一月まで反政府運動に参加した女性達はスカートの中に武器や資金を隠して山中

日本大使公邸を訪れたフィデル・カストロ。

に運ぶなどめざましい動きをした。サンタクララで地下活動をしていた大学生、二二歳のアレイダ・マルチは軍資金を懐中にゲバラの許に行き、戦闘にも参加した。シエラ・マエストラには病院、通信、薬品、食料などを整備した三つの基地ができ、兵員も四〇〇を数えた。五月にはバテスタ軍が六六日間攻撃したが失敗。十二月には革命軍が南部司令官ゲバラ、中部シエンフェゴス、東部ラウル・カストロで進撃を行い、十二月三一日バティスタ一族はドミニカに逃亡、カストロと革命軍は五九年一月一日ハバナに入り、政権を樹立した。

二月カストロは首相に、ゲバラはキューバ人となって経済担当の要職に就いたが、セリア・サンチェスを官房長官に、ビルマ・エスピン（カストロの弟ラウル夫人）をキューバ婦人連盟議長に、アイデ・サンタマリア（五四年モンカダ兵営攻撃に参加した女性）をカサ・デ・ラス・アメリカス（米州会館）館長に起用した。特にセリア・サンチェス（オリエント州の反政府運動指導者で、三六歳の独身女性）は生涯カストロの相談相手となった。アレイダ・マルチはゲバラと結婚し六五年ゲバラ出国までに四人の子を生んだ。

その四月米国はカストロ政権を承認、カストロもワシントンを訪問し歓迎を受けたが、五月に社会主義宣言を行い、六〇年五月ソ連と国交回復、以後中国、北朝鮮、北ベトナム、東欧諸国と国交を樹立し、アメリカ資産（砂糖工場、大農場、石油他公共事業）を接収国有化を実施すると、六一年一月米国はキューバと国交断絶。六二年二月キューバは米州機構より追放のうえ全面禁輸され、米州機構から脱退した。

六二年八月ソ連の核ミサイル配備協定に調印し、十月ソ連の核ミサイル艦船はキューバに向け出港したが、アメリカ艦隊がキューバを海上封鎖しケネディとの話合いでソ連艦船が引き返し、危機を回避した。六三年四月カストロはソ連に長期滞在し、通商協定を結びそれまでの工業化政策を砂糖産業へと基幹変更し、六四年にはキューバ糖五年間買入れ協定を結んだ。

六四年アルジェリア、ガーナ他六ヵ国に軍事及び医療技術使節団を派遣し、ピノス島を若者の島と改名して、アフリカとアジアの若者の訓練施設を開設した。ゲバラは、六五年二月、アルジェで開かれたアジア・アフリカ人民連帯機構経済会議で、ソ連を社会主義の名をもつ帝国主義と批判した。

そのあとの三月一日、ゲバラはカストロと二日間話し合い、別れの手紙を書いて四月二日偽造旅券で出国した（六六年ゲバラはボリビア入国、六七年十月ボリビア軍に逮捕され射殺された）。このゲバラとの決別は、ゲバラが夢想的革命家であったのに対し、カストロは現実の社会の不公平さと闘う現実的革命家を余儀なくされたことであった。無論カストロも理想の社会主義国を考えたのだろう。その証拠がサンアンドレスに作ったモデル村である。

私達は六九年十一月キューバ砂糖公団レスカーノ氏の奨めで、ハバナ市西方五〇キロの共産村を訪れた。西部行きの本街道沿いの低い丘陵地帯にある細長い村の入口の〝サンアンドレスへようこそ〟の立看板は字が薄れ汚れていて、十年の歳月を感じさせた。入口から畑の真中の一本道を二キロほど行くと大きな倉庫風の建物があり数人の男達がいたので、見学の希望を告げると、傍らにいた黒人の若いお巡りさんが、「おれが案内する」と夫のそばの助手席に鉄砲を抱えて乗り込んだ。そして来た道を戻った中間にあるクリーニング工場を示し、村人は無料で利用できると話した。それから入口近くの中学校へ連れて行った。学校は休日で生徒は居ず、若い黒人の女校長先生が、建物の一階は教室で二階は寄宿になっていること、全寮生で小中学の生徒は金曜午後自宅に帰り月曜朝登校してくることを語ったが、生徒数は百人以上という大ざっぱさ。この村では全員が畑を耕し収穫物を分配し、全くお金を必要としない自治的生活を信条としていて、隣町に行くバス代と映画入場料が渡されるらしい。帰りしな夫が黒人のお巡りさんに村の人口を訊ねると「村じゃ生れたり死んだりしているから数えられないなあ」との答で、皆笑い出して和気藹々の別れとなった。

この村の周辺はキューバには珍しい緑の丘陵地帯。花の咲く頃は桃源郷になるだろう。ところで革命後十周年の成果をみると、かっては国土の七〇%を八%の地主が所有していた国土を国有化し、揺り籠から墓場までの社会保障を実現したこと、すべての国民が無償で高等教育まで受けられるようにし、黒人差別を無くして黒人女性を小中学校長に進出させたこと、勤務終了後一時間の識字教育により文盲率を四〇%から四・九%にし、乳児死亡率を先進国並みにしたことなど、国民は耐乏生活を強いられているが、賞讃できるのではないだろうか。

波瀾万丈なキューバ移住

キューバへの日本人移住者は先没者六〇〇名、生存者三百余名と少数なのだが、彼らほど時代の波に翻弄された者はいない。最初の移民は一八九八年九月メキシコからの一九四人で、一九〇五年から二六年までに三八〇人が本国から移住した。キューバが砂糖景気で「三年働けば大金持になる」という噂に乗ったからだった。ところが二〇年に百万ドルの饗宴といわれた砂糖ブームは急速に下落し、二九年には経済危機に見舞われた。移住者は地方で農業やサービス業についたり、マフィアが本拠地とした乱熟したハバナで家事使用人となって働いた。そして日本から嫁を呼び寄せる人もいたが、結婚できない男性も少くなかった。

そのうち四一年の太平洋戦争が始まると、一八歳以上の男子三四〇名とドイツ人一一四名、イタリア人一三名はピノス島の刑務所に三年間監禁された。残された主婦達は子供を抱え生計を立てるのに苦慮した。ちなみに四三年の移住者数は男子三四五名、女子六八名となっている。

四五年戦争終結後自宅に戻り再出発した邦人達は商業や農業に従事し、大規模クリーニング店経営の加藤氏、布地販売業の榊原氏、ピノス島の大農場主原田氏等の成功者を輩出し、他の移住者達の生活も安定した。

ところが五九年革命が成功し社会主義体制になると、住居以外の財産は没収され農地も国有化して国の管理下におかれることになった。すると多数の白人の亡命が相ついだ。加藤氏一族も帰国し、亡命する邦人は二〇〇名位いたらしい。亡命は六五年には許可制になり、グアンタナモ米軍基地へトラックで突入して亡命するという挙に出る者が現われ、私達が滞在中の六九年一月にも百余名が三台のトラックで突入した。米国資料によると、六六年に一三八人だったのが、六七年五一五人、六八年一〇〇五人となっている。七一年十月亡命は禁止されたが、それまでの亡命者はマイアミ五万〜六万人、ニューヨーク二万五千人（五万人説もある）、スペインと中南米各国に四万二千人を数えるに至った。マイアミの人口の半分はキューバ人で、ニューヨークは有力者が多く組閣ができると噂されていた。

七一年一月中央企画庁は人口調査を発表した。人口八五五万人で一歳から十六歳までが四〇%、十七歳から六四歳までが五四%で、人口の六〇%は都市生活者だった。人種別統計は無かったが、白人の亡命で革命前四〇%といわれた黒人及び混血の割は増えて黒人・白人半々というところだろう。

キューバの移民達にとって最重要な行事は十一月一日死者の日(日本の盆に当る)前後の日曜日に催される慰霊祭だった。その日は朝八時にハバナ市コロン基地の慰霊塔の前に集り式典を行い、そのあと日本大使館提供の映画を鑑賞し、昼は大使公邸での昼食会が開かれた。

コロン基地のほぼ中央にある奥行六メートル幅四メートルの敷地に立つ慰霊塔は高さ九メートル奥行五メートル巾四メートルの堂々たるもので、後ろに納骨堂が設けられていた。納骨堂は地上地下を含め七七二あり、六百余の遺骨が収められていた。国家記念建築物委員会ロンガ氏設計の慰霊塔は六四年建てられ無償で提供されて日本人への好意の証しとなっているのである。

この慰霊祭に集る邦人は二世を含め二五〇名に満たない位だったが、交通の便が悪く泊りがけで来ている人もいた。一年に一度の顔合せだからだ。

邦人を訪ねて

夫は職務として邦人訪問を行ったが、それにはキューバ外務省に旅行目的と日程

キューバ日系人慰霊祭

を示し、許可とホテルの指定を受けなければならなかった。一方邦人の方は近くの革命委員会に来訪の旨を告げて集会の許可を貰い、ビールとコーラの特別配給を受けるので、夫の訪問は大歓迎だった。

最初のピノス島訪問は六九年四月で、夫の歓迎会出席のためだった。ハバナから本島と美しい珊瑚礁の海を横切ってピノス島北端ヌエバへロナまで空路五〇分。原田氏と峰井氏の案内で共産党事務所に行き挨拶、そのあと邦人等が収容された刑務所跡を見た。夜の泊りはバティスタ一族が落成式の翌日泊って夜中逃亡したホテルのスイートルームで、豪華だが冷房がきかず眠れなかった。

翌日の昼は林の中の原田家の庭での昼食会。この島の人口約七万人、移民一世は三〇人余、二世会の八〇人程が農業に従事している由だが、四〇人位の出席者はビールとお喋りで大喜び。十一人の子持の原田夫人は小柄な体に持前の女丈夫ぶりをみなぎらせてサービスしていた。

次の旅は一ヵ月後の六九年五月、砂糖地帯から革命の地までの千キロの自動車旅行で、運転は馴れた現地職員大江氏にお願いした。中央道を東へ走り夕方モロン市手前のシエゴデアビラの森中氏宅で夕食を頂いた。小さな家は高級理髪店の格付で、月二五〇ペソという平均給料一二〇ペソの倍を貰っていると喜んでいた。この辺りは砂糖黍畑が広がる地帯で、街道沿いのホテルは黍運びの車の音でうるさかった。

翌日モロン市郊外の元米国人所有のセントラル砂糖工場を見学。黍から黒ザラメになるまでを見たが、黍畑見学は雨で中止。この工場の事務長だった瀬在氏未亡人に世話になり親しくなった。昼食はモロン市内の岩崎氏宅で五人の邦人達と頂く。革命前床屋から時計屋に転じた同氏の玄関店跡が繁盛ぶりを語っていた。革命前黍刈り人夫の黒人達は散髪にチップをはずむので、床屋に転職した人が多かったというが、亡命した人も多く岩崎氏も亡命を希望していた。

三日目は猛暑の中カマグエイ市に向け街道を走り、市郊外のガス工場を見学。二人の日本人技師が全自動の日本製機械のガスボンベ作りを指導していた。昼は市内ホテルで休み、午後五時笠井市宅で邦人男ばかり十名ほどでお茶会、話はつきず夫はホテルの夕食に招待してお喋り。日本帰国に大使館の協力を望む人、残留主張の現実肯定派、共産主義者などそれぞれが複雑な感情をもっていて、時には険悪な雰囲気になったりした。砂糖の宝庫地帯に住む人、悩み多し。

四日目オリエンテ州に入り州境に近い街道沿いの沖縄出身の玉木氏の家に寄った。市は近隣者に連絡できなかったと嘆くが、尾行がつき始めたので短時間いてサンティアゴ市へ向かう。夕方五時町はずれの丘に立つベルサイユ・ホテルに入るが、夕食の食堂にはボーイの服装の尾行がいたので、早々ベッドで読書しながら就寝。五日目の五月十八日は日曜なので、昼前は工場が並ぶ海岸の道からモーロ城を見に行き、午後は郊外の古い教会や日本移民も働いた銅山の廃坑をみ、帰途、市を一望できる丘に登りモンカダ兵営らしい兵舎を眼下にした。絶えず尾行がついているので写真はとれず、夜も早寝。

六日目はサンティアゴ市から八〇キロのグアンタナモ市へ。この地方はリトル・アフリカの異名のとおり黒人ばかりだ。昔はスペインから来た百姓娘がいて〈グアンタナメラ〉の名曲を生んだのだが。郊外の米軍基地は丘でみえなかったが、街道右手の道の奥にゲートがみえた。私達はそこから島東端のバラコア町近くまでを往復した。道路は予定より細くして、バティスタが金をくすねたという噂のあるすばらしい道。傍らの小丘からカリブを眺めて戻ったら、道中ばの道傍にボンネットを上げ故障のふりをしていた尾行車がいた。私達は走りづめで昼食もとらず午後四時ホテルへ直行。

七日目は八時半出発帰路に着くが、尾行がいるので約束した玉木氏の家は素通り、すぐ州境となり尾行はなくなった。正午にカマグエイ市に着き、簗井氏の家のテラスで邦人十数名と会食、高齢の一世が四キロの道を鶏やトマトを背負ってきたので大変なご馳走で話も屈託なく楽しかった。私は中央部の邦人は離れて住むので二つのグループに分れているのでは思った。あたりは見渡す限りの砂糖黍畑でまさに宝庫の景観だった。

そのあとカリブ海岸の町トリニダー市の丘の上モーテルウエバに泊り、翌日は征服者、ピサロも利用した港やスペイン風の石畳町を走り、帰途華やかさを偲ばせるシエンフエゴス町や海岸の別荘地帯を眺め、マタンサス市を通って家に戻った。

六九年十一月の西部への旅では、西へ行く中央道を間違えて北西への道を一五〇キロも走ったが、曲折した道の左右は緑の丘陵地帯だった。夕方着いたピナル・デル・リオ市のホテルは、一ヵ月前頼んだ予約が届いていなかった。翌十一月一日隣町のコンセプシオン・デ・スール町の岩崎氏宅に行き、邦人三〇余名と昼食し町外れの墓地にお盆のお参りに行った。帰宅後は二次会の盛り上りで遠慮ない話がとび出す。みな百姓だから食うに困らないが衣料不足なこと、交通の便の悪いこと、学校は無料だが教具がないこと、先生の質が悪いが高校入学は試験があり才能を伸ばす教育はよいとフルート上手の少年の両親の声などなど、各種農業をするこの地方は住み易いらしい。

翌日デコボコの多い街道をモデル共産村の傍を通り、夕方ハバナに戻った。帰路は涼しく、一月半ばまでの短い秋を感じた。

七一年正月私達は原田氏の誘いで二度目のピノス島行き。私的旅行なので一日目は遊園地で遊び、二日目は原田氏と峰井氏の案内でホセ・マルティの家や刑務所や、やりかけて放置されたダムの跡や千ヘクタールの見事な原田氏のグレープフルーツ畑をみたあと、ホテルで昼食。原田氏から革命時の様子などを聞いた。福岡県出身の同氏は篤農家として知られ、農地も労働委員会から労働者が派遣されるだけで、管理は一切任されたという。同氏は六九年八月末から半年間眼の手術のため帰国したが、空路の往復ではプラハとモスクワ空港でＶＩＰ並みの待遇を受けたという。カストロは毎年視察に来るが、クリスマスには自筆のカードと特産のラム酒を贈ってくるとの事。まさに国宝級の人物なのだ。

三回目の訪問は、七一年八月十五日の日本人慰霊祭と日玖〔キューバを意味する略字〕両国昼食会への参加だった。十時に日本人墓地で慰霊祭を行い、十二時半から林の中のホテル・ランチョ・デ・テソロの庭で日玖合せて三百人の大宴会。両国旗が下った前で農業委員会と革命委員会の代表が大演説、夫も負けじと大演説をぶって答礼の挨拶をした。食事も終らぬ前から歌が出て、夫も、唯一知っているアルゼンチンのタンゴを歌う。キューバをテーマとした「ラ・パロマ」だ。お喋りの中でハラダとかミネイと呼ぶ声しきりで、キューバ人との親交を伺わせた。翌日は原田氏らの案内で大理石の採掘場と切断工場や、黒い砂の海岸、スティーブンソンの『宝島』の舞台となった洞窟の多い海辺、島の西端にあるアジア・アフリカからの留学生宿舎学校を見て歩き、島の美しさ豊かさに驚かされた。

ピノス島訪問の後、砂糖公団レスカーノ氏の奨めで、シエンフエゴス港の砂糖積み出しを見学に行ったとき、サンタ・クララ市はずれに住む移住者で、高齢の未亡人の家を探し当てた。彼女は主人が船乗りでアイスクリーム屋で七人の子を育てたこと、七〇人もいた邦人は亡命して、残っているのは彼女と老人の弟、沖縄県の老人と数人の二世だけで、同居中の娘夫婦も亡命申請中と語った。彼女は畑で野菜を作り、山羊を飼って補っているからと困った様子はみせなかった。

ところでハバナ市には二〇人位の一世がいたが、長瀬氏夫妻が中心となり、地方から来る邦人を泊めたりしていた。

基幹産業のサフラとペスカ

ヘミングウェイの『老人と海』でしかキューバの海を知らなかった私は、夕食にお招きした漁業専門家市川氏のお話で、ペスカ（魚つり）が基幹産業であると知った。氏は一年間の予定でかつおの一本づり漁法を教えに来ていて、キューバの若い漁師は、寄贈した新しい船で一斉に漁ることを好むこと、多くの漁師は古い船に水を積んで行くので、海上での漁獲高と戻ったときの漁獲高が違ってしまうことなどを話してくれた。以前から日本との関係があり、三〇年代には三〇人の漁師が、六七年には八〇人が五隻の船で一年間延縄漁法を教えたという。そして一本づりの名手として北崎マサジロウの名が残っていて、『老人と海』のモデルではと言われたということも。

それから程なく私達は大使館の現地職員北崎氏夫妻を自宅に迎え、北崎名人が氏の父であり、政府は顕彰のため銅像建立を企てたが、本人が固辞してやめになったことを知った。ヘミングウェイの小説のモデルではないことも。さらに驚いたのは北崎夫人が煙草王と呼ばれた富豪の娘で、革命後日本大使館に勤め、父の呼寄せで移住した北崎青年と結婚したのだった。色白でふくよかな夫人はきちんとした西語で、娘時代度々ヘミングウェイの別荘に行き、娘たちとプールで泳いだことをなつかしげに語った。夫人の両親は高級住宅街の邸宅に、夫妻は海岸通りの十五階建マンションに住んでいた。革命で財産は没収されたが、住んでいる家だけは残ったからだ。

この話に興味を引かれた私達は、ハバナ市のはずれコヒマル海岸近くの丘の上のヘミングウェイの別荘を訪ねた。平屋の大きな家と三階建ての塔、二五米プールと広い庭からは漁師町の家並みの彼方に蒼い海が見えた。九歳からヘミングウェイに仕えたという混血の黒人監理人レネ・ビジャレアルの案内で室内を覗いたが、洗面所にまで本が溢れていたことと、別荘三階にあった「六〇年ヘミングウェイ釣り大会」の大きな写真が心に残った。この釣り大会にはカストロとゲバラも参加したというが、特に親しいわけではなかったらしい。だが翌年彼は自殺したので、これが最初で最後の日となった。ヘミングウェイはスペインの内乱後この別荘を建て三一年間住んだが、近所の漁師達との交りを何より愛したという。

日頃は釣り好きだけの話題になるペスカだが、七〇年五月十六日からの三日三晩は国を挙げての大事件となった。十二日に十一人が乗ったキューバ漁船がフロリダ半島沖で、マイアミに住む亡命者たちの反キューバ団体「アルファ66」に拿捕されたからだ。十六日昼、わが家の前の通りを海岸のスイス大使館（元米大使館でスイスが職務代行）まで三日間賑々しいデモが行われ、夜は海上に電光を輝かせた五、六隻が花火をあげサーチライトで照らした。十九日漁夫らの帰還でデモは最高に達し、夜六時漁船はナッソー近くの英領の島からスイス大使館前に到着。九時から大使館前の広場でカストロは米国を非難し、漁夫を労働英雄と讃えた。演説が終るとその近くのアパートから花火が上がり美しく彩った。

また一九七〇年は砂糖増産一千万トンのスローガンの年だった。私はアジア課長アナマリアの奨めで、三月八日の国際婦人デー記念「外国婦人サフラ奉仕団」に加わり、サフラ（砂糖黍刈り）を体験した。朝七時半外務省からバス三台と乗用車数台でハバナ市南西五〇キロの畑に行き三人のグループに分かれて、はじめ外務省男子職員が刈りとった黍の葉を切りとり集める仕事をした。しばらくすると飽きてしまい砂糖黍刈りをやらせてもらったが、二メートルもの高さの黍の根元を大きなマチェテ（巾広い山刀）で平らに切るのは難しく、腰も痛んで十株も切らず投げ出してしまった。葉の山に坐っておやつのビスケットを食べアナマリアらとお喋りしているうちに昼食となりベースキャンプへ。野外舞台前の芝生でサンドイッチを食べていたら日蝕が現われ、誰かのイブシガラス片で廻し見をして大はしゃぎ。昼食後バンド演奏があるとの話だったが、待っても現れず婦人達は少しずつ帰ってしまった。アナマリアは遊びのようなサフラに、二〇ヵ国もの外国婦人が参加したことを喜んだ。

この年のサフラ奉仕団は、日米伊から来ていた。四月二八日着の日本キューバ友好協会・山本満喜子会長が率いる三五人のグループは揃いの浴衣姿で人目を引き、その後来た五〇人の米国青年グループは「ベンセレーモス（うち勝とう）」の名で大歓迎された。

このサフラに関して私はキューバのバチカン法王庁大使館の次席書記官、島本神父よりちょっといい話を伺った。神父はブリッジを習いたいと二度日本大使公邸に来られたが、二度目のとき「私は神学生を連れて時折サフラ奉仕をするのですが、日米の奉仕団は一日百アローバも刈れないのに、神学生は一六〇アローバも刈ってしまいます。黒人専門労働者の二〇〇〜二五〇には及びませんがね」と感慨深げに云った。

サフラは例年十二月十日～十五日に開始され、一週間のクリスマス休暇のあと一月二日再開、五月二十日頃終了となるのだが、約半年のサフラの期間はキューバが最も輝いていたような気がした。

音楽の国と日本映画

キューバ滞在七ヵ月後の六九年三月、私達親子はオペラハウスのパルコで〈バレエの名作アンソロジー〉と題したバレエを観た。キューバでの観劇は外国人は政府関係者の招待、キューバ人は職場への割当て、と制限されているとのことで、音楽好きの佐藤大使のお蔭だった。プリマのアリシアは病気で出演しなかったが、一流のバレエは、初めての息子を感動させた。

その三ヵ月後、〈白鳥の湖〉公演で世界的に有名なプリマのアリシア・アロンソの踊りを観たが、定評のある〈瀕死の白鳥〉の場は涙がでるほど。終演後大使夫妻と私達は舞台に上らせて貰った。本格的なオペラ劇場の舞台は奥行があり立派だが、セットは粗末だった。

その日から程なく佐藤大使はアリシアを昼食に招いた。やや小柄な五〇代のバレリーナは付人に手をとられて歩き、お料理は付人が一皿に盛りつけたのを食べた。ほとんど目が見えない由で、楽しげに小さな集いの話を聞いていた。

その四ヵ月後の八月末、アリシアからステージオペラ〈ロメオとジュリエット〉に招待された。オケはテープだったが歌と踊りはすばらしく十分堪能した。

その翌年は大使の交替や私達の一時帰国で観る機会はなかったが、七一年六月外務省員の招待で、イタリア商務官夫妻と同じパルコでオペラ〈蝶々夫人〉を観た。出演者の服装としぐさが洗練されておらず見るに耐えなかったが、オケ演奏はすばらしくそれを補っていた。

これらクラシックのほかギターも好まれ、毎年ハバナから一三〇キロ東の海岸バラデーロで音楽祭が開かれていた。六九年三月NHK派遣のギタリスト中村氏とソンコユージュ（荒川一）氏、笛と新日本舞踊の塩谷さんのギター演奏会は喜ばれ、放映された。二日目、代理大使の夫は文化関係者三〇人を招き公邸で再演会を開いた。中村氏は『黒人詩』で有名なニコラス・ギリエン氏に自作〈キューバの海〉を、私達のためには〈プララーロとわたし〉を演奏してくれた。

その後私は「カルーチャ」という人形劇団の責任者の家に招かれ、苦労話やよい脚本がない嘆きを聞いた。私は『夕鶴』の英訳本贈呈を約した。その後小劇場で、「セレスティナ」という、やり手婆さんが恋の仲立ちをする悲喜劇の人形劇を中学生三百人と一緒に観た。

これらのほか一九三九年から続いている有名な「トロピカーナ」のショウは見事

だが、一度しか行けなかった。キューバ人は優良労働者が招かれるらしかった。

一方黒人の音楽は打楽器を中心に数名でバンドを組み、各地のホテル等で演奏していた。有名なのが〈ロスパピネス〉で、六九年二月日本へも来ている。もともと黒人音楽は植民地時代アフリカ奴隷の連行されてきたサンティアゴ地方で、アフリカとスペインのリズムが混り合い生まれたもので、疲れた労働者が踊るソンという形式の曲が有名である。加えて、素人のグループは家の近くの広場で演奏するので、キューバの町の下町は音楽に溢れているといえよう。

それまで無かったカーニバルは、七〇年は七月二四日から一週間開かれた。町の所々に舞台とビール売り露台が造られ、夕六時から朝八時までバンドの響きと、飲み踊る人々で賑っていた。

翌七一年はアジア課長の招待でモンカダ記念前夜祭カーニバルを旧市街大聖堂広場特設会場貴賓席で愉しんだ。八時半からの産業別山車と踊りの行列は十二時中断され、国歌演奏と花火、「七月二六日万歳!」で気合高揚、喜びの爆発の行列は五時まで続いた。

ところでキューバ人が音楽と共に好きなのは日本映画で、六九年の夏休みシーズンには十館で『座頭市』が上映されていた。私達も近くの映画館で見たが、上映中「イチ! 後ろに気をつけろ!!」と叫ぶ熱狂ぶり。終わると大きな拍子が起り、私達にまで「よかったな」と話しかけてきた。

七〇年八月には七つの映画館で『御用金』を、他の二十館では十一種の日本映画を、七一年には『羅生門』と黒沢明シリーズを数館で上映していた。私達も頻繁に映画館に足を運んだ。

キューバの子ども事情

わが家でのささやかな和食の宴に来た日本のマスコミの人々や公用や研究の人々との会話で真先に出るのが、「キューバでは貧しい子は見ない」という驚きの声だった。メキシコでハダシの子の物売り等を見てきたからだろう。たしかに女の先生に引率された制服姿の小学生や、住宅街の大きな邸宅のガラス越しにみえる制服姿の子供達は清々しく愛らしかった。

ハバナに住み始めて間もなく、私はインド大使キシヤ夫人と課長アナマリアの案内で六歳未満の子供の施設を見ることができた。最初は〈キャラメルの家〉という保育所で、生後三〇日から預けられた三〇人ほどの白人と黒人の赤ちゃんが、男児はブルー、女児はピンクの服をつけ、愛らしいベッドで眠ったり保母に抱かれたりしていた。保育時間は朝六時から夕七時までで、保母は乳児五人に一人、幼児十人に一人とのこと。棚に哺乳瓶や洋服が並び、その清潔ぶりに私達は思わず声をあげた。

そのあと隣りの広い庭のある幼稚園へ。四〇人位の男女の幼児が、庭で大きな輪になって遊んだり歌ったりしていたが、私達のためにと〈時計の歌〉〈ゲリラ戦士の歌〉を歌ってくれた。〈時計の歌〉を歌う愛らしい子供達が、「前進！ 前進‼」という革命を歌うのに驚いたが、マーチ風のメロディは美しく浮き立つようなので、私達も一緒に口ずさんでしまった。帰りがけ子供達はサリー姿のキシヤ夫人を「プリンセサ（王女さま）」と呼んで歓送してくれた。

その後七〇年三月、夫と私は革命前からの大きな校舎の小学校を訪ねた。親しい漫画家、根本進氏がピクチャー・レターの交換を提唱してきたからだった。黒人の女校長の案内で六年生の教室へ行くと、制服姿の子供達はさっと立ち上り一斉の拍子で迎えてくれた。それで挨拶するハメになり、夫は巧みにしゃべって彼らを喜ばせた。応接室で女校長はピクチャー・レターをよいアイディアと言ったが、どこか口ごもるところもあった。そして、六年生が描いた文字入りの砂糖黍刈りの絵をプレゼントしてくれた。私達は、色鉛筆の簡単な絵から学用品不足に気づいた。教科書はお下りを使うので無料だが、ノートと鉛筆はそれぞれ自前で、配給を待たねば買えないのである。キューバでは十三歳以下の子には毎年クリスマス前に一人三点ずつの玩具が配給された。親達はその代金を用意し、徹夜で行列するとのこと。

もう一つは十二歳の誕生日パーティだった。この誕生日パーティを行なうには、誕生日の一ヵ月前労働センターに申込みを行い、許可を得たうえで当日使うピニャータ（飴を入れて割る花柄つきの壷）や紙帽子やメガネや風車やケーキ飴等を買い、コカコーラ五箱の配給を受けるのだが、親にとって楽な祝事ではないらしい。この日の特別配給は割高な上に、無料の手品師にお礼をしたり、日曜日の会場の割当てを取るのに一夜行列することもあるらしい。

　私達は七一年十二月の日曜日、グランマ号の公開を見に行ったとき海岸近くのアルメンダーレス公園でそのパーティに出会った。大きな芝生の公園の木から木へ渡した提灯のようなピニャータの下で、三〇人ほどの子供達が四時からのパーティを初めていたのだ。まず手品師と道化師が三〇分ほど子供達を笑わせ、それから目かくしをしてピニャータ割りをしたり思い思いに遊んだり、夕方まで過すのだった。

　ともあれキューバでは十二歳までの子供をとても大事にしていると感じた。キューバに来て間もなく、十二歳寸前の息子を連れてピノス島行きの飛行機に乗ったとき、空港の係官は真先に息子を乗せ〈子供ファースト〉を行ったのだ。

　しかし中学の三年間は訓練の時代となるようだった。私達はアナマリアの案内でセイバプランによる中学校を見学してそれを実感した。市外にあるその学校は男子の全寮制で、学びながら畑を耕し自給自足的生活をするのである。そして卒業前に全国共通の試験があり、成績や得意分野による高校進学が決められるという。

このシステムは確かな成果を上げ、黒人の国際的ジャズ・ピアニストが輩出したり、医学部の優秀さが中南米で評判になったりした。大ざっぱに云ってキューバの白人系は理数科系の方に恵まれ、黒人系は音楽と運動能力に優れているといえるだろう。メキシコ・オリンピックのあと、メダル獲得数を人口割合で発表したが、何と世界一はキューバだった。

小さな国際校ヒルサイドスクール

小六の子をもつ親にとって、英国女性が校長の国際校があったことは何よりの喜びだった。六八年九月一日、私達は市の中央の中流住宅街にあるヒルサイドスクールを訪ねた。普通の大きな二階家で玄関と歩道の間に細長いコンクリートの庭があるだけの簡素さ。二階の校長室で少し厳しそうなミスパワース校長は、エクアドルでの息子の成績をみて「グッドボーイ！」と言ったが、あとはノートや制服を買ったり月謝を収めるのは事務室へとの説明だけ。息子は朝七時半お弁当を持ってバス通学を始めた。授業は午前中は英国の教科書を用い英語で、午後は外国語として西語授業が行われた。教科書は代々のお下りに包装紙のカヴァをつけたもので、持ち帰れるのは期末試験中だけで、宿題は学校で終わらせなければならなかった。クラスは東欧の男子三人だったが、昼休みボール投げ遊びをするのですぐ仲よしになった。ボールは紙を丸めて細紐でぐるぐる巻きしたはずまない玉で、わが家でも度々作って提供した。一ヵ月後ブルガリアのジョージは息子を自宅に招き、ブルガリアの少年達の仲間入りをさせてくれた。

はじめ息子は英語の授業に苦労したが、一週間後の英作文では賞められたと喜んだ。学校は授業にも躾にも厳しく、時々叱られたりしたが、翌年六月二五日修業となり、息子はジョージと共に七年生に飛び級した。

息子は日本より半年早く中学生になったと喜んだが、高校受験が心配になったのか、エクアドル以来中断していた日本語の勉強を始めた。私達も主要科目を教えようと、勉強部屋の壁を夫がメキシコから買ってきた緑色のペンキで塗り大きな黒板を作った。だが勉強は彼一人でやったので黒板は彼のノートになった。

その年の十月十三歳の誕生日には、息子の身長は十五センチも伸びて一五九センチになり、声変りもしていた。そして十二月末からの一ヵ月の休暇帰国の折には、キューバに帰りたがっていた。

息子は二月十日から登校したが、バスが満員で学校に行けないなど交通事情が悪化していた。息子はバス停近くで三人の大人が一本の煙草を廻しのみしていたと語った。だが息子はたまにジョージの家に行ったり、車をもつ理科の先生の誘いで東欧の子と海岸に行ったりするほかは家で日本の勉強に励んだ。そして後期の成績は理科以外八五点以上だった。

その九月四日から八年生の新学期が始まり、クラスはジョージとエンリーケの三人となった。エンリーケは自宅の庭のマンゴで作ったジュースを毎日持ってきてくれるやさしい少年だった。だが二人はソ連人の悪口や本音を語ってくれて、息子は昼休みを快いお喋りで過した。そしてたまにジョージの家へ行ったり、独身の図画の先生を囲んで東欧の子らと、粗末な昼食会を開き、楽んでいた。

七一年九月に九年生になると、午後は自国の勉強をするため授業は午前中だけになった。その十一月エンリーケは教える資格もない人に教わるのは嫌だと言って、退学になってしまった。翌年一月息子も期末試験のことで理科の先生に反抗し、ミスハポン先生の授業での態度が悪かったからと、三日間の停学処分を受けた。

だが程なく校長が英国から取り寄せた野球道具が届き、息子がリーダーとなって体育大校庭で毎週キューバの子らと試合をすることになった。絵の先生と日本大使館が車を提供、野球上手のキューバ少年は、スポーツ下手の息子と野球知らずの東欧少年を親切に教えてくれて、本当に楽しい交流となった。

またその頃息子は日本の教科書で新聞を学び、学校新聞の発行を思い立って、英文紙〈スチューデントタイムス　明日に向かって〉の原稿を書いた。校長は大変喜んでそれを校正し、タイピストに命じタブロイド版の新聞にしたのだ。学校の現状や野球物語は大好評を受けた。学校は二三ヵ国からの生徒一二〇名（男子五三、女子六七、東欧系五〇、西欧系四〇、アジア系一六、中近東アフリカ系一四）がいるが、幼稚園と小一クラスは四〇名、小二以上は十名代で、高学年ほど少なくなるのは母国で教育を受けるため。教師は十三名でうち三名は男性、英国人の校長とアイルランド出身の英語教師以外はキューバ人ばかりだった。

この新聞の編集をしたのは、息子のほかにジョージとチェコの女の子の三人だったので、二号にはファッションの絵も加わった。そして三号を出した時は六月一七日の卒業の日だった。学校では卒業式はなく、卒業証書を渡すだけだったが、学校新聞第三号には校長の訓示が載っていた。

「本日ヒルサイドスクールは各学年の課程を終了しました。本年度は九年生イトウフミオ等の努力によって、スポーツクラブと〈スチューデントタイムス 明日に向かって〉をもつことができました。タイピスト、フーリァもその作製に努めてくれました。

卒業していく皆さんは、第一に習慣や考えの違う人を理解しようと努めること。それには尊敬と忍耐と意志が必要です。第二に学業達成に誇りをもつことです。

P・Hパワース」

私達は思慮深く思いやりのあるミスパワースを改めて知り、ヒルサイドの三年をいとおしく語り合った。そして息子は高校受験の直前まで日本には帰りたくないと言った。

学校放浪の六ヵ月

その三日後、息子はブルガリア人数名が学ぶというサンデルガルド前大学研究所（高校）を訪れた。黒人女性の校長はすぐ入学を許可し、驚き顔のジョージもいる十一年生四〇人クラスですぐに授業を受けさせてくれた。ところが午前中だけの授業は大学受験のためか、英語免除の理数系ばかりなので、息子は意欲をなくしてしまった。その八月クーリエでメキシコに行った夫は、メキシコ日本人学校への転入と住いの下宿を決めてきてくれた。

九月六日息子と私はメキシコに行き、三年生で唯一人残っていた隅谷政君の山田先生担任クラスに入り、数学の家庭教師の矢ヶ部先生の家に下宿して受験勉強を始めた。優秀でやさしい隅谷君とはすぐ親友になり、先生方には奔放な行動で驚かせ、休日には隅谷君とユカタン半島に旅したり、遠足では得意な西語で案内役を務めた。息子は〈ガキ大将〉とか〈大物〉といわれたらしい。

十二月隅谷君が帰国し、私も十七日メキシコで息子を引きとり、グアテマラ在住の旧友都留公子氏の家に行った。そして母子で空路ティカルの遺跡を見たり、都留

卒業した文雄との記念写真。日本大使公邸にて

さん母子と地震でこわれた古都や原住民の市やマヤ博物館に行ったりして、二四日夜メキシコに戻りクーリエの夫と帰宅した。

七二年一月三日息子はヒルサイドスクールのお別れパーティに出席、私も知人に挨拶しオズワルドに夫の世話を託した。そして六日英国大使館の小型貨客機に便乗してナッソーへ。黒人島ナッソーと黒人達の立派さに驚いたが、マイアミ空港でニューヨーク行きに乗り換える時、恒例に反した厳しい荷物検査を受けて係官と喧嘩となり、キューバからの出国者に対する監視の厳しさを痛感した。

ニューヨークでは初日、日本人移民で、キューバから亡命した人の案内で国連や亡命者宅やハーレムを訪れ、他の四日間は市内観光や博物館、自由の女神その他の見学で過した。こうして一月一四日外務省上北沢寮に旅装を解いたが、私は自分の好みで受験前の息子を旅させたことが気になり出した。ところが息子は朗らかにこう言ったのだ。「ママにグアテマラとニューヨーク旅行を誘われたときはびっくりしたが、行ってみて本当によかったよ。ありがとうママ。」

「霞ヶ関」という世界の不思議な話 ⑩

私達のキューバ在勤の中程で交替になって来た大使は、大抵の人に豪放磊落な人物と思われていた。たしかに彼は館員だけの集りで俺は一高を六年かけて卒業した、と自慢するようなところがあった。

キューバの八月は私達館員が交替で政府から貸りた三〇キロ東方のサンタマリア海岸の別荘に行くのが恒例になっていた。この別荘は元外務大臣の所有で、二階の主寝室には秘密のエレベーターがあり、この寝室と廊下を隔てた第二の寝室からは海がみ渡せた。

三日の休暇をとった私達が二日目の午後くつろいでいると、突然大使が夫人と犬とコックを連れて現われ、物もいわず二階に上がると、私達が使用中の第二寝室に、若い女のコックと犬の荷物をおかせたのだ。私達の荷物には目もくれずに。あまりの傍若無人ぶりに私達は呆れかえり、「それじゃ失礼します」と帰途についた。

後日O三等書記官にその話をすると、彼はしたりとうなづいて言った。わが大使館は大使、大使夫人、お犬様、コック様、伊藤二等書記官、O三等書記官、K理事官で構成されていますからね。

そして彼は大使夫妻との麻雀で負けてばかりで困っていると語った。その麻雀は月一回メキシコかワシントンから来るクーリエの大使館員と大使夫妻、唯一麻雀のできるO書記官が、復路の飛行待ちの三日行う大使待望の楽しみだった。その折大使夫妻は自分達が勝つまで止めないので、弱いO書記官が負けてしまい、賭け金の支払が多くて生活を圧迫するというのだ。

夫は麻雀は仕事じゃないから、止めると宣言して二度と加わらなければいいと言った。それで大人しい彼も勇気を出して「麻雀中止宣言」を行い、苦境を脱したのだった。

第7章　日本での二年三ヵ月　1972.1～74.4

息子の喜び　夫の悩み

七二年一月十七日、息子は世田谷区立緑丘中学校に転入した。担任の青木先生は「こんな受験真際に帰って来て‼」と呆れられたが、模擬テスト三二〇人中二三番と判明、二月の試験で志望校の暁星学園高校に合格した。その前日息子は幼稚園からの親友加島君と一緒に学習院を受験したが、口頭試験で暁星と二校受かったら暁星に行く、と無邪気に答えて不合格になったのだ。三月二四日の卒業式に二ヵ月だけの卒業生は、最後尾で証書を受けとり卒業写真に収まった。

私はその間住い探しに十数軒のマンションを見て廻り、代々木四丁目山手通りに面したマンション十二階の一室を三千万円で購入し、四月九日引越した。参宮橋駅と初台駅に各五分、最上階の我が家から明治神宮の森を真近かに眺められた。四月十九日には夫も帰国し快適な日が始まった。

その頃新聞では海外に進出する企業が増え、その子女教育問題がとりあげられていた。息子は朝日新聞に〝海外に住む日本人の子供は、現地校に通いその国の文化を知ることが大切だ〞と投書した。すると茅ヶ崎の小沢医院長夫人が中一の息子を連れスイス留学を相談に現れた。息子と私たちのすすめで、その子は全寮制の学校に留学し、小沢夫妻と私達はすっかり親しくなって、茅ヶ崎を何度か訪れた。

ところで暁星学園は小一から仏語を教える仏系カトリックの学校なので、のびやかな校風だったが、「高校生は受験期だからしごく」と担任の先生は言った。のんびりした親達にはっぱをかけたのだろう。息子ははじめ、なかなか友達ができないと嘆いたが、文部省教科書検定官の一人息子と親しくなり、一学期末にはクラス十位の成績で、仏語の授業は二学期から小一から学んできたクラスに入ることになった。息子の西語が役立ったらしい。

一方、夫は予想外の報道課のマスコミ対応の仕事に就き、大平外務大臣の記者会見の様子や日米通商会議の模様、キッシンジャー来日記者会見のことなど興味深い話をしてくれたりしたが、六月になると勤務疲れとキューバ滞在中から悩まされていた原因不明の背中の痛みの再発で不眠症になってしまった。七月中旬から休職し医療器や中国の薬など手を尽くしたが快方せず、夫は外大講師を務めていたせいか、大学に移りたいと言い出した。それでも八月終り頃にはミュンヘン・オリンピックで男子バレーが優勝し、隣室の松平監督の部屋に選手やマスコミが来たり、私がファンとの仲立ちをしたりして、わが家にも明るさが戻った。夫はキューバで和訳した、エクアドルの作家、ホルヘ・イカサの『ワンブンゴ』を朝日新聞社から出版した。だが当時日本は原住民問題に無関心で、五千部出版しただけで終った。ただ六五年出版の『プラテーロとわたし』は十三版を重ね、『ヒメネス詩集』も詩のブームに乗って五版を重ねていた。また『プラテーロとわたし』は中林氏のギターと岸田今日子氏の朗読による舞台上演が行われ好評を博していたのだった。

さて九月中旬復職した夫は二度目の移住課勤務となった。十月にはキューバのアナマリア東洋課長が来日し、一夜わが家で語り合った。彼女は通商団長で二〇日間日本に滞在し、北京・ピョンヤン・モスクワへ旅の途中だった。

またその頃スペインからフェセール夫妻が工業省の一団として来日した。私達はホテルの和食を供したが、夫人はマドリードに和食料理店が開店したことは嬉しいが、高くて行けないと嘆き、昔わたしが作った和食を懐かしんだ。

さらに十一月、中林氏のギター・リサイタルが開かれ、十四篇の『プラテーロとわたし』に寄せて自作のギター伴奏を行ない、岸田今日子による朗読が上演された。その後アルゼンチンの歌手グラシエラ・スサナが来日、わが家で彼女夫妻と中林氏親子、増田東大教授を招き、音楽付夕食会を開いた。

そして休日にはメキシコ以来交際をしていた直木賞作家で熱海に住む田岡典夫氏を訪ね、最新出版の名著『野中兼山』の話を聞き、見事な世界メシア教の本部と美術館を案内して頂いた。

そして仕事では、海外日本人学校派遣教師選考のため度々福岡市に出かけていた。選考は文部省・外務省・県の三者でするのだが、志望教師はアフリカへという熱血漢も少数いたが、多くは西欧有名都市希望だったらしい。移住から海外進出へと国の経済発展に伴う変様を夫は身を以て体験したのだった。

そして高二になった息子は山田繁男先生担任の成績上位クラスD組に編入された。先生は絶大な信頼があり、教室の黒板の端に山繁神社と書いた紙片が掲げられていた。私は一学期末の父母面接の折お話したが、一学期の成績が下ったにもかかわらず、「ご両親の傑作です」と賞めるばかりだった。この個性を大事にする先生の許で、息子も級友ものびのびしていたらしい。息子は授業中よく居眠りしたが、英語の返答は正しいので、眠っていても英語が分かると有名になったという。また生徒会の役員に選ばれたりしたせいか、「皆は君づけで呼ぶのに僕だけさんづけなんだよ」と言った。受験勉強は旺文社の通信教育だけで、塾には通わなかった。

ただ、夫の休職中は息子が父親と口をきかず、夕食後も自室に私を独占するなど父親を嫌い出した。しかし二学期になり学級委員に選ばれ成績も七位に上がった。そして十月の学園祭では展示室の入口に友人と靴みがき屋をはじめ、来校者の人々に献身的な靴みがきをして先生方を驚かした。

その年の親子三人クリスマスには、キューバのヒルサイドスクールからの〝先生全員のサインで飾った粗末な手製のカード〟を廻し読みながら、キューバを語り合った。

わが道を行く母子

七四年四月、夫はアルゼンチンへ出立した。その三月から私は朝日新聞社の教育雑誌『のびのび』からコラム風の「外国の学校見聞記」の原稿を書くことになった。窮屈な日本の現状を憂え、のびのび教育を唱えて創刊したのだ。私は海外子女教育財団を訪ねたが、海外に日本人学校を建て、日本同様の教育をして帰国しても困らないようにすることや、帰国子女は指定校に入れていじめをなくすことを強調するばかりだった。私は変りそうもない現状と後進国の記事を書く空しさを抱えながら、創刊から十月号まで書いた。ただウオッカ好きの編集者との月一回の日本人論のお喋りは楽しく、ためになった。

その六月私のマンションの住民集会が開かれた。八階以上が分譲なのだが、二四世帯しかないマンションで会計報告もないままに管理費値上げが行われようとしていることに抗議するためだった。だが口を開くのはベトナム男性と私ばかり。それでその後我が家に十二人が集ったが、「五千円程度の値上げをとやかく言わなくても」と言い出す人もいて、決算報告書要求だけで終ってしまった。そのかわり私は

帰国中の1972年のある日、東宮御所で「皇太子ご夫妻ペルーご訪問5周年記念」のお茶会が開かれた。上写真の左端と、下の左から3人目が武好。（宮内庁提供）

ベトナム人レヴァン氏と意気投合し彼の家に何度も招かれた。同氏は戦後初の東大留学生で在日三三年、電機部門の名の通った技術者だった。彼は多数の発明があるが、ベトナム人と判ると売れないので名を変えてしまったと、日本社会におけるアジア人への偏見や苦労話を語った。

さらにその秋わが家には、学研編集者とプラテーロ愛好者、女流詩人が月一回集る、「旨い物を食い語る会」が生れていた。ある日売出し中のイザヤベンダサン著『ユダヤ人と日本人』が話題になり、私が著者の日本通ぶりを賞めると著者名を日本語で考えろと編集者に言われ、〝いざや便出さん〟と分かり、実は山本七平だと教えてくれた。私達は日本人論を深更まで語り合った。

ともあれ私が好き勝手な日々を過していたとき、息子も彼らしい受験勉強を愉しんでいた。高二の七月英語検定一級試験に唯一人合格し、旺文社の学校模擬テストでは総合学年四位、英語は一位だった。また通信教育の旺文社テストでは東大文三の合格者と同じだったと語った。それで夏休みだけ通った代々木ゼミの帰りには映画を見たりしていた。私は彼を「へんな受験生」と呼んだ。

その年の大晦日、キューバ以来交際を始めた中川先生が東外大の斉藤教授とブラジル人を連れてきて近くの明治神宮にお詣りに行った。私達はかがり火とボーイスカウト少年が並ぶ裏参道から拝殿に向かったが、混雑で小銭を投げただけで、中川先生はカナダ人の妻への安産のお守りを、私は息子の合格お守りを買って帰った。それからまだ電車から吐き出される参宮橋駅の人出を眺見しながら、斉藤先生（田中耕太郎の甥で、国際法の権威）の機知とユーモア溢れる日本人論に大笑いしたのだった。

ところが私はその後両足指の変形と痛み、変形した右手の手術で二月初旬から二ヵ月間順天堂大学修善寺分院に入院することになった。今まで手術法がなかった手の手術を受けるのだが、同大山内教授と米人医師とが開発した先端手術第三号患者なのが嬉しく、息子の受験など全く考えなかった。だが息子は手術中私に付き添い、元気になるとスイス留学から帰った小沢少年を連れてきてくれた。彼はびっくりするほどしっかりした少年に育っていた。

帰宅した私に息子は東外大とICUの受験の様子を語り、ICUの入学式にも出たが東外大に入学手続きをすませたと私に告げた。私はこれまで息子の勉強にかかわらず、大学選びも彼一人に任せきりだったと気づき、母親失格を悟った。「ごめんね」という私の言葉に息子は笑顔をみせただけだったが、翌日彼の部屋を掃除すると、勉強机の上の開き放しの手帖に四文字、〝お嬢さん〟と書かれていた。

その六月末、私は息子を残し夫の待つブエノスアイレスに向け旅立った。

「霞ヶ関」という世界の不思議な話 ⑪

夫が報道課で働いていた時、同期の二人がこんな話をしたということだった。その二人は新しく「企画官」と「課長補佐」の官職を与えられたが、与えられない夫を思いやって来たのだ。夫はすぐ当時マスコミのキャリア制への批判が高まっていたから、それをゴマかす手段として姑息な手段をとったと気づいたから、何の権限もない名ばかり官職を与えられなかったことを幸いと思ったということだった。

第8章　アルゼンチンの三年半　1974.4〜77.9

南米のパリの優雅な生活

二年半に一度はクーデターがあるといわれる国へ夫が赴任した一九七四年は、ペロンが三百万人のペロニスタに迎えられ十七年ぶりにスペイン亡命から帰国した翌年だった。ペロニスタと反対派の対立が噂されたが、社会状勢は平穏だったから、夫は日本大使館文化センターを開設し展示会を開いたり講演会を開いたりした。展示会は日本文化研究センターの作品が中心で、講演会はセイボ会（在住日本婦人会）を対象に、夫が講師の〝女帝の話〟や文化使節で来られた作曲家服部公一氏の〝日本の西洋音楽の発展〟などだった。タンゴ好きの夫は服部氏をタンゴショウ〈カーニョ・カトールセ〉に誘い、タンゴのピアノ演奏の巧みな氏と演奏家たちの交流を行って大喜びされた、という。

それに夫には赴任直後の愉しい集まりが待っていた。碁好きが多く、金土の夜は碁で夜明かししてしまうのだった。夫もさっそくそれに加わり、五段の高段者先生として慕われた。場所も文化センターから七月九日通りを隔てた対岸のレストランの地下室だったから、朝の二時三時まで付き合ったという。

七五年六月中旬私がブエノスに行って間もなくの七月一日ペロン死去、妻のイサベルが大統領となった。彼女は先妻エバのようなカリスマ性がなく政情不安がささやかれたが、八月初旬各所でストが頻発しただけで終った。私は八月下旬まで訪ア中の兄と牧場観光でガウチョの踊りをみたり、イグアスの滝観光に出かけたりしたが、イグアスではアルゼンチン航空のストで一日足止めを食ってしまった。

ブエノスアイレスは八年前息子を連れて訪れた所で、観光スポットに墓地も加わるほど整えられた静かな美観に驚嘆したものだった。ところが住んでみると街は一日中音が溢れ、金土の夜は一晩中車の往来の音と光が絶えない不夜城になるのだ。

そのわけは、ブエノスの人々は多くが二つの職業をもっていて、午前は学校の先生、午後は会社の事務員というように勢一杯働き、金土の夜は夜を徹して遊ぶからであった。一日二つの職場で働くやり方は不合理に思われるのだが、各人が自由に職場と勤務時間を選べるのは気質に合っているらしい。それに働く女性のためには、赤ちゃんの生後三五日から預る保育所も完備しているし、働く時間を自由に選べるのが社会進出を容易にしていた。知人の東外大田中教授が各国の女性の社会進出を調査に来て、局長クラスに女性が多く驚いたというが、ア国側はそれを当然と考えているので、田中氏の質問を不思議に思ったらしい。

このような仕事ぶりと並んで驚かされるはその遊びぶり!! 週休二日制なので金

土の夜はまさに〝花の金土曜〟。大抵の人は夜八時すぎからレストランや映画館劇場等で愉しんだあと、カフェや自宅で夜明けの三時頃までおしゃべりするのだ。私達も時々移住者の友人に誘われ、八時から十時まで中華料理屋で過し、その後カフェで一杯の珈琲で午前二時までお喋りしたが、そのゆったりした時の流れはまさに至福のときだった。

そしてこの喜びの舞台が、南米のパリと呼ばれたブエノスアイレス（よい空気）という首都だった。この街は一九世紀後半フランスの建築家ブーヴァルの設計によるものだが、ロダン等彫刻家も加わり芸術性を高めたという。北部ラプラタ河を背に大統領庁をおき、南に真直ぐに伸びた五月通りの二キロ先に美しい広場とフランスゴシック様式の国会議事堂を配しているが、五月通りの真中を横切る一一〇メートルの大通り〝七月九日通り〟が街を二分していた。つまり七月九日通りの北側は映画館やショッピング街やレストランやタンゴショウの店が並ぶ観光地域であり、南側はコロン劇場はじめ二〇余の劇場やスポーツ施設場のある地区から住宅街に広がりをみせていた。そして要所には仏人彫刻家による銅像がおかれ、ロダンの〈考える人〉は議事堂の入口を飾ったのだった。

ちなみに夫が開設した大使館文化センターはコロン劇場から五〇メートル程西の小公園の前に位置していた。十階建てマンションの一階部分を改造したものだが感じのよさと一等地の地の利で人々に親しまれた。

この文化センター展示会は出展品目を代えて行われていたから、私も代り目毎に訪れ、現地職員の人々とも親しくなった。スペイン系のビジヤフロール氏は夫の最も良き話相手だったが、漢字の研究に熱心で『日本漢和辞典全十四冊』を日本から取りよせ、休日には事務所の倉庫で独り学んでいた。若い頃は近衛士官だったと、凛々しい騎馬姿の写真をみせてくれた。また日西両語に堪能な二世の渡辺氏は二人の小学生の父親だったが、午前はア国の学校、午後は日本人学校に通うやり方は、少数の家庭しかとっていないので、いずれ三世は日本語を話す人がいなくなるのでは、と言った。そして自宅に招いてくれて、行儀のよい小学生が、明日は図書館へ行って調べなくちゃと勉強ぶりをみせた。さらに新婚のモニカ・イスパニアは明るく受付を担当し、毎日図書室に来る人の話をしてくれたし、中年の二世夫人はカフェを作り館内を整理しており、二世のボーイは大使館と文化センター連絡係だった。夫は時折この五人と台所の一隅でお喋りカフェを楽しんでいた。

ともあれ、憩いの場としてカフェ（喫茶店）が方々に造られていて、議事堂そばの由緒あるカフェ・デモリーノは議員達とカフェが飲めると人気があったが、朝から新聞を読みながら半日を過すのを習慣にする人もいて、カフェはブエノスっ子になくてはならない場となった。カフェの応対は鷹揚で、一杯のデミタスカフェで

三、四時間ねばってもいやな顔一つしない。移住者の友人によれば、〝カフェに一人で入り、一杯のカフェで二時間いられなければこの町の住人とはいえない〟とのこと。カフェは一人では物を考え、友人とは人生を語り合い討議する大事な場なのだった。

この年七六年のバカンスは平和に過ぎ、秋三月になると、デパートで一世の竹原氏ら生花教師による生花展が開かれた。イケバナ・インターナショナルの開設十五周年記念の生花展も市の文化会館で開催された。ア国人の努力の結晶である生花を見事な花器に配した展示に、挨拶を求められた夫は〝花の命は短いが花を愛する人びとの友情は不滅だ〟と感動を述べたのだった。

ところが七六年七月一日ペロン死去一年目の休日のあとストが頻発し、七、八日には大規模なストに発展した。市内では六ヵ所ある東銀支店の下町の支店前の路上で爆発事件が起り、私達にも歩行中道におかれた紙包みに注意するよう警告が出された。大使館文化センターは前面のガラスの大窓に金網を張り、人の出入もくぐり戸から許可した人のみ入れるようにした。展示室も講演会場も使われないので室内はうす暗くなり、人も絶えてすっかり侘しくなってしまった。

しかし八、九月は何事もなく過ぎたので、夫は九月に地方都市での日本週間を、十月には首都で日本映画週間を催した。上映した『雪女』『鬼の棲む館』『地獄門』『雨月物語』は連日満員の盛況だった。

その頃の十月十七日の〈ペロン忠誠の日〉には、イサベル大統領が大統領庁バルコニーから短い演説を行い全国放映されたが、金切声の彼女は最後のあがきのようで哀れだった。噂では左右のテロで死者七百人という不安定な情勢を、必死で切り抜けようとしていたのだ。その後、国民待望の一、二月のバカンスの平穏は保たれた。

そして三月二四日早朝、大使館政務担当官よりクーデタを知らせる電話。午前三時半ビデラ陸軍大将は三軍の作戦でイサベルを地方に移し、ビデラが大統領になったという。その日私達はテレビに釘づけになったが、ニュース以外は名曲を流すばかりだった。ただ空港閉鎖というので、私達は明日出発予定のブラジル行きを三日延期した。三日後、私達は空港道路二ヵ所と空港入口で検問を受けただけで済んだ。

ビデラ大統領になってからは治安が安定し、街中での爆発事件の危険はなくなった。そのかわり対ドル・ペソ価が下がり続け、土産物店は毎晩値札を書き換えると噂された。家賃をペソ契約していた私のマンションの家主は管理費も払えないと嘆き、夫はドルを補填してやったりした。この騒ぎは半年位続いたので、その間にアルゼンチンに来たペルーの移民、坪山夫人は大喜びで土産を買い込んだ。だが現地の人は為替変動にも慣れているらしく、平然としていたようにみえた。

けれども三軍統治の不安定さがあったから、文化センターは閉鎖したままだった。

それでも、地方都市で日本文化週間や生花講習付の講演会等を開く形で文化活動は続け、人々を喜ばした。特に日本の経済発展がめざましい時だったので、「奇蹟の経済発展の理由は人間にあり」と説いたり、日本の昔の教育のあり方などを、ユーモアを混えて論じた夫の講演は大歓迎された。

アルゼンチン人気質

七五年十一月私は朝日新聞社の教育雑誌『のびのび』に寄稿するため、アルゼンチンの教育について調べた。まず小学校教育について、市の教育委員会の許可を受け国立第一小学校（国立小学校は番号で表示されている）を訪れた。そして三年生と五年生の授業を参観したが、三年生の教室では休み時間になると、何人もの女生徒が自分のノートを見せたがったりはきはきと話しかけてきた。五年生の教室では課題の〝バミューダの三角地帯〟について、生徒が次々に発表しているのが面白く、ずうっと聞いていていたい程だった。参観後年輩の女校長は、成績評価はペーパーテストと面接テスト、教室でのノート記載状況の三つを綜合して行うことと、毎日の授業は一冊のノートに書いていくので、それをみれば各科の理解度や書く力など綜合的に判るということだった。また五年生の授業は与えられた課題を図書館等で調べ、それをわかり易く発表し合って結論を導き出すという教育法なので、小学生のうちから批判力と自分の考えをもち、それを発表する話す力を会得するというわけである。教師はその授業の間司会の役目を果すだけで、結論は生徒の各自の意見を皆が綜合し納得して決めるのだ。

その日私は昼の給食に招待され、講堂兼食堂で全校生徒と先生方全員と昼食を共にした。広い会場の上座壁際には十三人の教師のための白いクロスをかけた細長い食卓がおかれ、その前に八人用の白いクロスをかけた丸テーブルが三〇卓ほど並べられていた。食事はスープと肉料理とデザートだったが、それらは一皿ずつ順にボランティアの母親達がサービスする正式なマナーどおりのやり方だった。七、八人の母親が毎日交替でボーイ役をしているのだが、母親達は自分の子の様子がみられるし、社会人としてのマナーが覚えられると喜んでいた。白い上っぱり風の制服を着た小さな紳士淑女たちが、小声でおしゃべりしながら行儀よく食事する情景はほほ笑ましく快かった。

それから小中学校では落第、飛び級制をとっている。これはラテンアメリカ各国では一般的で、息子がエクアドルで三年生を終えたとき、通知票の冒頭には「進級おめでとう」の教師の祝詞が書かれていた。評価の厳しさは苛酷のようだが、生徒も親もあるがままを認識し、それを受けとめる強さをもつために必要とするやり方といえるだろう。

大学教育についてはブエノスアイレス大学を調べてみた。入学試験は簡単で、働きながら学べるよう、朝八時から夜十二時まで講座が組まれていた。学生は自分の都合で時間を選び学ぶので、卒業は単位取得が出来た時ということになる。七〇年の統計によると在籍者八二一名、新入生一七二名、卒業生一三一六名で、学位取得に要した年数は六年までが六〇％、七年〜十一年が十五％、十九年以上も二％あった。一方五年以下が〇・三四％と実績主義を示していた。年令も十六歳から七二歳までまちまち。大学に行くと、学生らしくない年輩者や出産真近かな女性の姿がみられた。大学進学は女性の方が多く、中途退学は男性の方が多いとのことだった。

また大学での成績評価は、小中高校同様にペーパーテスト（論述）と面接テストにより行われるので、話下手な沖縄系二世の男性は面接テストの点のよい現地の人や日系女性に負けてしまうと嘆いていた。七六年一月沖縄人会の大学卒業を祝う〈学士祝賀会〉では、学士七〇名のうち七割が女性で、医師や弁護士会計士になるなどと溌剌と夢を語っていた。もっとも日本人会の学士祝賀会では約百名の学士は男女半々だった。

このような教育のせいか、ア国人は知的好奇心や批判精神をもち、強固な自分の考えをもって討論を好む自由人といえよう。私はそれを実感した三つの体験を書いてみよう。

第一は日本大使館文化センターの夫を訪ねてきた二人の若い高校教師のこと。彼らはまず「日本ではコロンブスが新大陸に着いた日を新大陸発見の日と教えているのですか」と夫に訊ねた。夫が意外な質問に驚きながら肯定の返事をすると、彼らはこもごも熱をこめて語ったのだ。「それは残念です。新大陸には昔から一千万人以上の高い文化をもつ人間が住んでいたのですよ。それを無人島でも見つけたように発見というのは不遜ではありませんか」。正にその通りだが、それが正されるのはそれから十七年後の一九九二年だった。

第二は文化センター主催の狂言が上演されたときのこと、簡単な説明書だけで日本語も分からず観たア国の青年達は夫をつかまえると「何と素晴らしい文化だろう。ギリシヤ劇にも通じる演じ方があって感動した」と熱っぽく語ったのだ。二日間の公演はア国人で満席だったが、日本人の姿はなかった。

第三は夫の外務省での後輩菊地氏のこと。彼は国立大学出の才媛と結婚、メキシコ・日本・ウルグアイを歴任したあと外務省を辞めブエノスで自営業を始めたのだ。理由は夫人の一言。「ブエノス以外住む所がない」。彼らは住宅街のマンションに居を構え、終末はグループの人々と交替で自宅での夕食会とお話会で文学や哲学や人生を語り合っているという。夫も招かれて有名な作家を混えての一夜を過した。

私達は三年半ア国人と交って感嘆することはあっても不快に思うことがなかっ

た。しかし自己主張が強く我に固執するせいか、時には反感を買っていた。私はオランダとペルー出身の夫婦と日系人数人の集りで、オランダ人が「アルゼンチンという国は良いが、アルゼンチン人がいなければもっといい」と評したのを聞いた。

それから五年後の八二年、フォークランド紛争が起り、私達は日本にいて生々しい新聞や邦人達からの手紙を受けとった。その中の新垣氏の手紙がア国人の真実を語ってくれたような気がした。

「……日頃ア国人は、この国はと言って批判ばかりしていましたが、いまはわが国のためにと広場に集って募金活動したり兵士に志願するなど、熱烈な愛国心を発揮しています。日系二世も戦いに赴きました。……フォークランドの戦いには敗れてしまい残念です。でもアルゼンティンの人々は自分達もいざとなれば一致団結できるという自信がもてたことを喜び、それを慰めとしています。戦いは大事なものを残してくれました」。

白人移住国の中の日本人移民

スペインの植民地となった十七世紀のアルゼンチンは、草原と叢林の広大な大地で、原住民が狩猟を中心とした流浪生活を送っていたところであった。そこへアンダルシア地方から来た植民者はアンデス山脈に近いコルドバ以北とアンデス西方山麓地方とブエノス周辺に入ったが、最も多数入植したブエノス周辺では、植民者が連れてきた牛馬が野生化し増殖を重ねて十八世紀には二千万頭以上になっていた。植民者はこれらの牛馬を捕え、牛皮や牛脂を本国に送ったほか英仏蘭とも交易した。

ただ流浪する原住民は時折牛馬の囲い場を襲って牛馬を略奪するので、植民者の二、三世は馬の背にまたがり牛馬を護る牧童になる者が現われた。その人々は、ガウチョと呼ばれた。アンダルシアの植民者の中にはモーロ人やベルベル人の子孫がいて、原住民やスペイン女性と血を混えたので、中東のベトウィンにも似た勇猛で、孤独と自由を好む人種を生み出した。

十九世紀初頭植民地三ヵ所の人口は、白人三〇万人、原住民二〇万人程度の少なさだったから、一八一六年の独立後は土地を無償で与える移民政策をとった。だが政治の混乱もあってバスク人五千人とアイルランド人千五百人が入植したのみであった。

一八三〇年から三年間ロサス大統領は原住民討伐を行ない、残った少数をアンデス地方山麓に追いやった。そして手に入れた八六〇万ヘクタールの土地を近親者に与えたり有力者に売ったりした。こうして大牧場や大農場が生まれ、ガウチョは大牧場に所属して働くようになった。そして牛の輸送手段が車に変化する十九世紀まで では、牛の大群を連れて長途の旅をするガウチョという風物詩を生み出した。

一方、欧州移民は一八六五年のウェールズ人一五三名のパタゴニア入植で始まった。一八九〇年代にはロシアからユダヤ人が入り、一九二〇年代と三〇年代にはナチスによる迫害で百万人が移住した。彼らの半数はブエノス市の中央にユダヤ人街を作ったので、ニューヨークにつぐユダヤ人居住都市といわれるようになった。

スペインからの移住は初めアンダルシアから、一八九五年以降はガリシア地方からだったが、一九一〇年の白人移民招致政策でイタリア移民が入り、それは年々増加しスペイン移民数を越えるまでになった。一九七〇年の調査によれば、人口二三三〇人のうちイタリア系四三％（一千万人）、スペイン系三八％（八八六万人）、原住民二％（四七万人）、英仏独・東欧・中東など一七％（四九七万人）となっている。

この移住者の職業は大まかにいえば、スペイン系が軍人政治家、農牧業に多く、イタリア系は商業・金融業、サービス・娯楽産業等、文化事業が多いといえるだろう。

さてこの白人国への日本人移住は、一九一〇年ペルーからコルドバに転住した八名から始まった。その後もチリやブラジルからの転出や呼び寄せ移住で増加し、二一年には二千人、四〇年には七千人に達した。さらに戦後移住七千人（五千人は沖縄）が加わり、七〇年には二万五千余名となり、二世を加えると日系移民は三万余を数えるようになった。

この日本移民は五〇%が首都に、三三%がブエノスアイレス州、十七%がアンデスに近いコルドバ方面とパラグアイに接する東地チャコ州に住んでいる。また職業は全体の五〇%が洗濯屋、三〇%が花卉栽培、二〇%が小売店やカフェ等で、地方のどの町にも日本人の洗濯屋とカフェ兼小売店があるといわれる。特に洗濯屋はシヨウのジョーク「日本人といえば洗濯屋」になっていた。といっても、職業に上下をもうけた軽蔑心からではなく、ハンカチや靴下まで洗濯屋に出すお洒落で、共働きの多いア国人にとって信頼できる日常生活の助っ人として親しみを持っているのだ。洗濯屋は大部分沖縄の人々の経営で、少しでも景気が悪くなると洗濯物を出さなくなる、と暮しのバロメーターぶりを語る人もいた。

とにかくア国はリベラルな社会なので、エバ・ペロンと親しかった人や、大統領と同じマンションに住んで普通につき合っていると語る人、大阪から来たという中華料理店のボーイのように「日本ではボーイは軽蔑される職業だが、ここではそれが全くない」と喜ぶ人もいた。

そして何より嬉しかったのは超親日的だったことだ。それは日本が明治維新を成し遂げたことに感動した政府は、明治二七年(一八九四)の日清戦争直前、竣工真近かな日進、春日の二戦艦を譲ってくれたことから始った。このお蔭でわが国の戦艦は十二隻になり一四隻の清国との戦いに勝利することができた。また十九世紀末からのペルーやブラジルからの移入日本移民を黙認し、のち呼び寄せ移住や計画移住を推進した。

さらに太平洋戦争では当初中立を保ち四四年一月になって断交したが、邦人指導者約二〇名の抑留には前半はコルドバ市、後半は首都のそれぞれ一流ホテルに泊めて退屈しのぎにと麻雀台を作ってくれたり、夜の散歩を黙認したりと丁寧な取扱いぶりだったという。

戦後四七年にはエバ・ペロン大統領夫人が大型船いっぱいの援助物資を日本へ送っている。このような友好国での日本移民達も、太平洋戦争前から祖国の戦火拡大を危機として受けとめ、昭和十二年以降、七回に亘り献金を続けたほか、昭和十三年には羽田空港で〝アルゼンティン同胞号〟を献納した。当時五千人にも満たない移民の血をしぼるような献金だった。そして太平洋戦争中も献金を集め、祖国に毛布などの援助物資を送ったのだった。

それぞれの文化を守りながら

アルゼンチンの移住者の社会を見て印象深いのは、沖縄県人会と本土出身日本人会の二つの社会に分かれ、それぞれの活動によって人口の〇・一三％にすぎない日本人の存在を大きく高めてたことであった。

沖縄連合会は常に移住者のため頼母子講を開いて資金の調達を計り、洗濯屋や小売店を開かせた。洗濯屋はアイロン掛け職人を一人雇えば就業でき、短期間で安定できたからである。こうして移住者の五〇％が洗濯屋となって地方都市にも散在し、「洗濯屋は日本人」と言われるまでになった。

他方の日本人会に属する人々は入植当初はそれぞれ好みの職業についたが、二〇年代から花栽培の移住者が増え、彼らは共同で生産から販売を行うようになり、強力な花卉栽培協同組合を作って力を伸ばした。町の人出の多い所に花売りのキヨスクをおき、首都一番の花屋をサンタフェ通りに構える人も出た。その結果、何かにつけて花を贈る習慣を定着させた。

私達は首都から五十キロ南方の花作り現場、ホセ・C・バス町の日本人会演芸会に招かれた。歌のチャンピオンを決める大会だったが、人々はゆったり豊かそうに暮らしていた。会館は一二〇世帯にふさわしい大きさで、立派な図書室がついているのに驚かされた。家族共同のハウス栽培の花作りは、よい人柄も生み出すのだろう。

さて二つの日本人会は、それぞれ会館をもち月刊新聞を発行していた。本土出身者や商社駐在員等のための『亜国日報』はタブロイド版四頁の新聞で、田中千信氏が編集長をしていた。氏は温厚な学者肌の人で、資料や取材をもとに端正な紙面を作り定評があった。

沖縄系の『らぷらた報知』は紙面が大判四頁で最終頁はスペイン語版になっていた。本土出身の高木編集長は小肥りの磊落な人で、金持の仏人未亡人に望まれ結婚したとのこと、時々フランスに旅するらしかった。紙面が大きいのと彼の人柄を反映して、座談会あり記事も読み物風で面白かった。しかも移民の七割を占める沖縄県人が相手なので発行部数も六千部以上で、経営危機がささやかれる『亜国日報』と違い安定していた。

そして沖縄連合会館（町人会と村人会の集りなので連合会と称した）は首都の南住宅街に、日本人会は七月九日通り北側下町にあった。前者は改装中で、後者はわが家に近くよく食堂を利用した。昔移住者の宿泊所だったという五階建のコンクリートビルの一階には食堂と講演会場ホールがあり、二階は事務室やサークル活動の集会室がいくつか並んでいて、三階以上は宿泊室だった。

この日会に属するサークルは、創美会と文芸協会セイボ会（在日婦人会）のほか和歌の会、琉歌の会、俳句の会などがあり、その作品は新聞に発表された。セイボ会は、東銀支店長夫人小宮山そよ子氏が会長で、大統領庁見学やコロン劇場やオペラ関連施設の見学などすばらしい活動をされたが、まもなく帰国されてしまった。

創美会と文芸協会の会長の久保田富二氏は小樽出身の七〇代だがユーモアがあり

現地のジャーナリストとはよく付き合った。これは送別会のスナップ（一九七六年九月）

歯に衣を着せない発言をした。三〇代のころ結婚相談所を作り初代所長になったが、最初相談にきた女性と結婚して相談所を閉じたという話題の持主だった。漆工芸家として名を成していた。

この二つの会に関係している沖縄県人の新垣善太郎氏は、沖縄の中年幹部として活躍する一方、自営業で経済に明るく筆も立つので、在ア日本経済連の会報に執筆したり、沖縄の新聞に海外特派員の報告を送ったりしていた。琉歌にも長じ琉球語は日本語の古語にも通じる言葉で、琉歌の会は母国にもないと自慢していた。私達は彼の自宅に招かれ沖縄の人々と食べ話して、沖縄の人々の暮しを知り、彼が長老を立て何も求めず尽すのに感動した。俳句の会の俳人崎原風子氏は四〇代の温厚な沖縄人だったが、すごく前衛的な句を作ったので、それも琉球語の影響かと考えた。

ところでこの日会と切っても切れない関係をもっているのが、〈日本研究アルゼンチンセンター〉だった。このセンターは日本文化に興味を持つア国人の強い要望により、久保田氏らが設立したもので、住宅街のセスペデス通りの大きな二階家を貸りて教室を開いていた。日本画、書道、日本語、漆工芸、陶芸などで、講師は久保田、水谷、戸塚氏ら一世年輩者が中心だが、日本語の大城氏のように二世も現われ、漆工芸の助手アイデ・アギラールやルイサ比嘉のように講師の実力をもつ人も育っていた。アイデは太った中年女性で誰からも「デブ、デブ」と呼ばれながら、まめまめしくびっくりするほどよく働いた。私達が離任のとき最高の肉を食べさせたいと、小学校の先生には無理と思われる最高のレストランに連れていってくれた。ルイサは沖縄の良家の出で、布地のデザインと染物で一家を成していた。彼女もまた無償で人に尽すのが好きで、日本語を解さないのに日本語ばかりの集りに加わり、にこやかに長時間過した。

このセンターの受講料は安いので、出来た作品を売って経営に当てていた。大使館文化センターはその展示会場として喜ばれていたのだが……。このセンターのほか展示会に出品したのは陶芸家舟木氏、日亜文化協会長スバナシーニと二人の盆栽培者だった。舟木氏はパリで学んだ油絵画家で、四二年日亜文化協会より文化使節として派遣されたが戦争のため定住し、五八年陶芸に転向した。そしてア国の素材だけを用いた草土焼を完成させ、ア国陶芸センターの会員に推され各種賞も受けている。エスコバール近くの芝生に囲まれた瀟洒な家で、画家の夫人と製作を続けていた。

さて、ア国日本文化研究所が設立された頃、ア国人による囲碁協会が創られるという特質すべき快挙が行われた。碁に魅せられたブエノスアイレス大学の副学長で建築家のロング氏が、ボタンを碁石に、ベニヤ板から碁盤をと設計製作して安く売り出し、テレビや新聞で解説普及に努めたのだ。さらにア国囲碁協会を組織すると

囲碁使節団はテレビで解説対局を行なった。左から２人目が伊藤武好、その右はアギラール青年と岩本本因坊。

日本棋院を模して段位認定書を発行し、毎年名人戦を行って結果を新聞掲載した。当時三万人の愛好者がいるといわれたが、会員には大学教授や弁護士、有名店主などもいるので、夫は時には高級マンションのフランス・ロココ調での部屋での碁会に招かれたり、郊外の邸で開かれたアサー碁（アサード＝焼肉）パーティに招かれたという。ア国人は碁をゲームとしてだけでなく日本文化として認めていて、哲学問答めいた質問をする人々もいた。夫は碁が棋道と呼ばれるわけや碁石の戦いの大局観を説明したというが、日本棋院五段の夫は何やら哲学者並みの尊敬を受けていたようだった（私は夫の離任送別会に同席して、ロング会長やリーベルマン新会長の挨拶でそれを感じた）。

このようなア国に七五年八月、日本棋院からの囲碁使節団が来たときは、マスコミも挙げて大騒ぎとなった。一日目はテレビの解説対局、二日目は団長の岩本本因坊とアギラール名人位少年、泉谷四段と日系二世青年、中村女流二段とフランクリン青年と対局、泉谷、中村両氏はさらに十人打ちや五人打ちを行い、会場の労働会館は夜遅くまで熱気に溢れていた。

ともあれブエノスには柔道、空手、剣道を教える道場があって、本土系の板谷未亡人が主宰する〈さむらい道場〉では三百人が柔道を、沖縄系の空手道場では千人もの若者が空手を習っている。逆に釣り好きの日本人はラプラタ河畔に設けられたお伽話のお城のような組合事務所のそばの河岸でア国人と並んで釣糸を垂れる——。

外務省移住情報誌最終号を夫はこう締めくくっている。——それぞれの国に移住した人達は、その国の国民性や文化を映し出す存在です。彼らが日本的特質を持ちながらも、考え方や知的な面においてその国の人に似てくるのに驚かされます。それだけその国に同化したと言ってもよいかもしれません。

車先進国の首都と旅

アルゼンチンはラテンアメリカ一の自動車先進国、首都は一日中車で混んでいるが、その運転ぶりは車馴れして鮮かでフランスを思わせた。速度制限標識も信号もなくとも、区割整然たる道で右側から来る車が優先というような暗黙の規則を見事に守っている。

ただ場所によっては駐車場がないので、車は車道に停車するのだが、停車している二台の車の狭い空間をみつけては前後に車を押しこくり、空きを作って停車してしまうのだ。そのためバンパーの先にもう一つバンパーをつけて車を保護しなければならないし、停車中ブレーキをかけてはいけないとされている。

馴れないうちの市内運転は大変だが、それをしなくとも困ることはない。南北に走る三本の地下鉄と東西一本の地下鉄、市内を縦横に走る路線バスが終夜運転で走り廻っているのだから。

パンパ一周の旅

アルゼンチンは人口二五〇〇万人の倍の牛がいる牧畜国なので、私達は牛群をみたくて度々日帰りのドライブ旅行をした。ところが広い草原の彼方に防風林に囲まれた館を稀に見るだけで、牛の姿は全くないのだ。一度だけ遠く塩おき場に三、四〇頭の群がる牛をみただけ。ブエノスアイレス州は農場が多いせいかと考え、中央部のパンパ州に行くことにした。この州は竜巻の被害騒ぎもある所なので、竜巻の季節という夏まっ盛りの二月を選んだ。

第一日はア国第二の都市コルドバまで七百キロを走ったが、平原の道はコルドバ近くになると森や緑の木々が広がりアンデス山系に近いことを思わせた。古い大学がある貫禄あるコルドバでは市の中央通りのホテルに投宿したら、夜明けまで車の騒音に悩まされてしまった。

翌日コルドバ山脈の山裾の蛇行する道を二百キロ南へ向かうが、キャンプ場や別荘やダムのある湖もある別荘地帯、パス峠にあるグランホテルで昼食、美観を堪能する。そのあとサパタの黄褐色の奇岩を眺め、サンロケ湖畔に戻り見晴しのよい湖畔の宿へ。

三日目のパンパ州中央のサンタロサ市まで南へ六百キロの行程。サンロケから約百五〇キロはゆるやかな蛇行の起伏の大草原の道だが、それからは平坦な大草で、遙かに畑に上がった小さな竜巻が二本。この地方は毎年車や家が吹き上げられる大竜巻発生地なのだが、その年は穏やかだった。遠いので怖さを感じず車を停めて眺めたが、近いときは車を逆行させて逃げろといわれていたのだった。

その後二月の真夏の太陽の下を走ると、道には陽炎が立ち逃げ水が現われ、何度か惑されそうになった。夜九時サンタロサ市のホテルの外の街道で眺めた星は思ったより少く高い。時折遠くの牛の鳴く声と近くの牧舎のおびえたような牛の合唱。たまに走り去る車のテールライトが大分経って一点となり消えてしまう。寒い位の涼しさの真暗なパンパの深夜……。

翌朝十三階建てのホテルの屋上からは、白壁に赤煉瓦の屋根が整然と並ぶ街区と、その先に広がる緑の平原が眺められた。荒涼たる大平原（パンパ）という予想を覆す、ゆるやかな起伏の緑の牧場は、緑のさざ波みの大きな湖のようだった。

首都に向かう街区の左右は針金の囲いで大きく囲われた牧場なのだが、牛の姿は全くない。私達は街区の途中でわざわざ土ぼこりの道を五キロほど走り「パンパの真中だ」と道に立った。すると緑の円盤の中央にいる心地はするが、地平線は意外に近くに見え、青空にかかる白雲は長い棒で届きそうなほど低い。私一人の地球は小さかった！

街道に戻り、一軒だけ建っているトラック野郎向けレストランで、三人の運転手等と遅い昼食をとりガソリンを入れる。あと二百キロ走らなければ人家もガソリンスタンドも無い街道を五五〇キロ走ってパンパの旅を終えた。

パタゴニアへの旅

パタゴニアへの旅は、一九七六年八月十六日、春の気配を感じ初めた頃の親子三人旅だった。初日のバイア・ブランカ市への六百キロの第三号国道は、平坦で真直ぐなので朝十時出発したのに夕方五時前に到着した。そこは年中強い南風が吹くので道端の松の木は横倒しになっていた。その夜は南部州立大学教授の早瀬博士の家で和食を頂き、その地方の自然と生物の話を聞いた。ア国特産のアルマジロは甲らを鍋にして煮て食べると鶏肉のように美味とのこと。チャランゴ（マンドリンに似た楽器）にされたアルマジロは愛らしい音を出すのに。

翌日バイア・ブランカからチリへの街区の一部〝百五〇キロ直線道路〟を三〇キロ走って引き返す。私達の視野の限界二〇キロ先の車とは十五分位走らないとすれ違いがないことと、牛が見えないのは視野の先にいるからと覚って。それからコロラド河畔の町で平坦な道を二百キロ南下すると、大地は風の強い黄褐色の荒野に変り、道は大きな起伏が続く。そこは一八六五年ウエルズ人が羊と入植した不毛の地だったが、一八八一年トレリュー羊毛で成功を収めたという。牧場主は牧場に住まず本国で過すとのこと。荒地の草木の根を風にあおられながら食む羊の姿がちらほら。街道には鉄のスノコで柵をした羊のトンネルがいくつも作られていた。

コロラドから三百キロ南の街道沿いのシエラ・グランデに一泊した私達はさらに南下、マドリン港町や周辺の貧しい町を訪ねた。マドリンのレストランでは金髪碧眼のボーイにサービスされ、パタゴニアと呼ぶこの地帯はイギリス移民が多い地方と気づいた。そこからさらに南下すれば南極船の出るウスアイアなのだが、そこからの道は風が吹く砂利道でフロントに金網の防御をつけなければならず、止めにしたのだ。そして大西洋岸に近い街道を六百キロ走りバイア・ブランカに戻った。

翌日夫が講演を約してあった約四百キロ北東の小さな町ラウチへ向かうが、途中アスールというカラフルな町があったりしたが、街道をはずれると信号も標識もないので苦労した。その夜の講演は町のロータリークラブの招請で集会場には二百人も集り、ユーモアたっぷりの〝日本経済の発展ぶりとそのわけ〟の話は大好評だった。

次の日は三百キロ走って大西洋岸のマル・デル・プラタ市に行き、豪華なカジノや海岸で遊んで二日間を過した。

八月二二日、一週間の旅を終え首都に戻ると、有名な商店街サンタフェ通りの中程に、〈ようこそ春よ〉と書いた大きな横断幕がかかっていた。

パラグアイ途中のチャコの思い出

パラグアイに隣接するチャコ州は農業地帯で、日本移民も入植しているが、わざわざ行く所ではない。私達もパラグアイ旅行の際に往復したのだが、人も車も全くいない不思議な体験をした。首都アスンシオンで昼食をとりチャコ州の街道をブエノスまで走ったが、家も車も牛も人も全く視野に入らず、ただ黒い大地の広がりのみ。見渡す限りの無人の境に、息子は見事な街道の真中に横たわると、仰向いて天に祈り、臥して煙草をくゆらす。まさに天上天下わが家三人のみの感慨！「車が来るのを待っていたら明日になってしまう」の夫の言葉に、心をそこに残して帰路をとばす。一台の車にも出会うことなく——。

私はアルゼンチンの車の旅を想う毎に、自転車で世界一周した青年の言葉を思い出す。チリからパンパを走って首都に来た青年は、「平坦な道で走り易かったのでは」と問うた夫にこう答えたのだ。「大平原の街道は目印がないので前進の実感が得られず、決して楽ではありませんでした。でも街道の駐在さんは快く泊めてくれた上に、二百キロ先の駐在所にも泊るよう、次々と紹介状を書いてくれました。人のいない街道で親切な人々に出会い、感謝感激の旅でした。」

パラグライに通じる街道。車がほとんど通らないので、文雄は寝転んでしまった

第9章　二度目のエクアドル二年四ヵ月　1976.10〜79.1

エクアドルの野口英世

晩春の港町ブエノスアイレスから標高二六〇〇メートルのアンデス山中の常春の都キト市に十年ぶりで再任した私達は、まず首都の華々しい変容ぶりに驚かされた。大きくはないがモダンな空港、ホテル・コロンを中心としたメインストリートに林立するオフィスビル。赤煉瓦に白壁の美しい住宅街の広がりと、その一隅の大きなショッピング・センターの賑わい。そして公園や広場で遊ぶ家族連れのインディオの群などなど。それらは産油国になった象徴だった。十年前、夫は低地で石油を掘るインディオの苦悩を書いた『ワンブンゴ』を翻訳出版したのだが――それが現実になったのだ。

さて私達が外交の仕事を本格化する前に国を挙げての仕事が待っていた。十一月八日に野口英世の生誕百年祭が予定されていたからだった。何しろ野口は一九一八年黄熱病で苦しむ千人もの兵を救ってくれた大恩人で、六〇年後の感謝祭でもあった。準備委員会が創られ、銅像製作や記念切手発行など着々と準備が進められていた。

私は野口について無知だったことを反省し、その生涯を調べてみた。

野口英世は一八七六年十一月九日福島県会津に生れ、幼児の折火傷で左手に障害を負ったが、すさまじい刻苦勉励により伝染病研究医師となり、一九〇〇年（二四歳）渡米、米国ペンシルベニア大学のフレクスナー教授の助手として毒蛇の研究に着手、一年余りで免疫血清を証明した。その後ロックフェラー医学研究所助手となって梅毒血清の純粋培養を成功させ、一九一五年ノーベル賞候補にもあげられた。一九一八年（四二歳）七月には、ロックフェラー医学研究所黄熱病調査団の一員としてエクアドルに赴き、一人四ヵ月間残留してグアヤキル熱帯病研究所で病毒の純粋培養を行い、ワクチンと血清を創り出した。そしてこの予防ワクチンをグアヤキルとグアヤバンバ（アマゾンに近い）で、千人の新兵に注射して見事な成果をあげたのだった。当時黄熱病は死に至る伝染病で、一九〇〇年にアメリカ陸軍の研究チームがこの地で犠牲者を出していたので、野口は神の手と讃えられた。

その後野口はペルー、メキシコ、ブラジルに出張研究を続けた。しかし二四年頃には野口の黄熱病菌に疑義が出たため、西アフリカのガーナのアクラに赴き再び研究を始めたが、感染し五一歳で殉職死した。

エクアドルの生誕百年記念祭は、七六年十一月八日キト市中央公園の国連通りと野口通りの中央に建てられた銅像の除幕式から始まった。政府関係者や在留邦人のほかグアヤバンバ野口小学校、日本人学校の生徒も参加し、軍楽隊の吹奏の中で横田大使が像の除幕を行った。参列者二百名ほどで、特に盛大とはいえないが、しっとりした華やかさがあって取材に来ていたＮＨＫなどマスコミからも好評を受けた。

翌九日のグアヤキル市での盛大な百年祭は、マスコミで大きく報道され、野口英世から直接治療を受けたという百二歳の老人の敬愛に満ちた話が紹介された。野口はグアヤキル港に着いたとき、スペイン語で挨拶したほどエクアドルでの研究に熱をもっていたから現地語を使って親しく人々に接したと私はその話から想像した。

生誕日から少し遅れたが、二七日にはグアヤバンバ村野口小学校でも祝賀会が開かれた。この小学校は教室が三つばかりの小さな学校だが、その教室で野口英世が診療に当ったとのことで野口の名が冠せられたのだ。大使館も行事の折など僅かながらプレゼントをしたりするなど後援していた。そのため集会場で行われた祝賀会では、横田大使に花束が贈呈され、大使館から生徒に表彰状を贈ったが、壇上には「各学年の女王」とエスコートの男児が並ぶ微笑ましい会で、四時からの式と会食のあとは大人も子供も入り混ってのダンスとなり、私達は九時半途中で帰途についた。

こうしてアンデス山中の山の都と太平洋岸の港町に野口英世の銅像と野口通りが設けられ、グアヤキル熱帯病研究所の名も広く知られるようになった。そしてその後発表されたディカプア氏の「野口英世の故郷訪問記」が人々の心に野口英世を刻み込ませた。ディカプア氏はイタリア系ユダヤ人で夫妻とも評論家として活躍されているのだが、同氏は日本を訪れて野口の生家や会津の自然を細かく描き、野口のひたむきな人間像を書いて、人々に強い感動を与えたのである。

日本政府はこの生誕祭に献身した二都市の四氏とディカプア氏に表彰状を贈り顕彰を行った。九月十四日の式典は代理大使の夫主催で、内外人五〇名を招待して行われ、マスコミにも大きくとりあげられた。私達は野口英世を介して両国親善ができたことを喜んだが。さらに嬉しかったのは、これを機にディカプア夫妻と親交を結ぶことができたことだった。

私達は何度かお宅に招かれたが、夫人は原住民文化研究家でもあったから、二階への階段にまで並べられた土器をみせて貰いながら話を聞くのが愉しみだった。氏は物静かな紳士で、夫人は立食パーティでまず主人のために料理を取り分けて上げる、というマチスモ（男性主義）によるこの国の礼を守る人柄だった。やさしく人に接し、パーティで並んで坐った夫人と私が夜更けの冷えに、肩をくっつけて私のショールにくるまったりした。彼女は私達の離任のときに手間のかかる手造りのペンネで送別会を開いてくれた。

エクアドル社会の変容

エクアドルで外交官としての仕事を始めて、驚いたのは駐在大使館の増加だった。これまでの西欧と北南米、東洋各国の大使館に、エジプト、チェコ、ユーゴスラビア、ルーマニア、ポーランド、デンマーク、ソ連が加わり、エクアドル中世文化の宗主国のマルタ騎士団国大使館も開設されていた。

ちなみにマルタ騎士団は十一世紀末、第一回十字軍のスペイン騎士によるヨハネ騎士団としてロドス島で結成されたが、一五三〇年マルタ島を本拠とした。その頃インカを亡したピサロはリマ建設を始めたが、インカの離宮のあったキトにはマルタ騎士団が移住し、一五三七年は新大陸最古のサンフランシスコ教会の建設に着手。以後十七世紀までに五〇もの教会を建設した。この美しい宗教都市の建築、彫刻、絵画はキト派と呼ばれ、キト市は植民地文化の宝庫と称されるようになった。

さて各国大使館との交際の一つは、その国の国際日に開かれる大使公邸のレセプションに出席することだが、マルタ騎士団国の国際日はスペインと同日の六月十四日で、スペインは昼、マルタは夜とすみ分けてレセプションが開かれた。ただマルタの大使は本国派遣ではなく、キトに来た騎士団の末裔が名誉大使を勤めていた。私達は、名家の品位を漂わせる高齢の大使に会い、どの部屋にも溢れるばかりにおかれた銀の飾り物をみて、植民地時代の繁栄ぶりを思い起したのだった。

野口祭の実現に尽力した文化省係官とディカプア氏、キトとグアヤキルの両市長への、本省からの表彰文を読む伊藤書記官。

記念夕食会での、ディカプア夫人と著者。

これら国内での外交のほか、七六年六月にはアルゼンチンのマゼラ大統領が、七七年九月にはハンガリー大統領が来訪、私達はその公式晩餐会に出席して、新しい時代への変化を痛感させられた。

ところで、さらに私には外交団婦人会とのつきあいがあった。毎月各国大使公邸では交替で例会を開き、その国の紹介と社会福祉活動の打合せを行うのが恒例となっていた。私が最初に出席したアルゼンチン公邸での十月例会では、十一月開催予定のバザーの打合せがあり、各国夫人が社会福祉を重視し、ボランティア精神を横溢させているのを感じた。もっとも実際の活動は各国婦人会が行うので、例会は自国の広報映画をみせるお茶会だったが。その茶会の二年間で印象に残ったのはチェコとユーゴの美しい観光映画、米国公邸でのファッションショウ、広大なアルゼンチン公邸の地下映写場の広報映画、ソ連公邸映写場での二時間のバレエ映画と二度目の茶会でのピアノとチェロと大使夫人の歌のコンサートなどだった。

けれども私が衝撃を受けたのは、韓国公邸の月例茶会で、《これが韓国だ》という広報映画をみたときだった。映画の冒頭で八月十五日日本から解放され狂喜乱舞する群衆が映し出されたのだ。その非常に感動的な情景をみて、私は自分の無知を自覚させられたが、日本語の上手な朴夫妻は何のわだかまりもないので、私達はすぐ親しくなり招いたり招かれしし、送別ブリッジ会で別れを告げた。

これら外交団婦人会のほかに現地の婦人による領事国婦人会とのつきあいもあった。私は二年目の十一月領事国婦人会総会に、日本婦人会の協力でキモノショウと茶の湯のデモンストレーションを行なってからはいっそう親しくなり、領事国婦人会の集りに招かれるようになった。領事館は本国から領事が来るのではなく、現地の有力者が名誉理事となって領事事務を代行するので、十数ヵ国の領事館は古い名家が多かった。会長のゴンサーレス夫人の家は凝った博物館のようだったし、ホンジュラスは大きな別荘風、旅行会社でもあるコスタリカも大邸宅で豊かそうだった。また出席者の中にはウスカテギなど由緒ある名家夫人もいた。

だから領事国婦人会は上流夫人のお遊び会ともいえそうな感じだった。しかし十年前は全く関心のなかった社会福祉に目を向け、熱心にボランテア活動をするようになったことを、心の底から嬉しく思われた。

日本人駐在員たちの活躍

経済的成長期の只中のエクアドルで、日本から進出した二三の企業の駐在員がエクアドル社会に貢献している現実をみるのはとても感動的だったが、七八年四月わが家ではグアヤキル港の港湾事業をおこなっているT建設の現地雇いのS夫妻をかくまうことになったのだ。この事業をめぐって港の官憲と事業者の間にトラブルが発生し、グアヤキル新聞は〝エクアドルのウォーターゲート事件〟と連日書き立て、責任者S氏は命を狙われているのだという。ペルー人の夫人と二夜わが家に泊めたが、三日後夫人の実家のペルーに行って仕事をしているらしく、その頃日本から事業主が来て問題は解決された。

その頃低地のエスメラルダでは、前々年起きたマグニチュード5の地震で破壊された石油パイプラインと道路整備事業が関口支店長と日本から来た現場監督らによって進められていた。本国からは二百人余の人夫が来ていた。それで翌年一月のコンビナートの発会式には夫も韓国大使と特別機やヘリコプターを乗りついで出席した。式典には大統領三人（海軍・陸軍・空軍の元帥）も出席して盛大だったが、韓国と日本の名は出ず雨にたたられ、ずぶぬれ姿で帰宅した。

ところでエクアドルでは、キトは政治都市で、グアヤキルは商工業都市といわれていたが、グアヤキルには日本が造った三菱火力発電所やセガル亜鉛金属工場などがあった。私は夫にくっついて発電所を見学したが、五〇人もの日本人技術者が来ていてエクアドル人を指導し、六〇万キロワットを市に送電中とのことで、何やらちょっと誇らしい気がした。

一方キトにはそんな建設事業がない代り、日本からの漁業三つとヨンヤ北アンデス経済ミッションを迎えて関係者との会合を開いたり法例を定めるなど夫は奮闘していた。特に漁業は二百海里を主張するエクアドルと日本漁船の拿捕などトラブルが絶えず、夫は珍しくぐちをこぼしながら何度も産業省との交渉に出かけていた。それに海軍関係の海軍事業に川崎汽船が協力する事業があって、夫は松井支店長とその事業案作りに苦心したが、それも完成して、大統領（海軍元帥）が松井氏邸での祝宴に出席してくれたのだった。そのほか夫は日本へ行く商工大臣や商工商会議所、開発銀行の人々などを送り出すなどいつも仕事に追われていたが、いつも自然体で楽々と仕事をこなすので、苦労しているとはみえなかった。

それからエクアドルで嬉しかったのは、十年前開拓の苦労をしていたマニラ麻栽培の古川農園が見事に成功していて、国の重要な優良輸出産業となっていたことだった。開拓した畑は日本からの従業員に分割し、製品のマニラ麻は糸工場でテイバワクなどにして米国に輸出したのだ。二代目社長古川氏はじめ十数人の日本人はキト市に居を構え、時折現地人の監督に行けばいいだけの生活をするようになった。古川氏はゴルフを楽しみ、副社長是枝氏は特技のテニスの指導など活躍していた。

そして日本企業の若い戦士を支えているのが夫人達で、子供を含め四〇名位いたが、日本の経済成長を担う最初の勤務地だと張切っていた。子供達にも〝日本の代表だから、きちんとしてよ〟と躾をしていた。

日本婦人達の社会福祉活動は、七六年十一月ホテル・コロンで開かれた外交国婦人会のバザーから始った。横田大使夫人主導で用意した手芸品や日本陶器などは人気を集め、多額の収益金を得た。そして七七年三月サンホセ産院に日本から購入した保育器を市長夫人列席のもと贈呈した。私はこのバザーを機に永住外人二人と親しくなりボランティアのあり方を教わった。

その一人ドイツ人婦人会のイレーネ夫人は、バザーの収益金は社会施設に寄附していたが、個人的にも高齢のドイツ婦人を自宅に招いて会を開いていた。知的な美女で料理も手芸も上手だった。アングロサクソン婦人会のエヴァンス夫人は日系人だが、婦人会員十名余と交替で毎日子供病院に行き、寝具の管理や不足品の調達をしていることを教えてくれた。そして夫のロータリークラブの福祉活動を手伝っているチリボーガ夫人は、自身もガーデニングクラブの会長だった。スペイン的美女なのでスペイン人と思い込んでいたら、アラブ国の手作りのお菓子を持って来てくれたので、レバノン人かシリア人と判った。

私は婦人会の設立を考え、古川夫人や商社の安宅夫人らの協力で日本婦人会を結成した。そしてキトを識るためバスによる教会めぐりや先住民博物館見学を行った。それに茶の湯の手前の上手な会員もいたので、二度ほどわが家にエクアドルの婦人十余人を招いて茶の湯を開催した。茶の湯はディカプア夫人らに感動を与えたらしかった。

七七年十一月には婦人会主催の大規模バザーを、テニスクラブ大ホールで開催することができた。会場には大統領夫人やタイム大臣も姿をみせて、生花の展示を楽しんでくれた。大変な人出で商品展示はみえない程だったから収益金も多額で、私達はそれを順次寄贈していった。マグダレナ託児所五周年の祝い金に、下町の放課後の託児所に台所用品一式を、ピチンチャ山麓の貧民街ラスカサス託児所に一年分のお米をなどなど。

さらに七八年八月には日本人会と合同の〈日本文化の夕べ〉を開き、男性は柔道、女性はキモノショウと茶の湯のデモンストレーションを行った。キモノショウのモデルにはチリボーガ母子などエクアドル人も加わり大好評を博した。

その後は韓国婦人会のように小規模なバザーを開いて福祉に貢献した。

米国風の暮らしとマチスモ

キト市は人口百万のアンデス山中の古都市で、南北に十キロ東西五キロの細長い盆地にある。北部にピチンチャ山に辿い上るように美しい家が並ぶ住宅街。中部は教会や古い庁舎のある植民地時代の地帯、南部は昔の離宮跡のパネシージョ丘とその下の古いスペイン風の家のある商店街地帯となっている。

日本人や白人階級が住む住宅街の家は、それぞれが異った造りで、大使公邸建設の下見に来た建築家雨宮氏を驚かせたほどだった。そしてこの家の中では特産の彫りのある家具や欧州から輸入したマイセンなどの高級陶器やチェコ・グラス利用の生活が営まれた。何しろ住宅街隣りのスーパーの商品は米国製が多く、一ダースケース入りのウィスキーやまだ日本にはなかったテレビゲームやブリッジゲーム用品まであった。そしてインディオの市に行けば、魚や生ガキを毎日太平洋の港町グアヤキルから空輸していた。

勤務は週休二日制なので、土日曜日、多くの人はスーパーに車を走らせ一週間分の食料や生活用品を買い込み、日曜は家族デーというわけである。わが家は日本のドル余りで、元日本大使館事務所だったのを買いとり次席宿舎にしたので、吹き抜けの大きな応接間と五つの寝室の大きな家だったから、七七年一月からは碁会所とブリッジゲーム場となった。

最初は専門家渡辺氏が二、三人を連れてきていたが、その中シルツというドイツ青年が五人の同好者を連れてきて、夫の指導を受けるようになった。そこで土曜はエクアドル人、日曜は日本人相手の碁会所となった。程なくエクアドル人は難しいと止めてしまったが、日本人達は八人のリーグ戦で午前四時まで遊んだりした。のち渡辺氏は六段の松田氏と交替になり、若い有段者田中氏等も加わって、高度な碁会と夫は大満足だった。

さらにブリッジも上手な夫は商社の有志夫妻にブリッジの手ほどきをしてくれた。その結果七七年六月には川崎汽船の松井夫妻、藤田工業の関口夫妻、日商岩井の吉田夫妻、三菱化学の田中夫妻と私達が会員となり、東綿の林氏主導で《ワンカップクラブ》が誕生した。林氏はリマの支店長を兼ねていて、リマから銀のカップを持ってきたからだった。程なく関口氏がエスメラルダに移るなどメンバーは少し変ったが、三テーブル（十二人）のブリッジは時には麻雀グループや三井の藤田氏など見物も加わって賑やかに楽しんだ。

さらにわが家は三人の珍客を迎えた。最初は七七年五月アルゼンチンから来たルイサ比嘉嬢で、十日ほどわが家に泊めたので、キト市北方三〇キロの赤道碑に連れていった。すると彼女は北半球側に立って感激深げにこう言った。「生まれて初めて北半球に来たわ、これが最初で最後だけど」と。沖縄からの移住者の彼女は祖国への一時帰国の意志のないことを示していたのだ。

二人目の客は七八年五月のギタリスト中林淳真氏で、メキシコ公演のあと足を伸ばして来てくれたのだった。ボランティアで演奏をするために。彼は到着の夜の歓迎パーティでの演奏、翌日夜のドーセ・デ・オクトゥブレ教会での演奏会、さらに次の日の国立大学劇場での演奏会と、すばらしい演奏で人々に感動を与えた。プログラムの中の《プラテーロとわたし》の朗読は、ドーセ教会の神父さんが西文朗読した。メリハリの効いた朗読に見事なギター演奏が調和し、ぶっつけ本番とは見えなかった。大学劇場ではキト管弦楽団との共演もあり、親しくなった中林氏とオケは翌年のレコーディングを約束した。だが私達が転勤し、約束は果されなかったが。

三人目は七七年と七八年に来た東北大石田教授（のち学長）を団長とするインディオ調査団である。二年目は巡回医師団も兼ねて在留邦人の診察も行ったが、石田教授らはインディオの血液採取を行った。この研究結果は蒙古から南米までの原住民が蒙古系であることを裏付ける貴重な論文となった。

さらにこの頃、エクアドル南部ビルカバンバ地方のインディオの長寿が有名になって、日本からも数名の医師が訪れ、私達も百歳以上の老人が軽々と木登りした話などを聞くことができた。この地方は標高千メートル代の温暖な気候の由で、短命な三千メートルの高地インディオと何が違っているのかと考えさせられた。

ところでエクアドルの社会の変化を感じたのは、先住民や植民地文化の振興とインディオの生活向上だった。その象徴は、市の中央に造られた文化の家とインディオの土器博物館で、文化の家ではインディオの画家グアヤサミンの大作のみ展示していた。そして私達が赴任して一ヵ月後『ワシプンゴ』の作家ホルヘ・イカサが死去、その追悼会が文化の家で催された。私達は未亡人宅を訪れてイカサ氏を偲んだ。

グアヤサミンはわが家近くの坂の中腹に大きなアトリエをもっていたので、私達は二度訪ね、古代インディオ文化の話を聞いた。彼は家の庭側の一室に沢山の土器をもっていて、それを見せてくれながらの話は面白かった。だが、表側には彼のデザインの金銀製の宝飾品や置物が並んでいて人気を博していた。この同じ店はベネズエラ市にもあるとのこと。ただ絵も宝飾品も高価なので、私達は版画と銀のペンダントを購入しただけでグアヤサミンとの交際を止めた。

インディオの生活の向上はオタバロとアンバートの市をみて感じた。昔は個人が細々としていた織物は数人が集って作業する工房様式ができていたし、市場が済んだあとのインディオは店や公園で豊かげに楽しんでいた。またアンバートの市では混血の露天の店で、インディオの家族が食事をする姿がみられた。そして新聞は米国に留学するオタバロ人の青年二人を紹介していた。長い髪を後ろで組んで垂らし、帽子とポンチョをつけた民族衣裳の青年は明るく微笑む姿をみるのは嬉しかった。

そのかわり何故か政府は厳しく、新しい日本大使のアグレマンは五ヵ月経っても出ず、催促してやっと出して貰い、夫は約六ヵ月代理大使を勤めた。そしてこれは偶然だろうが、七七年七月米大使がグアヤキル市で行った講演が原因で、二四時以内の国外退去処分を受けるという事件が発生した。代理大使のケンプ女史は夫と仲がよかったのか、八月外交担当官六人と私達とホテルキトのレストランへ、庶務担当グループ五人を自宅の庭のパーティに招いて下さった。前者の中のサットン領事と後者のクロフォード電信官は、こもごも自室に招いてくれたのですぐ親しくなった。

サットン氏は福岡領事のとき重子夫人と結婚、将来ふたたび福岡領事になるのが夢とのこと、珍しい日本の古美術で家を飾っていた。もう一人のクロフォード氏は船乗りのような狩好きの大男で、自宅の二階への階段にずらりと鉄砲を飾っていた。だが人柄はやさしく、イスラエル転勤を打診されると、二日程本省を待たせ夫人のOKをとって返事したという。私は人事異動に夫人の意向も尊重するのに驚いてしまった。

ところで一般の家庭婦人達は米国風暮しで余裕のできた時間を趣味や家庭奉仕に使うようだった。だが私が驚いたのは、立食パーティのとき婦人達はまず主人の皿にお料理をとって勧め、それから自分のをとることだった。男性第一主義の古風な習慣を大事にしているのだ。ホテル・キトのパーティでディカプア夫人もそれをしたので〝あなたもマチスモ?〟というと「郷に入っては郷に従えよ」と答えた。

さらに私は衝撃的な事件に接した。キトから五〇キロのイバラ町郊外のショウ付レストランでは、二つの建物の間の緑の中庭で食事をしながら民族音楽を聞いたり民族舞踊を踊ったりするのだが、五人の楽団員の中に口笛でメロディを吹く美少年がいて人気を博していた。私達が二ヵ月ほど間をおいて行くと、彼がいなかったので、口笛青年は休みなのと訊ねるとボーイは「血闘をやって射ち殺されたんですよ」と事もなげに言った。彼は既婚の女性に恋をし、怒った亭主と血闘をしたのだった。これは男らしい（マチョ）な行為として是認されているらしい。

このような気風からか、毎年スペインから闘牛士を呼んで闘牛を行うようになっていた。私は十月初めの日曜日一時からの闘牛をみたが、闘牛の足どりが気になっていたら、隣席の青年が「牛もスペインから空輸されるから疲れているんだ」と言い、私は山酔い（高地病）かもねと言って笑い合った。ともあれ女の少い満員の闘牛場は、命をかけて勇気を示す闘牛士にマチスモ精神を重ね合せているかに思われたのだった。

「霞ヶ関」という世界の不思議な話⑫

私達の二年のエクアドル勤務は、最初の約半年が英西語巧みなY大使で、そのあと次の大使のアグレマンがとれず約半年夫が代理大使を勤めた。そして次のM大使の下で一年余を過したのだが、M大使夫妻は好ましい人品骨柄の持主ではなかった。

後半の頃の日曜日の夕方若い商社マンのO氏が私宅に来てこう語ったのだ

外交団婦人会の例会で、ソ連大使夫人から送別の花束を受け取る著者。

った。「私はいま大使と日本人会の人らとゴルフをしてきたのですが、赤いチョキを付けたゴルフ中の大使をキャディ達は蔭で〝猿大使〟といって嘲笑するんですよ。ケチの恨みもあってでしょうが。こんな人が日本の代表だと思うと恥ずかしくて!!」実は私も大使夫妻に仕える気にならず、〝主人の出世の妨げになる〟と忠告を受けたほどだったから、O氏に同意同感した。M大使は満州国建国大学出身で、外交官試験のない戦争中に無試験でキャリアに登用されたのだ。

ところが夫はY大使の批判は一切せず、礼儀正しく忠実に仕えていたので、私が感心して誉めると、彼は一言「ぼくは幕臣の末裔だから君君ならずとも臣臣たらざるべからずを実行しているだけだよ」

第10章　ウルグアイの二年間　1979.2～81.1

リゾート都市ののどかな暮し

アンデス山中から下りて、ブエノスアイレスを廻りウルグアイの首都モンテビデオに着くと、ブーメランで二年前いた古巣に戻ったような気がした。ウルグアイは元々ブラジルとアルゼンチンの緩衝地帯として造られた国で、アルゼンチンと同様白人国なので、ア国の一州のようだったから、新しい国に赴任するときの高揚感も覚えなかった。

そのかわり初めてみるリゾート国の珍しさと美しさには感動させられた。この都市は二二キロ四方の街区に全人口の半分の約一二五万人が住むが、南側には海のようなラプラタ河口の長い海岸線と浜辺が続き、その内側は別荘風の住宅があり都市全体がリゾート地の観を呈している。さらに市から八〇キロ離れた大西洋岸には、プンタデルエステ（東の先端）という高級別荘地があって、米国の有名人の別荘や国際会議場やカジノ等があり、その近くの大西洋岸の小さな町も風光明媚なので、リゾート国といってもよいと思われた。

こんな国の中で私達が貸りたのは、首都でも最も有名な〈ポシートス海岸〉の一端にある瀟洒なマンションの六階で、毎日広々した浜辺の光景や遥かなラプラタ河対岸のブエノス港に入港する船影を眺めることができた。私達はよく浜辺通りのベンチで憩い、道の反対側のアパート群一階のレストランでウルグアイ料理を楽しんだ。

このような環境なのでその生活もゆったりしたものだった。私達が到着した二月下旬は夏のバカンスの終り近くで、三月下旬には浜辺のテント屋が閉店し四月初めの観光週間のあと平常の生活が始まった。つまり十一月から三月までは夏のバカンス、本格的活動は四月から十月の冬期にという具合なのだ。そしてバカンス中の勤務は午前中だけ、その他は朝九時から夕五時までの週休二日制となっていた。それに昼食はエクアドルのように自宅に帰らず職場近くのレストランを利用したから、私には余裕たっぷりの一日が与えられた。

このような国柄のせいか、この国に大使館をおく国は多くなく、アルゼンチン大使館が兼任している国もあった。私は政府主催の独立記念祭のとき、ア国駐在のインドネシア、タイ、台湾の外交官と話ができて嬉しかった。当時ウルグアイは七六年の軍の圧力により生れた政権下にあり堅苦しい雰囲気だった。八月二四日の独立記念祭は夜八時ソリス劇場で式典と独立劇〈アルティガス〉上演後、大統領庁に移りレセプションとなったが、大統領庁前は礼服の兵士の行列で軍事政権下であることを痛感させられた。ただ大統領庁サロンでは折からの強雨で雨もりがあって、逼迫した経済の影をみる思いがした。

ところで外交団婦人会の方は〈支援のための外交官協会（ＡＤＡ）〉という名称だが、朝十時から昼までの簡素な親睦の集りでボランティア活動はなかった。私はウルグアイ婦人主導のこの会に参加して、この国の人々が社会福祉は国が行うべきものと考えているらしいと感じた。というのは第二次大戦後西欧へ羊毛や牛肉の輸出で豊かになった折、社会主義政策をとり、病院や学校や福祉施設の無料化を実施し、それが今も継続していたからだ。それにアルゼンチン同様中産階級の巾が広く、貧富の差が少ないこともあった。エクアドルで一緒だったスイスの外交官は、ウルグアイ人は何事も消極的でもの足りないわね、と内緒話をしてくれた。わが大使館の有能な二等書記官は、退屈手当を頂きたい位だと、毎日の勤務に根を上げていた。（彼はのち退職してしまった。）

それはともかく、私達は韓国隼参事官夫妻と李大使夫妻に〈紅白歌合戦〉をわが家でみせてから親しくなり、行き来するようになった。そしてユーゴスラビア大使夫人と米国書記官夫人らをわが家に招いて和食を供してから、彼女たちとも親しくなった。当時の健康食ブームで私が豆腐作りを教えることになってしまったのだ。当時モンテビデオには、中国人の作る豆腐と中国風醤油しか売っていなかったが、豆腐は大豆チーズと呼んで健康食品ナンバーワンだった。

　最初はわが家の台所、ついでユーゴ大使公邸の台所、プールのそばの米国書記官邸の台所でおしゃべりしながら私は豆腐作りとサツマアゲ作りを伝授した。首都の海岸には常設の魚市場があり、白味魚が豊富だったから、それをミキサーですり身にし、グリンピースを加えて円形にして揚げればおつまみが作れるからだ。そして豆腐は一キロ入り大豆を一夜水につけ、それをミキサーにかけて煮込み豆乳を作ってにがりで固ませるのだが、にがりはないのでエクアドルで蒔田さんに教わった〈アメリカ粉〉を使った。薬屋で私はその粉の正体を聞くと、「牛馬の下痢止めだよ。奥さんは何に使うのかね」といわれてしまった。ユーゴ大使夫人は味のない豆腐をカナペとして食べるのに苦労していたが、私が差上げた豆乳のしぼり袋や木の流し箱の複製を作って、帰国後友人に教えるのだと張り切っていた。

　このようなことから私はすっかり料理研究に熱中した。首都には高級な中華料理店や仏料理店があったが、和食の店は一軒もなく大使も日本人コックを連れて来なかったから、わが家は和食研究家のようになり、大使館員やら専門家等駐在する人々や出張者の人々で賑わった。ポシートスの美しい浜辺を眺めながら、黒染り膳に並ぶ芸術品を食べる歓びを自らも味いながら、わたしは秘かにわが家を〝ポシートスのいとう苑〟と自称していたのだった。

ポシートス海岸での母子。

リゾートの国の日本人

ウルグアイへの日本人移住は近隣の国々からの再移住なので、歴史は浅く人数も二世を含め三五〇名ほどだった。大部分が首都の郊外で花栽培や造園業に従事していて、安定した暮しをしていた。私達は新任大使の歓迎会で、日本人が多いラスピエドラスの日本人会館や、邦人墓地の開所慰霊祭に招かれたりしたが、個人的なつきあいはしなかった。それでも大使公邸には庭師として働く人がおり、私達も一度中村夫妻に招かれ、自宅前の花畑をみせてもらい話を聞いたことがあった。夫妻は、大部分の移住者は気候がよく仕事も順調なので満足しているが、子供の将来に不安を持っていると語った。「大学を出ても働き口がないので、タクシーの運転手をしている有様なのですよ」と。そして花畑で働く白人の中年労働者を、「ここの土人は目を離すと怠けるから」と言って時々そばに行って何やら指示していた。帰りしな土人と呼ぶ労働者をみると、イタリア系白人と思われる風貌で、驚いてしまった。

このような経済状態なので、日本から進出して来ているのは伊藤忠商事と神原ウルグアイの二社だけだった。唯一人の商社マンの伊藤忠商事の若い松田氏とは住いも近く幼児ぐるみのおつきあいとなった。彼は古い社用車の買い換えを本社に要請していたが、なかなか叶わないので盗まれればと、車の鍵をさしこんだまま毎夜路上駐車をするが、誰も乗って行ってくれないと嘆いていた。私達も夜遅く帰ったと

ポシートス海岸に立つ武好。

きなど、新車を駐車場に入れず路上駐車をしたが何事もなく、治安のよさには感心させられたのだった。

唯一の進出企業の神原ウルグアイは、広島の神原汽船がウルグアイ港に船舶ドックを建設する予定で進出したが、岩盤が悪いため牧場経営と醤油製造に代えていた。首都から北方四〇キロの所にある牧場は四万町歩、一眺できるのは約三万町歩とのこと。小高い丘からの見渡す限りの緑の原野には感激してしまった。現在は三千頭の牛を放牧しているが、将来は一万二千頭にしたいという。丘の中腹の事務所の隣りに建設中の醤油工場や宿舎があり、日本から若い人四〇人位は来ているとの話だった。たしか労働法では労働者の半数はウルグアイ人と定められているので、支配人浅井氏はその人柄で両国労働者を上手に働かしているとの噂だった。

日本人の少ない首都で私達が親しく交ったのは、TACA派遣の野菜栽培指導専門家の新井田氏を団長とする三人の専門家とコーディネーターの加藤氏だった。このミッションはトマトとじゃがいもの栽培指導とのことで、毎日朝市で入手する野菜が美味しく、栽培指導を不審に思ったら土地改良による大量生産のためと知り、五年の長期滞在を納得した。それにしても海を臨む美しいマンションから試験農場まで車で往復する専門家の毎日は、リゾートの国らしく優雅なものだと思われた。

このような平穏な国なので、日本からの高官の来訪は稀れで、私達は二組の方々にお会いしただけだった。一組は東大総長茅誠司夫妻で、沖縄の方を同行されていたが、植物園見学をされたから何かの研究のためらしかった。「サボテンにさわったらツクツクした」と東北辨混りのお話に奥様のお話が入り混ってのひとときは、本当に愉しく忘れ難い思いだった。

もう一組は堀江、山内両参議院夫妻と関係課長の五人のグループで、ウルグアイ議会訪問と社会福祉施設見学が目的だった。ウルグアイは戦後世界に先駆けて二党制議会民主政治を実践し、進歩的な社会福祉政策を行った先進国だったからだ。ウルグアイ側も日本の議員の来訪を歓び、到着の夜は事情説明会の晩餐会を催しての歓迎ぶり。次の日、夫が案内役の老人ホームの見学と議事堂訪問に私も同行した。老人ホームは八百人収容の大規模なものだが、資金不足らしく質素さが目立った。そして旧市街の小高い丘に立つ国会議事堂は、総大理石造りの豪華さで南米一の威容を誇っていた。だが現在は上院のみを軍事評議会が使っているだけで、がらんとして寂しかったが、美事な大理石の床を歩きながら昔を偲んだ。

そのあとの昼食は、街の中央にあって海のみえる美しいゴルフクラブハウスに案内した。そこは昔からの由緒ある料理で、かつてのよき時代を味わせる所だったから。一行の誰もが満足したひとときだったが、とりわけ堀江夫人は料理研究家なので、料理の写真をとったりシェフに質問したりするほどだった。そして私の豆腐作りにも関心をもたれ、すっかり親しくなってしまった。そして帰国されるとすぐ豆腐作りの記事が載っている著書を送って下さったが、その後私達の休暇帰国の際自宅に招いて下さったりして一生のおつきあいをして頂くことになった。

ウルグアイの昔と今

ところで古きよき時代からいまも続いているものに国営カジノがあった。庶民向けと金持ち向けの二つのカジノがある大きな堂々たる建物で、中には国際試合も行われるブリッジクラブもあった。ギャンブル嫌いの私達は三回しか行かなかったが、玄人らしい人の見事な賭けぶりやディラーの手さばきの妙技を感嘆して愉んだ。ブリッジクラブは国際試合に出るような人の集りなので敬遠し、わが家での社交ブリッジもやる人がなく、出来なかった。

さてウルグアイには古き時代輝しい足跡を残したサッカー王国の歴史があった。一九三〇年第一回ワールドカップ戦で主催国となり優勝を果したのである。さらに一九五〇年の南米戦でブラジルを破り優勝国となったし、七一年も同様ブラジルに勝って優勝した。その歓びの一月十日にはわが家の前のランブラ通りにパトカー先導で選手の車や国旗を振りクラクションを鳴らすファンの車の行列が熱狂ぶりをみせたのだった。ところが七八年にはワールドカップ戦主催国アルゼンチンが優勝し、サッカー王国の名を譲ってしまった。

名を譲るといえばタンゴも同様だった。モンテビデオの旧市街の港近くに、タンゴ発祥の地と主張するガルデル通り（タンゴの生みの親の名）にタンゴバーが一軒残っていた。一夜私達も訪れたが六、七人のバンドに二〇人足らずの客がいるだけで、やたら点滅するスポット照明がかえって寂しさを助長していた。

しかし当時のウルグアイではスポーツの国際試合が度々開かれていた。私が見ただけでも南米柔道選手権大会、中国のピンポン外交によるピンポン大会、日本人選手も参加した女子新体操選手権大会など。柔道は強い人もいるらしく、海上自衛隊来訪の折の練習試合は大人気だったという。

ウルグアイの人々は穏やかで親切だったから生活するには快適だった。日本へ関心をもつ人もいて、日本大使館主催の〈日本文化講演会〉は盛況だったし、日本語教室も開かれていた。先生は一世の弓削氏と大使館現地職員の二世八木氏で、生徒は四〇人しかいないが熱心な勉強ぶりに驚かされた。

私達はウルグアイに丁度二年いたが、最後の二ヵ月はブエノスの友人達との交遊で過した。まず新垣氏と久保田氏、崎原氏を自宅に泊めて、尽きない話で夜を明かし、亜国日報の田中夫妻とも浜辺の家を十分愉んでもらった。この二つの都市は、一時間毎に出る小型機のエアバスなら三〇分、ラプラタを横切る水中翼船なら二時

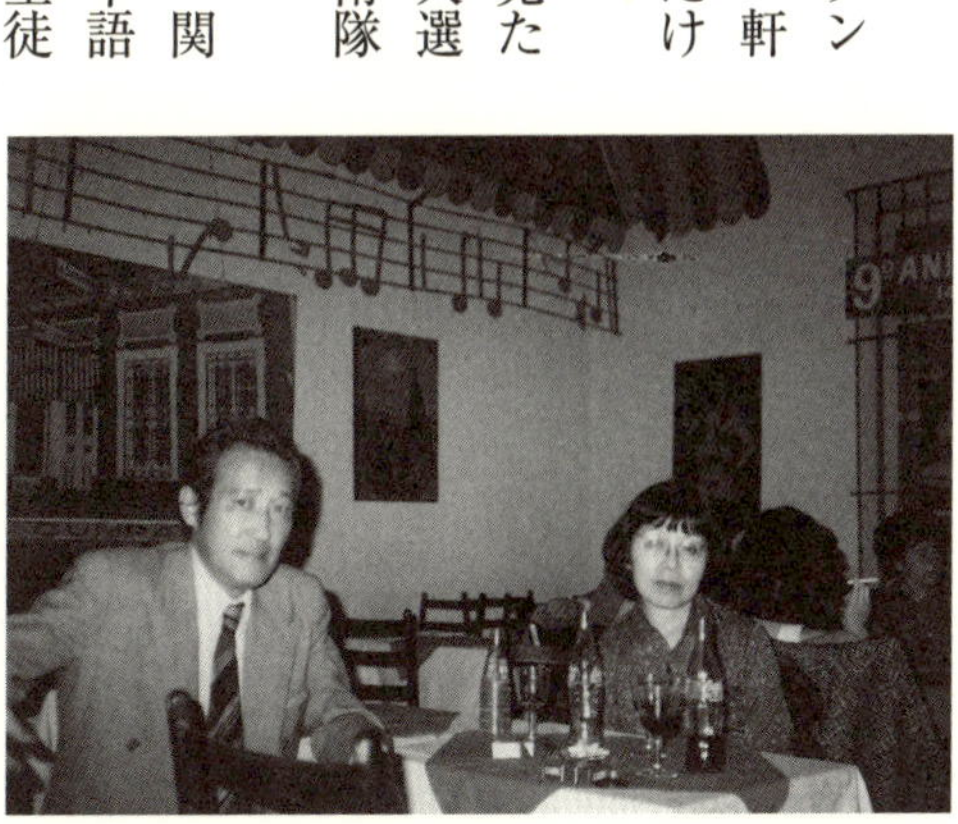

タンゴ発祥の地と称するタンゴバー「ラ・クンパルシータ」にて。

間で行けるし、車で国境の橋を渡って行く五九五キロの道路もあって、身分証明書をみせるだけの簡便さなので、他国へ行く感じがしなかったのだ。

それにしてもこの二つの都市の何という違いだろう。週末眠るのを忘れた賑々しく華やかなブエノスの夜と、月影を映すラプラタ河のほとりの静かな浜辺の夜と……。私達はいつしかこのリゾートの町がいとおしくありがたく思うようになった。夜の行事やつきあいの少ない生活のお蔭で、私達夫婦の大好きな読書の時間が十分とれたからだ。以前から話題が豊富といわれた夫は、いっそう知識を深めたが、本を読みながらでないと眠れない癖を一生続けるほどになってしまったけれども。

私はこの静かな街が一年に一度愛らしい花火で輝く大晦日の夜を忘れることができない。年がゆく正十二時になると、街中のマンションの住人たちはテラスや窓から一斉に花火を打ち揚げ、その輝きと音と煙りを月明りの空に届かせようとするのだ。各家で用意した十本ばかりの遊び用花火を次々と揚げるのは、去り行く年への献火のように思われ、音と煙だけになった虚空にその幻影を追う不思議な感動を覚えた。リゾート地らしい多愛ない遊びなのだが……。

私は七九年を送るその夜を、二人の農業専門家と二ヵ月滞在中の四人の国鉄専門家と、ブエノスにバレーボールの指導に来た体育の先生と松田氏と二名の大使館員の十名と共にポシートトスのマンションの七階で迎えた。そして八〇年の大晦日は松田、加藤、石夫妻とブラジルから来た日語校の先生と短期派遣の専門家、それに東京から来た息子も加わった。この一期一会の越年は一瞬の輝きをみせる〝花火の越年〟らしく思われた——。

「霞ヶ関」という世界の不思議な話⑬

私達がウルグアイに行って半年後、大使が代ってM大使が赴任してきた。M大使は六二、三歳だが片眼が悪く小柄で歩き方がよぼよぼしていたので、誰でも八〇代と思う雰囲気だった。直任後の独立記念塔への献花のときも、集ったウルグアイ人は「日本の大使だとさ。多分八〇歳だろう」とささやき合っていた。

M大使は日本人会館の大使歓迎会の挨拶の冒頭「ここパラグアイでは…」と隣国の名を言ってしまったのだ。慌てて近くにいた夫が注意してウルグアイと言いなおしたが、移住者らは大変な立腹だったらしい。一世の高齢者の中には、年寄りだから仕方ないという人もいたが。

外見は八〇代でも健康体だから、公邸から事務所までの片道一時間余の通勤は気にならないらしく、仕事は夫らに任せきりで毎日のドライブを楽しんでいるようだった。その路はラプラタ河が海に入る所の美しい海岸線の観光路だったから。（他の大使は時間がもったいないと、弁当持参で来るのが当然としていた）

さらにM大使は毎月一回外務省で開かれる大使会議の出席を夫に一任していた。会話は西語ではなく英語で行われるのだが、M大使は英語も話せなかったらしい。夫は帰朝前の最後の大使会議のとき外務省の親しい友人から「お年寄り大使のおもり大変だったでしょう」いわれ、「ここは気候がよく美しいので楽でした」といって、年にかまけて恥をみせずに済んだことを喜んだ。

そして夫は私に先輩から聞いたという話をした。戦争が激しくなり外交官試験をする余裕がなかった頃、外務省は満州国建国大学卒業生、朝鮮で公職に就いた者、大東亜省勤務者で外交官志望者を無試験で上級職採用者としたのである。偶然にも夫が使えたエクアドルのH大使は建国大学卒業生、ウルグアイのM大使は朝鮮の日本高校の算盤教師。キューバのH大使は大東亜省出身だった。

「霞ヶ関」という世界の不思議な話⑭

ウルグアイ在任中本省派遣の査察使一行を迎えた。古代国家の官職のようなこの一行は、在外公館員に会って話を聞いて査定を行い、会計状況を検査するのが目的で、査察担当大使と大使補助官、会計官の三人で構成されていた。A大使は親しみのもてる人柄で、二日間の査察は和やかに終った模様だった。

私は昼食のサービスとその後の雑談で大使と話しただけだったが、話の分かる有為な方に思われ、夫に内緒で手紙を送ってしまった。それは日頃私が考えている二点で、第一点は上級職と専門職は実質的に同じ仕事をしているのに賃金の差が多すぎ、同一労働同一賃金の労働基準法に反するのではないか、ということ。第二は上級職試験と専門職試験を合体し、外交官試験として七〇―八〇名を採用、(成績順に役職任命)入省二五年頃大使登用試験を行う事。これは三、四〇代までは同僚として切磋琢磨する期間となるので、外交官としての質を高めることになるからである。これらは試験法改正だけで済むので実現可能と思う、という内容だった。

返事を期待しない手紙だったが、A大使は間もなくJ総裁になられ、手紙はくず箱行きになったと思われた。

第11章　日本での苦悩の二年間　1981.2～83.6

夫の苦悩と失敗

ウルグアイから帰国したとき、私は五〇代半ばになった夫が本省に勤務するのでは、不快になるのではと秘かに危惧していた。大使館では次席として名実共に働き甲斐があったが、本省はキャリア制度が厳然としていたからだ。事実、研修所で一所だったキャリア組は局長の地位にあったが、夫は移住課の主席事務官だった。ただ移住課長は総務省からの出向者なので実質的な力はなく、主席事務官が課長の任務を行うので、夫は海外協力事業団の移住事業を終える仕事を担当し、最後となる全国移住課長会議や増田義郎氏の講演会を主宰し、最終の『移住月報』を発行した。彼は三〇年前には海外協力移住事業団を発足させ、三度目の移住課勤務で移住部門を終らせる仕事をしたのだ。

夫が主席事務官に就任したことで、私も《かすみがせき婦人会》の存在を知り、そこで一定の責任を果たすことになった。その年の婦人会の新年祝賀会の当番を経約局と領事移住部が担当するので、両局の課長夫人達が下働きをするからだった。九段の霞友会館の婦人会事務室での最初の打合せが行われ、経約局長夫人へは「御主人が課長になったら婦人会に入会するように」と言ったが、皆すでに入会していた。私は夫が霞関会に入っているのに満足し、他にキャリア夫人のための婦人会があることを知らなかったのだ。一月の新年祝賀会は霞友会館の宴会場に一二〇名余が集まり、会長挨拶や会食、琵琶演奏や福引等が行われた。私は受付を担当したが一卓十二人の丸テーブルは同期生が集って親しげにしており、私は役立たずで終った。

そのころ夫は人事課長から国連勤務を奨められた。研修所時代の一目置かれた英語力と堪能な西語で、適任と指名されたという。広報部長の地位とのことだったが、夫は中南米を離れたくないと断ってしまった。そのほか宮内庁式部官（大使の称号をもつ）の話もあったが、自然体を好む自分には向かないと辞退。

わが家では四年ぶりの交友復活をし、エクアドルで一緒だった林氏、松田氏、松井夫妻、田中夫妻と時折ブリッジ会を開くようになった。松田氏の箱根の会社寮に一泊のブリッジ旅行もした。しかし八二年田中夫人が癌で亡くなられブリッジ会も寂しく間遠になった。

その間私達は熱海在住の田岡典夫氏を訪ね、妹の佐久間淑子さんに世界メシア教本部会館とモア美術館に連れて行って頂き、その壮麗さに驚かされた。世界メシア教はアルゼンチンにも信者がいて、私達がア国在勤中に東洋舞踊の一団を送ってきて、ホテルで信者のための踊りの会を開いた。十五、六人の舞踊家は日本をはじめ東洋各国の踊りを披露したが、その技の高さに驚かされたのだった。メシア教の敷地の内部はすべて信者がボランティア奉仕の由でその礼儀正しさにも感動させられた。

　そのころウルグアイから来た日系二世のシルビアとは、時々わが家に泊っていくほど親しくなった。しかし半年後彼女は結婚し交際もなくなった。

　そのかわり八一年暮には、アルゼンチンからグラシエラ夫妻が来て、ギタリスト中林淳真父息と増田東大教授を招いてミニコンサートを催した。彼女は私達がア国に在勤していたとき、日本でミリオンセラーを出したお礼に日本人会館でコンサートを開いたので、文化担当官だった夫は彼女らの相談相手になっていた。

　そんな平穏な日々が続いていた八二年四月、それを揺るがすようなことが起こった。夫が、外務省に勧誘に来た二人の証券マンの口車に乗り商品取引で深みに入ってしまったのだった。私は夫がすぐ人を信用するたちなので、哀れに思えて、私の貯金をはたいたり、義弟に借りたりして二回追加投資したが役に立たず、夫は人の良い知人の弟（高利貸だった）から借金をして再投資し、結果的に借金だけが増えていった。私は悩んでいる夫を思い、一言も嫌なことは言わず、マンションの売却をすすめ彼を安心させた。幸い夫のコロンビア勤務が決まり、四月初め借金のことは何も話さず赴任して行った。私はすぐ高利貸からホテル・ニューオータニの高級クラブに呼出され、二千万円の請求を受け、借金手形の書き替えなどを行った。私

演奏するグラシエラ・スサーナ。その右は、夫君でマネージャーの男性。右端は文雄。

は、若い高利貸のはったりぶりや珍しい債権者の体験が面白かった。それから程なく私は十年前三千万円で買ったマンションをほぼ同値で売り、二千万円の小切手を彼に渡して、不愉快な事件を解決した。私達が苦慮していた頃、外務省の『霞関会報』に危険な勧誘に気をつけるようにとの注意書きが載っていたから、他にもひっかかった人がいたらしいと思った。

息子の失恋から再生まで

私達がウルグアイから帰国した夜、息子は暗い顔をしてひととおりの挨拶をすると自室に入ってしまった。私は夫を寝室に休ませたあと彼の話を聞いた。すると恋人から別れ話を出され、今日午後妊娠した彼女と病院に同行し、男児を無くしてしまったのだという。私達へのクリスマスカードに〝パンと玉葱があれば〟の心境ですと書いてきた恋人は、外大四年生の身で子を生むのが恥ずかしかったのだろう。彼女は手術後の調子が悪いと実家の山口に帰り、八月には遂に父親が上京、別れに決着をつけた。息子は別れの苦しみと水子殺しの悔恨で、分裂病と自称しながら精神科医から安定剤を飲んだりした。それでも三つの企業（一つは鹿嶋市）の西語教師や大泉高校の帰国子女の西語授業を担当し、通信教育の西語の仕事も続けていた。

私は精神科医を訪ね歩き、思春期挫折屈症候群とか、性格改善の心理学的治療が

演奏するギタリスト・中林淳真氏。

必要とかの診断を得たが、具体的対策はとれなかった。そうこうして八二年四月から主任教師原先生の紹介で津田スクールオブビジネス校の専任講師に就任した。すぐスペイン人教師フェルナンデスと親しくなり、一学期中は期待どおりの教師を勤めた。夏休み私は息子に北海道の旅を奨めた。彼地にはスペインで知り合った友がおり、彼女が尊敬している神父に話を聞かせたいと思ったからだ。ところが息子は神父や北大で学ぶ幼稚園からの友加島君とも会ったが、ふさぎ込むようになって帰ってきたのだった。

家での彼は自虐的になり、高価なコンガを買って、サルサに夢中になった。そして二学期初め津田に辞表を出し、十月には薬の過飲による肝臓病で半月入院し、大学も休学してしまった。彼は家に閉じこもり本を乱読したり、新宿の遊び場に出かけたりしていた。

そんな折に、夫のコロンビア行きが決った。私達は南米のアテネと称されるボゴタは、レストランよりも本屋が多く知的であることを知った。息子は日頃言語学より文学を学びたいといっていたので、彼地で文学を学ぶため留学することになった。家を売ったり新生活準備をすませた私は、「分裂病の男の亡命」と自称する息子と七月コロンビアへと旅立った。

コンガを演奏する文雄

「霞ヶ関」という世界の不思議な話⑬

最初の八月夫は上級職試験の口頭試験のスペイン語面接試験の試験官を命ぜられた。試験前、人事課長より外務省関係者の志願者の採点は厳しくしないよう注意されたという。その言葉で館内で流布されている噂さ等——筆記試験さえ通れば合格させる——が真実と知った。外務省は兄弟、親子、姻戚関係の省員が他省に比べ異常に多かったのである。政治家の力、それから政治力にたよる昇進の噂も少なくなく、私の知るのは親族の代議士が外務大臣の恩人であったところから本省課と二つの大使歴任とい上級職並みの昇進を果した某氏である。が、同氏は実力があるので当然と思った。

「霞ヶ関」という世界の不思議な話⑬

私はキャリア夫人のための婦人会に入会し、その規約を調べてみると、会長は元大使夫人OGの十二名の評議員が選出し、副会長の一名は会長推挙のOG、一名は現職事務次官夫人で、委員は会長副会長推挙のOG大使夫人と現職外務省幹部夫人（局長夫人クラス）から成っていた。任期は二年だが現職夫人は夫の任期に従うことになっていた。

この〈かすみがせき婦人会〉は昭和二四年百名の会員で設立し、親睦啓発相互扶助を目的としたが、はじめの十年位は海外事情を知るための勉強と語学修得の活動が行われた。だがその後は茶道、生花、盆石、演芸、美術、福祉等のグループ活動が活発化して、会員も約七百名となった。この会には私を含め十人足らずのノンキャリア夫人も入会していた。その中の天衣無縫な夫人が会合に出席し、失礼な態度とキャリア夫人達にいわれたとの噂を耳にしたが、他には会合には出席したい人はなかったと思う。私はその後一度も出席せず九四年退会してしまった。

第12章　知の国コロンビアと息子の客死 1983.8 ～ 84.9

知と暴力の国の暮し

私と息子は七月二六日午後五時ボゴタ市に到着した。四月に赴任していた夫は、両手いっぱいにタイプライターやバッグを抱いた息子を「イケコ神様（家屋まで背負っているボリビアの民族人形）のご到来」といって出迎えた。

ボゴタ市は長大なアンデス山系の北端に近く、広い高原都市なので一年中秋の涼しさ、市街の東側は低い山の連なりで、市の南方は物騒な貧しい地域、中央部は古い政庁や高級ホテルやビジネスビルが林立する政治経済地区、その北は中流以上のマンションや住宅や商店街のある緑の多い住宅地区。人口三百万人の首都は古さと新しさと貧しさと豊かさをなえまぜにした堂々たる緑の都だった。

私はこの都に秘かに憧れと怖れを抱いてきた。憧れは田中耕太郎氏の著書『ラテンアメリカ史概説』の一節だった。—コロンビアの人々は理論的で確固たる主義をもち討論を好み、主義のためには家族を捨ててでも戦う気概をもっている。政治家は政治・経済・哲学・芸術等に通暁し理論的である。従って政治の特長は〈理智主義〉であり、長期の独裁や軍閥による政治は行われず民主主義国家と認められる。

首都ボゴタは喫茶店、レストランより本屋の方が多い。コロンビアの青年は十九世紀半ばより西欧に留学しフランス革命の影響を受けているので、彼ら白人指導者の住むボゴタの住民は夢想的、進歩的で〝南米のアテネ〟と称せられた——。

一方で怖れというのは、次のような現代史を知っていたからだ。つまりスペインからの独立から間もない一九世紀半ば以来、コロンビアでは自由党と保守党の対立が生じていたが、一九四〇年代にはそれに労働者や農民も加わった抗争となっていた。そして四八年、第九回パンアメリカ会議（米州機構が結成された）が開催された折、民衆指導者ガイタンの暗殺を機に市民が蜂起、三日間の大暴動となり二千人の死者を出した。このとき大学生、フィデル・カストロ等も〈パンアメリカ学生会議〉を開いていたが、暴動に巻きこまれたカストロは一週間後キューバへの貨物航空便で帰国したという。この暴動以来、自由党と保守党の党員同志の争いには暴力が伴うようになり、十年間で十万人が犠牲になった。それでも六〇年代は左右両党の妥協で安定した民主主義体制がとられたが、七〇年代には〈M19〉や〈ファルク〉などの反政府組織と麻薬マフィアが台頭し、暴力事件を起すようになり、麻薬輸出の国として米国との軋轢も生れた。

私達がボゴタに着いた頃は、麻薬マフィアによる誘拐・人質事件が起きていて、日本人会では小学生の通学をスクールバスによる集団通学にしていた。また新聞紙上ではマグダレナ河中域の左右の農民の対立で、回収しきれない死体が川に浮んでいるとか、メデジンでは千人以上が殺されたと報じていた。

そして八四年五月一日、ロウ法務大臣（夫人は日本人）と警察官が暗殺され、八月十二日にはタンボでM19と警官の射ち合があったが、二週間後政府とM19は和平の調印を行い、二五日を平和の日と発表した。M19が政党の一つとして加わることになったのだ。

私達はこれらの事件とは別世界にいて、ごく普通の生活や交際をしていた。私達は八月六日から〈棟の城〉という十七階建てのマンションの第二棟七階に住み始めた。そこは七番街のマンション群が始まる所で、広い敷地に三棟の高層マンションがあり、七番街の入口では門番小屋に常駐する青年が車の中を確かめ、踏切りのようなバーを上げて来客を通した。住人を誘拐や盗難から守るためで、子供達は安心して敷地内で遊ぶことができた。

私達の部屋は仏人の外交官未亡人のもので広さ二五〇平方メートル、外務省規定の家賃では間に合わず三百ドル位を自費負担した。未亡人から引き継いだ女中レオは正式なサービスを仕込まれていて、多人数の招宴も有名レストランのボーイ並みのサービスぶりだった。その最初の招宴は、文化省、経済省等の局長と、国立博物館やコロン劇場、プラネタリウム等の館長夫妻を招いた夕食会だったが、男性は経済局長と夫人に同行した男性三人だけで、あと十六人は女性だったのには驚いてしまった。息子も夫の代りに同伴した大学生と終始語り合ったが、画家ですと自己紹介し知的で高度な話に感心したという。私達は女性のめざましい進出ぶりと、女性達が高度の教育を受けて活躍するさまに感動した。当時コロンビアの女性大臣は三名で、次官は国防次官を除く十二人が女性だったから、新聞は紙上漫画で「さぞや閣議は楽しかろ」とからかっていたほどだった。

ともかく男女とも向学心に溢れ、ボゴタ市には大学が二二もあって、働きながら学ぶのが普通だった。わが家の女中も高校のラジオ講座を毎日聞いていて、日曜にはスクーリングに出ていた。

さらにコロンビアは美女の国なので、いろいろな美人コンテストがあるが、全国一の美女を選ぶコンテストでは、十七県から選出された美女の殆んどが、建築や医学や法律を学ぶ大学生なのに驚かされた。まさに美と知に恵まれた女性なのだが、何とこの美女達はM19などの組織の中にもいるという。国立大学の大学生たちにはM19の勧誘隊員の誘いがあるし、私は麻薬マフィアのエスコバルが出版した新聞で、銃の訓練をしている聡明そうな女性達の写真をみた。

当時コロンビアは東欧や中国を含む共産国とも外交があり、経済活動も活発で日本企業も二七社、合弁会社五社が進出していた。日本人会も組織され森会長を中心に日本人学校の建設運動等をしていた。無論、各企業の活動も活発で、私達も各社の招宴に出席した。本職の外国の行事参加にも努めたが、中国大使夫妻とは文化祭のとき夫が漢文詩を即興で書いたことで親しくなり、見事な書の軸を飾った公邸に招かれたりした。ただ外交国婦人会は毎月例会を開かれたが現地女性が働いているせいか福祉活動はしなかった。そのかわり二万人もいるというストリート・チルドレンの施設の神父さんの話など、毎回興味深い話を聞くことができた。

コロンビアに移住した日本人

コロンビアは日本人を虜にするすごい力をもった国だと思う。まず私達が親友となった竹内悠博士は戦後最初の交換教授として東大からボゴタの国立大学に来て数学を教えられたが、三年の期限が切れたとき氏は、学生が「優秀で、可愛くて可愛くて」とそのまま残ってしまったのだ。そうして静夫人を迎えられ、二女一男をもうけられた。私達は着いて間もなくの八月、国立大学の近くの御自身設計の二階建の木を配したサロンでの長女の結婚式に参列した。彼女はハベリアナ大学医学部出たての医師、夫君も医師とのこと。次女は国立大で数学を専攻し、弟は米国の大学から研究所勤務を予定していた。

大学における博士は自宅に簡易な印刷機を置き数学関連の記事を書いて地方の大

学にも送ったりした。その学識と熱意から、いつしか「数学の竹内」とあがめられるようになった。家庭では夫人ともども料理研究家で、コロンビアの材料で和食を作るのが得意だった。

もう一人は最年長の星野氏だが、彼は一九二一年、二三歳のとき日本商品輸出会社の社員としてボゴタに来たが、東京大震災で会社は解体となり、彼はボゴタに残って建築造園の勉強をした。そして三〇歳で日本庭園別荘を作り注目された。この頃賢夫人イサベルと結婚。三二歳でボゴタ市街路樹育成指導員や農林省農業試験場講師となり〈造園のホシノ〉と呼ばれた。四三歳から国立自然科学研究所能楽部長とボゴタ市美化計画技術部分を十年余り勤め、引退後地方都市の街路樹計画の指導に当り、日本大使公邸の庭園の相談役もした。私達が会ったとき八六歳の高齢だったが、七〇代の偉丈夫ぶりで働いているのに驚かされた。

ところでこの二人と逆に、〝日本大好き〟なのが、有名な日本画家ゴンサーロ・アリサ氏だった。氏はボゴタが南米のアテネといわれた頃文化の中心地だったカンデラリアに住む画家だが、七〇年代在日大使館の文化担当官として勤務した折、日本画に魅せられて日本画家を志すようになった。そして再来日して前田画伯に師事して日本画を学んだ。その後日本画の大作を発表し画壇の第一人者になった。彼の住むカンデラリアの家は、坂の中腹の傾斜にスサナ夫人が造園した樹木の多い傾斜面庭園として知られていて、その中腹の木造の小さな家で、その環境そのものが日本画を思わせた。隣りには画家の長男と版画家の娘、日本画家の次男の家があった。そして氏はカンデラリア中央の古い文化会館に〈日本文化研究会〉を作り日本文化の紹介につとめていたのだった。

八四年三月息子の他界に特に同情を寄せて下さった竹内夫妻、星野夫妻、アリサ夫妻とはアリサ邸を訪ねたり、日本食を食べに行ったり、我が家にお招きしたりと、本当に親しく交わり、至福の時を過すことができた。

ところでコロンビアには星野氏が来た頃、五百キロ離れたカウカ平原では、ホルヘ・イサク作、竹島雄三訳の『ラ・マリア』に書かれた美しいカウカ平原に魅せられた人々の移住が始まっていた。昭和初期東京の植民学校の移住熱が高まり、『ラ・マリア』を読んだ中村と島ら四人の学生が移住を決意したのだ。

そこで昭和三年海外農業会社は社員竹島雄三に同地を調査させ、五年には竹島を海外事務代理人として第一次農業移民十家族二五名と中村ら四人の外務省実習生を入植させた。さらに第二次移民五家族三四人を、その五年後一四家族一二〇名が平原カウカ県に入植した。当時は不況下で原野買収が容易であり、平地で肥沃な土地は豆類栽培の適地だったので、徐々に余裕も生まれた。農業実習生らも現地の農場や県の農業試験場に勤めた。昭和十六年には男女四一名の植民地学校が創られた。

教師は父母で文化センターとしての行事も行なわれた。

しかし大戦となり学校は閉鎖され、竹島と四人の元実習生を含む十一人が、敵国人収容所フサガスカホテルに抑留された。ただ抑留は一年—二年で所遇はよかったという。それはパルミラ農事試験場創立者シロ・ガルセス博士という「農業に国境なし」と日系移民の保護に努めた人物がいたからだった。コロンビア人の対日感情はよく、移住者は戦中でも生産も販売も自由に行うことができた。

戦後移住者たちは隣りバイエ県に耕地を求め分散して、子女の教育も現地校任せになった。そして五一年パルミラ市に農業日本会社ができると、いんげん豆の輸出や大豆精油会社の設立などで繁栄し、北米の大農地機械の導入も行われるほどになった。

こうして日本人移住者はバイエ県パルミラ市近郊と、カウカ県カリ市近郊に立派な農地を作り上げコロンビア人の尊敬を集めた。その後子女教育を現地校に任せて日本語教育をしなかったので、他国の移住地に比べ日本語が出来ないことが問題となった。そこで六八年三月パルミラ市郊外に学校と会館をもつ〈ひかり園〉を誕生させた。日本語教室は父母の奉仕で毎週土曜に開かれるが、そこは分散した移住者の子女九〇名の親と子の社交場ともなるのであった。日本語熱は年々高まって、カリ市の邦人の家では大学生や成人四八名が学んでいるという。

私達は八三年秋、ひかり園の運動会に招かれたが、広い芝生の校庭と会館の立派さに驚かされた。また運動会には近隣のコロンビア人の親子が招かれ、どの出し物にも両国人混って賑々しく楽しげなのが印象的だった。私達は日本人会長田中氏が住むカリ市の高級マンションを訪れ、移住者の多くがカリ市とパルミラ市の高級マンションに住む話を聞き、僅か三六〇人の日本移民社会の繁栄ぶりに感動したのだった。

特異な人材たちと特異な行事

コロンビアはエメラルドの大産出国なので、一時期「エメラルドのコロンビア」と称讃されるほどだった。それを扱って財をなした河合誠一氏は「エメラルド王」といわれた。ある古老の話では、河合氏は当初外務省商業実習生としてボゴタの商店に入ったが、独立してエメラルド販売を始めた。政府はエメラルドの輸出拡大のため、奨励金制度をとっていたので、河合氏はパナマに架空の会社を作り机上輸出を繰り返し、制度廃止時には莫大な富を得たのだ。

私は八二年暮れ、外交団のチャリティ夕食会で河合氏に会った。エメラルド王の突然の出現に、大きな場内は色めき立ったが、ダンディな五十男は、福引の景品のエメのペンダントを会長に渡し、日本人のテーブルに立ったまま挨拶すると椅子にかけることもなく帰っていった。日本人会では日本人学校建設のため寄附を頼む相談をしていたが、河合氏はマイアミ行き直前で忙しく、会うことはできなかった。八四年はじめ、夫は氏が白い粉の運び屋で逮捕される噂を聞いたが、実際八五年マイアミのホテルで逮捕され、十七年の刑を受けたという。ただボゴタの立派な河合宝石店は甥が継ぎ、「エメラルドの河合」の名は残っている。

「エメラルド王」河合氏は世話好きで、日本から来る人の面倒をみたとの噂だった。早川夫妻は共に京大造園科を卒業したあと、ボゴタで河合氏の世話になり造園業を始めたという。夫人の竹久のぶ氏は竹久夢二の養女で絵が上手なので、コロンビアで画家として有名になり、数々の賞をとったり展覧会を開いたりしていた。八五年には日本でもパブロ・ネルーダの詩に絵をつけた〈アンデスの高みから〉展をギャラリー412で開催、大成功を収めていた。私は市郊外の家を訪ね、二人の娘たちとも語ったりした。

私がコロンビア在勤をした最初の七ヵ月間、大使に付いていたのは異色のコックだった。主人の小野氏は外国取材の中年のカメラマンで、某家の年上の女性に見染められて結婚した由で、二人とも料理上手だったので大使のコックになり公邸に住んでいた。主人は無口だが婦人は社交的なのでブリッジに誘ったりした。八三年三月大使が帰朝すると、夫妻は日本食レストラン「初花」を開店した。夫妻とも造園や室内レイアウトが巧みなので、調度や料理も一流とのことで、高価な一流レストランとして有名になった。日本人は敬遠しているらしかったが、私達は八四年の息子の死後、転勤地から毎年命日にボゴタに来て、親しい人との夕食にそこの離れを利用した。

さて、私は詳しい経歴等は知らないが、私設日本文化センターを創っていたのが横田夫人だった。彼女はコロンビア男性と結婚していたが、市のはずれの自宅には四、五十人が入る教室があり、庭の一隅に小さな茶室もあった。彼女は多才でお茶と生花、日本画を教え、日本語の指導もしていた。スペイン語も巧みなので生花講習会などにも招かれる活躍ぶりであった。私は彼女の家に招かれ生花をみせて貰ったが、息子の追悼会ではホテルの会場に見事な大作を創って皆を感動させたのだった。

ところで異色といえば、大使館も他国の場合と違っていた気がした。それは他省からの出向外交官が多く、現地職員も有能で個性的な人ばかりだったからだった。本官は参事官の夫と文化担当の三等書記官だけで、小笠原一等書記官は運輸省、経済担当は協和銀行から、領事担当は農林省からの若い書記官と京都府警の警部補だった。夫は異った分野の話を聞くのが面白く、みなの友好のためにと、宴会のない日の勤務は時間が終えると次席宅にそれらの人々を招き一杯やるのが恒例だった。夫は事務机の裏に二箱のウィスキーの木箱をおいていた。

現地職員で特筆すべきはアベージョ博士だった。博士は元ハベリアナ大学教授だったが、大使館の方が給料がよいと割切って高級クラークとなった方だった。夫は着任後すぐ親しくなり、息子の留学についてもハベリアナ大学を奨めてくれて、文学部長に紹介してくれたが、息子とは文学論を話し合ったという。それでいて私宅に大使館の人々を招いての集りには、にこやかに語りダンスになれば大きなお腹をゆすってサルサを踊る明るい方だった。やさしく小柄な中東系の夫人は小学校の先生で、子息二人は医者希望で、長男ハッサンはインターン、次男は大学生だった。

さらにボリビアから来ていた長谷倫明氏は、夜大学に通い、卒業後は帰国して外交官になるとのこと。もう一人の森下氏はコロンビア女性と結婚して大使館事務を担当、大黒柱的存在だった。（長谷氏は九四年頃帰国したが、政治家となり、二〇〇四年外務省の南米三ヵ国の政治関係有力者研修で来日し、我が家に寄って下さった。そして二〇〇五年の大統領選に立候補したが原住民が大統領になった。だが彼は、有力なパス党（民主改革党）なので、いずれ大統領になると信じている。）

女性は大使秘書と受付と文化担当の三人がいたが、みな優秀なので夫は私にさすがコロンビア女性と云った。私達が転勤でボゴタを去る前々日、現地職員一同は私達をレストランに招き、別れの宴を開いてくれた。このような宴は稀有のことと夫は感激しきりだった。

ところでコロンビアでは稀有の公式行事にぶつかってしまった。元大統領パストラナ氏が、南米五ヵ国の元大統領と日本の元首相で「OBサミット」を創ることを提案、日本からは福田元総理が参加を表明したので、その準備のために八三年七月二六日に日本大使主催の夕食会を催すことになったのだ。当時の大使は単身赴任のF大使だったから、私は大使夫人に代りホステス役をつとめなければならなかった。しかもその夜はブラックタイ(礼服)の格式ある正式なものだった。幸い十八人の晩餐会は、男性が大部分で長々しくなかったので苦労もなく、サロンでの会話も夫がうまくとりしきって、パストラーナ元大統領も満足げだった。同氏はOBサミットがそれぞれの国の指南役を果すことを強調され、サミットの必要性を説いていたのが印象的だった。そして「OBサミット」は二ヵ月後の九月十六日から二日間カルタヘナ(カリブ海岸の古都)で開かれた。十八日午後、一行(福田元首相一行九名も)は大統領機で首都の空軍基地に到着、その夜大統領主催の晩餐会で日程を終えた。翌日、元首相夫妻は黄金博物館や日本人学校訪問、企業の支店長らとの夕食会に出席、翌朝帰途につかれた。まさに台風一過。そのあと話題も風と共に去りぬだった。どうやら「OBサミット」は、二年後の再出馬を狙うパストラーナ氏の勇

コロンビアを訪問した福田赳夫元総理を囲んで。

み足だったように私には思われたが、いまも続いているという。

輝いた大学院留学

息子は到着翌日、アベージョ博士の案内でハベリアナ大学に行き入学手続をすませると次の日の午後人文科学科長ベルナール博士と文学部長トロンコーソ博士に会いに行き、中南米文学を学びたいと話し、両博士より文化交流を望まれたという。自身も日本と中南米のかけ橋になれたらと決意したようだった。

そして翌日ルスメリー博士の講義を伊仏米コの学生ら五人と聴くがその日の日記に次のように書いている。「スペイン人の征服――テーマは中南米のアメリカニズムで、異文化の驚異、文化統一への道を日本なら一学期もかけるような内容を、すらり美女の彼女は一時間半でしゃべりまくる。指定書が多くて大変だ」と。

そして文学論の講義のときは、大学間交流留学生で来ているアメリカ娘やイタリア人学生、コロンビアの中年紳士ダニーロ・ゴメスと新入生二人とで講義を聞いたあと、ダニーロとお喋りをして「困ったことがあれば何でも云って」といわれ、以来二人は本当に親しくなった。ダニーロは交通事故で大腿を怪我しびっこを引いていたので、息子は彼のカバンをもって歩き、びっこの中年男を補助する東洋人の学生は校内ですっかり有名になったらしい。息子はびっこのドンキホーテと東洋のサンチョパンサと自称していたが。

着いて間もなくの頃、息子はサルサ・フェステバルを見る機会に恵まれた。サルサはキューバ音楽が主体になりニューヨークのプエルトリコ人が生んだ音楽で、悲惨な環境から生まれたのに、自分達のエネルギーをダンス音楽にしていた。キューバ好きの息子はサルサを好み、日本にいた時の彼の慰めとなっていた。

また講義を受ける度に指定書が示されるので、息子はボゴタの神保町と称する本屋街に行き、本を買って来ていた。そして本代が高いと嘆いていたが、本当は買う必要はなかったと死後知った。ハベリアナ大学図書館は膨大な図書を有する超優良図書館だったから、である。

八月中旬、息子はハイメという地方出身学生と親しくなった。ハイメはゴボタから七〇キロほどの農場で育ち、農場で働きながら八年かけて教育大学を卒業し、さらに働きながらハベリアナ大学院に学んでいた。彼は開口一番「君は魅力的な個性をもっている。人間味を感じるんだ」といい、二人はコーヒーを飲みながら、大学のそばの公園を歩きながら二時間以上語り合ったという。日本文学から映画のこと、カストロ論や息子自身の経歴などなど。

大学の人文科学部館の小講堂は毎週木曜日の午後に講演や発表などがあるが、八月十七日には上智大学のアンドラーデ教授の日本の生活に関する話があった。博士はハベリアナ大学出身の神父で、二〇年も日本にいて半年ぶりの里帰りだった。彼は話の中で「日本のサラリーマンは一生ほとんど休暇をとらず、日曜しか休まず働いている。彼らは大学で四年間の休暇を先取りしているから休まず働けるのだ」と云ったので、息子は大学生らの反応を気にしていた。そして週四冊の読書に努めていた息子は、心理学と文学の授業のとき、どこまで科学的客観性をもたせられるかという問題点につき、意見を発表して教師に賞讃されたと喜んでいた。

息子はダニーロ家に招かれて、ベネズエラ人中年夫妻や学生らと文学談議や人生論に花を咲かせたり、講義のあと教授と学生でコーヒーを飲みながらのお喋りなどを愉しんだ。校内で彼はダニーロのカバンを持って歩く東洋人として有名になってしまった。ドンキホーテとサンチョならぬ西方の賢人に従う東洋のドンキホーテと自称した。そして一〇月一三日付手紙を安岡治子さん（ロシア語専攻の院生時代の友人）に送った。

「コロンビアに来て三ヵ月しか経っていないのにもう一年もいる気がします。八月から十二月の今学期は『心理学と文学』のほか三コースをとっています。コロンビアの大学では半年でコースが終了するシステムになっていて、授業の最初でコースの内容と必読書リストとがついたプリントが配られ、それによって授業が進んでいくわけですが、必読書の量たるや！　中味の濃さたるや！　はじめの授業に出たときは呆然となってしまいました。

『文学と心理学』コースの第一回の論文提出があり、私は三島由紀夫の『金閣寺』を選んで論文にまとめました。先生からは、提起の問題点をうまく描いたと五点満点をもらいました。

ここの学生は社会人も多く、『文学と心理学』のコースは大多数が四〇代の社会人で修士や博士をめざし、夜六時から八時までの授業に出ています。大抵の人は四つか五つのコースをとっているのでいつ寝るのかと不思議です。

コロンビアの大学の厳しさは覚悟していたのですが、驚かされるのは知的レベルの高さ、好奇心の強さ、南米文学創作を模索するエネルギーの凄さで、これが全部裏返しになると、生存のための本能的な強さとなり、窃盗殺人暴力となって現れます。コロンビアは中道民主政治を伝統にしてきた国ですが、革命勢力は力を増しいつ革命が起ってもおかしくありません。頭でっかちで意気地のないノンポリ学生には驚きの連続です。」

一〇月一四日（金）には息子の二日遅れの誕生パーティで五人を招くが、出席はダニーロ夫妻とヒルダだけで、ハイメはボヤカに帰り、ヘルマンは親の出版の仕事の手伝いで来なかった。ダニーロは自著『貧困』を、ヒルダは万年筆のプレゼント。ヒルダは黒服を着た地味な女性だが鋭い質問をする。午前一時まで話しても話し足りない感じだった。
十一月十二日（土）にはダニーロ夫人プロデュースの全国のミス女王を決めるコンテストのカルタヘナからの実況放送日。コロンビアは美女の産地でコンテストの歴史も古く種類も多い。全国十七県選出の美女は大学出が多く、美と知を誇るコンテストは面白かった。

学期が終り近くになった十一月十七日には、息子には予想もしなかった教授批評会があった。午後の授業の後、トロンコーソ教授と二人の教授学生十数人が集り、学生は自分のコースの教授一人ひとりについて、教え方、教義内容、難易度、参考文献の質、対学生態度、試験方法を評価するのだ。それら学生の意見は本人に伝えられ、弁明を聞いて次年度の採否を決定という。

ついで学生自身の自己評価の発表、息子は自分の考えていることを話すと、普通は簡単なコメントをするのだが、マリーノは最高の誉め言葉「ブリリヤンテ！（輝いている）」。みなの視線が息子に集中し、彼は穴があったら入りたかったと述懐した。

その翌日は文学部のピクニックに参加、学生三〇名、教授六名とOBの別荘と思われる所に行った。親しい友はいなくても文学部の学生とお喋りをたのしみ、食後は死にかけた病人と神父と医師三人の即興劇の上演では病人役をやらされ、生と死

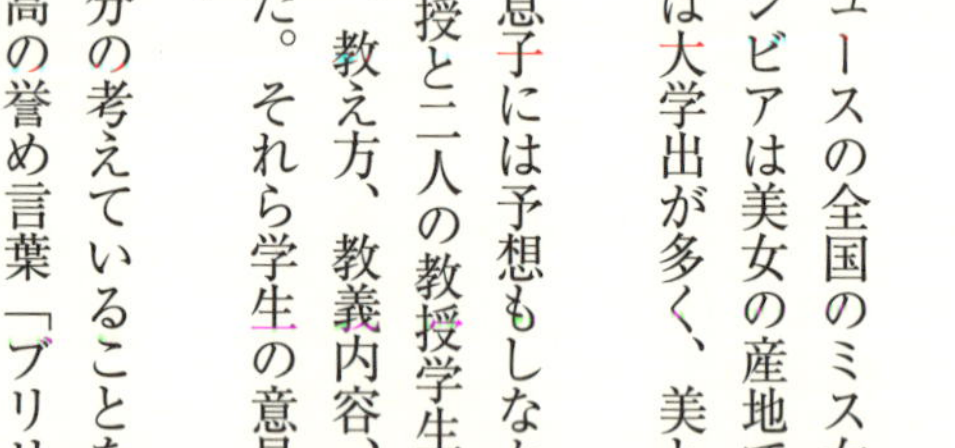

文雄の最後の旅となったグアタビタの遺跡で。

を考える言葉のやりとりで、死を宣言したら「ノー！　ノー！」の大合唱にあい、生を讃えてやっと幕を下したが、初めての経験に大汗をかいたようだ。

十一月二七日から十二月三日までは国立銀行主催のラテンアメリカ文化会議が開催され、息子はアルゼンチンの作家、エルネスト・サバトの講演を聞きに国立大学へ行ったり、各国の作家八人による自作の短編や詩の朗読会に出たりなど、連日聞き歩き、改めてスペイン語の美しさに感動したのだった。

十二月五日は息子が人文科学部の初対面の教師に面接、これは新学期進級許可の確認といったところ、一階の掲示板には学生の成績結果が貼り出してあった。受講講座の下に五点満点の評点があって、息子は五が二つとあと四・八と四・五。ダニーロは息子より少しよく、二人ともトップクラスだったと息子は大喜び。

クリスマスの夜はアベージョ博士の家へ。博士の家族四人と博士の弟夫婦と幼女二人に私達三人が、十二時にクリスマスを祝い合いプレゼントを交換、夕食に夫人手製のタマレスとチョコレートの特別料理に味づつみ、午前二時に長男の婚約者や友人五人が来てお喋りと庭に出て紙気球を上げる。小型の傘のような紙気球は暗い空へと黄色の幻影を漂わせる。遠く近く……。私達夫婦はそれをちらり見て帰宅したが、息子は博士の車で送られて午前四時帰る。

ヒラルドへ旅した文雄。

思いがけない客死

新しい年を迎え息子はクリスマスで親しくなったアベージョ夫人と兄弟と友人十人ほどでカリブ海に近いモンテリーアに飛び、博士の友人の大きな別荘で遊ぶ。毎日馬やロバに乗ったり、ドロ温泉で泥まみれになり海に跳び込む生活で、息子は朝寝坊昼ねばかりで〝ねむりや〟の異名をとってしまった。それなのに何故か疲れて予定より早く九日に一人帰ってしまった。そして二ヵ月後、プリントされた三枚の写真に心悩ましていた。映っていたのは、人影のない田舎町の街角と、ガランとした飛行場と、小石で囲まれた砂上の小さな十字架（多分子供達が動物を葬ったのだろう）。息子は日記にこう書いた。「これはぼくにとって示唆に富み神秘的だ。この写真はぼくという不吉な存在、つまり孤独、死、悪夢そしてエロチシズムを暴露している」。写真機の故障のせいだったのに、と私は故障に気づかなかったことを悔んだ。

それでも一月二五日、授業の初日は教授や学生達と新年と再会の挨拶をし、文学部のエクアドル国境近くの出身者が、休みには一緒に行こうと誘ってくれたと大喜びだった。

その後息子は熱中すると二晩徹夜したりして不規則な勉強をつづけた。そして二月十六日にはダニーロと本屋歩きとコーヒ店のお喋りをして、「ここは二四〇〇メートルの高地だから一時までに寝なければ体をこわしてしまう」と忠告されたという。彼は日記に、「ぼくは何にも邪魔されず時間を独占できる深更ほど快いものはない。徹夜でなければ夜ふかし朝寝坊。それに益々増えた煙草、不眠症。たしかにぼくは不健康な自殺行為をしている」――と書いた。

そして三月十六日には、「最近疲れがひどい。マリーノの『文学について』の期限付小論文をやっと今日持っていったが、ぼくは休息が必要だから来週の授業のとき話そう。夜ハイメとヘルマンから電話。ぼくが三つのコースを欠席したので心配して訊ねてきたのだ。おふくろにはクララから散歩の誘いの電話があったという」と書いた。

十七日の夜、息子と私が語り合ったとき、彼はこの頃疲れがひどいからしばし休もうと思うと告げた。私も人生は長いんだからゆっくり休めばいいと云うと、「ぼくはもう五〇年も生きた気がしてならないんだ」というので、方々ひっぱり廻して苦労をかけたからと慰めると、「とんでもない、とても楽しかったよ」と、スペインで迎えた五歳の誕生日とエクアドルやキューバの思い出を語り、「コロンビアに来て本当によかった」と云い、間をおいて「ありがとう」とつぶやいたのだ。彼の二七年の人生を支えてくれた人々に感謝を捧げるように。

死の前日の二〇日火曜の午後、息子はどしゃぶりの雨の中をトロンコーソの授業に出かけ、一緒だったダニーロに顔色が悪いと心配されたというが、それは次の日哀しい現実となった。朝食も摂らずに頭痛で寝込んだ息子をメイドに頼み、米国人宅の昼食会に出たりして夕刻帰ると、息子は眠っており、あわてて呼んだ医師の着く前に呼吸を止めてしまったのだ。昼、メードは安らかに眠っていると電話口で答えたのに。アネウリズマ・セレブラールという病名を心の中で繰り返しながら、私と夫は思考も感情も失い呆然と夜を明かしたのだった。三月二一日、春の彼岸の日。

息子はコロンビアに生きている

翌日息子の棺はサロンにおかれ、三三もの花輪に飾られた。午後には思いがけない人々の弔問が相つぎコロンビア人の情の深さに感激した。そして夜八時からの通夜には三〇人もの学生達が来て、十二時までの無言時を息子と過してくれた。彼らは棺の前に座り、心を息子に凝集させ祈ってくれたのだ。静寂のなかアベージョ博士がトロンコーソ博士に渡された息子の論文を廻し読みする音のみがかすかに……。

夫と私は息子が大学で学友達や教授の方々にどんなに愛されていたか、そして息子自身もその方々のお蔭で最高の輝きを放ったかを覚った。それは八ヵ月の短かさだったが、幸せな晩年を過せたことは私達の何よりの慰めになり、感謝の思いでい

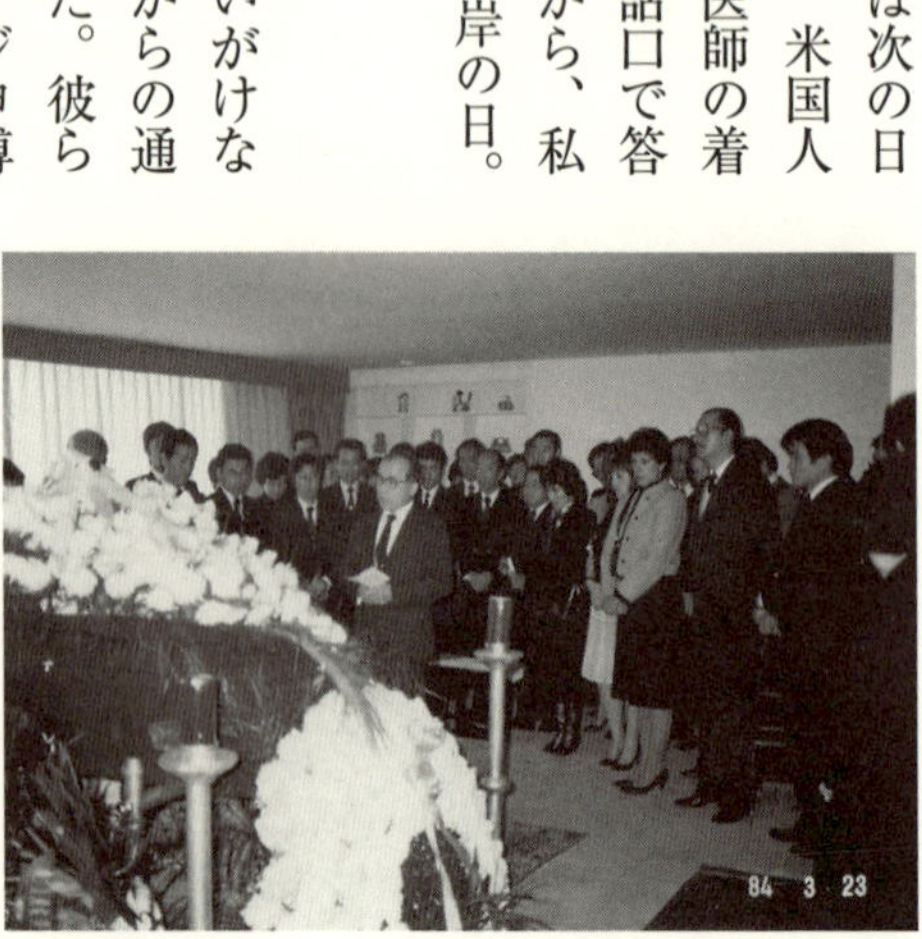

文雄の葬儀には大勢の方が参列してくださった。

っぱいになった。

二三日の葬儀は日本人会の方が手持ちの線香を提供して下さり、銀の菓子鉢に土を入れて線香立てにした俄か作りの仏式だったが、百人近い方が参列して下さった。そして葬列を連ねて中央墓地に行き、五年間の仮埋葬を行った。その後仏式の慣例に従い初七日、ふた七日、三七忌、三五忌を行ったが、夫は仕事で墓参りは出来ず、夜の集りだけに参加した。私も三五忌あとは日本企業のホテルの晩餐会に出て失神し、帰宅後吐血してストレスによる胃潰瘍と診断された。

その三日後の四月二七日、ハベリアナ近くの由緒あるホテル・テケンダマで感謝の追悼会を開催した。大学からの五人の教授と学友二五人を含むコロンビア人六〇名、企業駐在員はじめ在留邦人六〇名が集って下さった。

アベージョ博士の司会で夫の挨拶ののち、トロンコーソ博士が息子の最後の論文『文学について』を激賞されゆっくり朗読した。それから出席できなかった学長の手紙を紹介した。フミオの滞在は短かかったけれど、彼の優れた人間性と学問に対する真摯さを知るには十分であったといって……。

それから親友のダニーロは「彼の存在によって私達は日本文化を身近にすることができた」といい、フミオがかけ橋となって両国は一つになったと末尾に日本語を入れて語った。そのあとマルタ・エステファンは息子の死によせた自作の詩を朗読

84年、文雄の誕生日に墓参してくれたダニーロとエルダ。

した。最終章の感動を人々の心に残して――彼の世界は遠くに去ったが、思い出は心の中に生きつづけている、と。

この頃私達は日本の友人達からの心のこもった手紙に支えられていた。とりわけ隅谷氏の贈ってくれたメナンドロスの句――神々が愛している者は若くして死ぬ――と、加島君からの伝道者の書――神のなさることは時にかなって美しい――は、私達に息子の旅立ちを幸せに思わせてくれた。

そして私達はこの優れた大学への尊敬と、息子を最大に輝かせてくれた感謝を形で表そうと、トロンコーソ博士を訪ね六万ドルの小切手を贈った。数日後オーヨ学長とトロンコーソ博士が私宅に多額の寄附をとお礼に来られた。当時の六万ドルは一ドル二二〇円なので千五百万円弱、コロンビアの利率は十％以上で生活物価指数が日本の八分の一程度だったから思わぬ多額になったのだった。

その二ヵ月後の九月末私達はブラジルのベレンに総領事として転勤することになった。すると竹内夫人は私宅に来られ、「私が五年間お墓をお守りします」と言って下さった。私達が毎月恒例とした墓参りに行くと、墓地の屋根から後方の山に大きな虹がかかっていた。

大学内に設けられた「フミオ・サロン」。左がトロンコーソ博士、右が学長

第13章　ブラジル・ベレン総領事の一年と十日　1984.5〜85.10

アマゾン河口の熱帯の都にて

ブラジル国ベレン市はアマゾン河口の大西洋岸の赤道直下にある。私達は九月二九日夜九時半ボゴタを立ち、サンパウロ行のバリーグ航空で夜中一時半マナウスに着いた。そこで乗換のため一泊し、翌日は総領事の案内でゴム景気時代建設された壮麗なオペラハウスや、ネグロ川とアマゾン河が合流して二色の川となる景観を眺め、日本企業二二社が進出している新しい工業団地を訪れた。マナオスはこの工業振興とフリーゾーンで経済力をつけ、ベレン市をしのぐ重要都市になっていた。

そこから二時間の国内便の旅でベレンに着くと、道路の水たまりで裸の子らが水あそびしていた。そして一面街路樹のマンゴの大木の濃い緑が目にしみ、熱気が体をつつんだ。

この東北ブラジルのパラ州の州都ベレン市は、古い城塞跡や博物館などと新しい高層マンションが林立する人口百万の都市で、町のあちこちには五十種のメニューのあるアイスクリーム店が、カフェテリアに代る人々の憩いの場所になっていた。

アマゾン河口に位置するベレン市。

日本総領事公邸は住宅街にある平屋で、マンションに囲まれて風通しが悪く暑かった。小さな庭とプールがあったが、裏手の寝室は日中イヤコンと扇風機をつけ放ししても室温三〇度、寝室からサロンへの廊下はエアコンが古いので〝高熱隧道〟と名付けた熱さだった。だから私達が真先に覚えたポルトガル語は「ムイト・ケンチネ」（とても熱い、ネは日本語と同じ用法）で、私は毎日夫の運転手や警備官に連発するようになった。

ところでブラジルには一一〇万人の日本人移住者がいる国で、サンパウロ、リオデジャネイロ、ポルトアレグレ、レシフェ、クリチバ、マナオス、ベレンに総領事館がおかれているが、ベレン地方はサンパウロについで移住者数が多かった。従って成功者も多く、街中には日本人会館と日本病院（入院可）があり、日本人のデパートや小売店が軒を並べ、美容院や料理店などもあって日本語で暮すことができた。それに毎日食料品や加工食品等がサンパウロから長距離トラックで送られてきていた。サンパウロまでは二四〇〇キロもあるが、三五時間以内に着けば褒賞金が出るとの由で、寝ずに走り切ってしまうのだ。時にはベレン到着直前に気が緩んで事故を起すこともあるという。こんな涙ぐましい蔭の力で、私達は新鮮な魚野菜を堪能した。果物はベレン特産の美味なマンゴーがあり毎日たのしんだ。

公邸の現地職員は三〇代のコック兼執事と二人の女中と中年の庭師で、コックは

人口百万人ノベレン市街。マンゴーの街路樹で緑が豊かだ。

父が日本人学校の職員で少年の頃移住したというが、和食洋食いずれも巧みで暇があればポルトガル語の新聞を読んでいた。運転手は明るい人柄で日本語を話さないのに、〝総領事〟だけは覚えていて、夫に話かけて驚かした。

総領事館事務室の方には東京から来た二人の領事と、男性二名と女性三名の現地職員がいた。仕事は午後一時までで、午後には時々プールに入ったが、泳ぎ下手なのと前のマンションの住民の注目を浴びるので、お風呂代りにしただけだった。

このような新任地で私達は最初の三週間を公邸の改装に努めた。前任者が総務省の出向者で少数の邦人を集めてのカラオケばかりで、宴会をしなかったからだった。公式宴会ができるよう食堂の照明をシャンデリアにしたり、食堂につづく荒れた中庭を日本式庭園にした。またプールサイドのコンクリートにタイルを貼って前庭を美化し、日本人学校の夏の水泳に提供するようにした。そして夫婦でポルトガル語を日本人大学生から学んだので、夫は十月二十六日の知事訪問の折不自由なくポ語を話し、四〇歳の若い知事と意気投合してしまった。私はポルトニョール（ポ西語=ポルトガル語とスペイン語が混った言葉）で通してしまったが。

十一月九日私達は知事や市長、海軍司令官、領事国や日本人会代表らの夫妻約一五〇人を公邸に招いて着任パーティを催し本格的活動を開始した。

十一月十六日にはリオデジャネイロ市のポリオワクチン研究所の本間医師と、日

総領事公邸玄関にて。コック男性と家事使用人と共に。

本から来た医師三人、ブラジル人医師二人、それにコーディネーターの女性を招いての夕食会、ブラジル人は本式な日本食は初めてなので大喜び。

十一月二九日には大学々長ら大学関係と博物館々長ら十二名を招いての夕食会。急きょ学長選挙で学長が欠席となり、急ぎ館員を加えて、不吉な数の十三名にならないようにした。

十二月二日東京の移住事業団の方三名と、駐ベレン事業団の方との夕食会。

十二月十二日、ベレンとトメアス移住地の婦人会の六〇名を招いての夕食会。そのあと短編映画の上映。食堂は窮屈に感じたが、黒塗りお膳の日本食には感激された。

十二月十四日南米銀行関係の日系二世ら五人の招宴。日本語は話せるが会話はポ語。八五年一月には通産省員二人とアルブラス工場（三井アルミ）の坂西社長と現地役員、日本企業の製材工場長ら八名と招宴を催した。

わが家の公邸では、このような招いたり招かれたりする行事のほかに、わが家の土、日には碁とブリッジで数人の人々が集まってきていた。碁は年輩の移住者と日本企業の駐在員ら、ブリッジは駐在者やその夫人達と、時には夜を徹して遊ぶこともあった。こうして私達は沢山の人々と親しくなった。

総領事執務室にて。

休暇帰国の四五日間

私達は「不健康地指定」のコロンビア在勤が二年を越えたので、二ヵ月の休暇帰国が許可され、二月五日カーニバルが始まったベレンを出立した。二月は雨期で暑さと湿気もひどくなるし、すでに腰と膝を痛め移住者の針治療を受けていた私には有難かった。もう一年以上も住んだような思いがしていた。

帰国した私達は三月十一日までの予定で、定宿となったホテル・ニューオータニに泊り、まずホテルにほど近い赤坂の道教寺に行った。この寺には伊藤家の古い墓があり、住職の母堂は伊藤の祖父が庭で剣をふるうのをよくみたと語ってくれたりしたので、私達は何度か訪れた寺だった。息子のため読経をお願いしたら、『光照院釋文聖』の法名を下さったが、法名は息子が別世界に逝ったことを実感させかえって悲しかった。その午後は大学院時代の友人、ポ語の林田氏、露語の安岡、山本、谷垣氏らが集ってお話会を開いてくれたので、息子が皆に愛されていたと慰められた。

さらに林田氏の紹介で、息子の遺した本を神奈川大学図書館に寄附することができた。本は言語学関係の原書や日本語本二百冊足らずだったが、同大学の石井教授が外務省倉庫までとりに来て下り、後に立派な目録を作って息子の名を付けた棚に飾って下さった。〈次の年には、コロンビアの〈フミオ財団〉に日本画全集十巻を、教授らの出張の折に寄贈して下さった〉

私達は私達の兄弟姉妹や姪夫婦らや、メキシコ時代からの友人福沢画伯、エクアドル以来親交のある漫画家根本進氏、女子大同級生福長氏等を招いてお喋りを愉んだ。そしてメキシコで知り合った熱海在住の田岡典夫氏宅を訪ねた。田岡氏は前年に他界されていた。

また都内では、知人の招待で有名な料亭福田屋と、下町八丁堀の古い料亭で深川鼓や年老いた幇間の芸をみせて貰い、古い日本文化も味うことができた。そして林田氏がブラジル青年を連れて来たり、コロンビアの星野氏の甥と結婚した奥山氏が来訪される等、珍客もあって、休暇は忙しく愉しかった。

帰途十一日に着いたボゴタでは、テケツンダマ・ホテルで三日休養のあと沢山の知人に会い、二〇日の昼はハベリアナ学長主催の昼食会に招かれた。そしてその夜は日本大使館九館の文化ホールで、学長はじめ七〇人ほどの方々と息子の〝没後一年の集い〟を催した。

こうして命日の二一日は中央墓地の息子の墓参りを済ませ、夜九時半の便でベレンに向かったのだった。

移住地訪問、交際

最初の年の八四年は日本からの移住地訪問の人々の来訪も度々だった。福島県青年の翼一行十名。群馬県庁職員と県民八名。秋田県知事一行六名。北海道知事一行六名。私達は日本から来た方々とその県出身の移住者を一緒に招き夕食を共にしたので、日頃離れ住む移住者達は県と国が自分達を守ってくれていると感じたらしく、本当に嬉しそうだった。

私達も移住者たちからの招待を受け移住地に出かけるようになって移住者と親しんだ。十一月二日は〝死者の日〟でベレン郊外の戦没者慰霊碑の前での慰霊祭。大きな広場の中央に立つ立派な碑の前で僧が読経をあげ、そのあと四五〇人の出席者が焼香をして一時間で終了。帰途今朝急逝した山本日会長邸へ立寄って夫人を弔問。山本会長は昨日はわが家に来て碁を打っていたので、余計そのショックぶりが痛々しく慰めの言葉も出なかった。夜八時から市の体育館で盆踊り大会。地元テレビと日本テレビが取材に来ていた。前半は大勢が輪になって踊り、後半は青少年チーム二つと成人チーム三つが優勝を競って踊ったが、青少年はコッケーロ、成人はベレンチームが優勝した。

十一月四日、ベレン市から三〇キロのサンタイサベル地区の運動会。この地区には一五〇〇人位の日系人がいるとのことで、五百人余が集っていた。会場の日伯文化協会のグランドは砂地の草原で広いので、進行は遅れがち。昼、婦人会お手製のお弁当を食べながらお喋りしたが、人々はゆったり暮しているようで気持よい。た

サンタクララ村での運動会に出席。

だブラジルらしく物騒で、私達も、最近強盗に殺されたという老人の墓参りをして帰った。それでもその近くのレストランの主人は、悠然と私達を歓迎してくれた。

十二月二日ベレンから車で一時間のカスタニヤール地区の運動会へ。市のはずれの運動場は郡長が土地を提供してくれた由で、広く立派だが砂地なので埃っぽい。だが郡長夫妻らブラジル人も参加し、日伯両国人いり混っての愉しみをみるのは嬉しかった。

十二月十日私達は同船会三十周年記念の集りにレストラン都に招待された。昭和二九年アメリカ丸で移住した人々が集っている会で、移住三十年になるのを祝っての会だった。夫も移住監督で来ているし、私も移住船を見送った経験があるので、同船会の一員になった思いで三時間もお喋りのおつきあいした。同船の五六世帯は一ヵ月余の不安の船旅で心を結び親戚のような関係になったという。あちこちから集った人の中には三〇年ぶりという人もいて話は尽きなかった。

十二月十五日、コッケイロ日語校の学芸会で九時に学校へ。ベレンから車で三〇分のコッケイロ町はずれの広い芝生の庭のある学校は天理教のものでそばに天理教拝殿が併設されていた。詳しくは知らないが、そこを主宰する夫妻が日本語を教え息子がブラスバンドを創ったりしたことから、日語校として有名になりベレンからも多数が通い生徒数は小学生から中学生まで五〇名位。

だが学芸会の質が高く、母親達が学校に寄せる信頼ぶりも気持よかった。その日以来私達はここの人々と親しくなり、私は校歌の作詞を依頼された。校歌は日本人学校（俗称商社学校）より良いと喜ばれ、日本帰国の折に作曲家に依頼して曲をつけたのだった。（私は八九年帰国後、そのテープを日本語弁論大会のテープと共に頂戴した。）

ところで八五年夏は各移住地の夏休みに出席したりしたが、八月二五日に訊ねたトメアス移住地ほど心に残った所はない。そこは日本の移住史上特筆すべき〝アマゾン開拓〟の苦闘と栄光の歴史をもっていたのだ。

二十世紀初頭のアマゾン流域は、ドイツ人が入植に失敗した魔境と呼ばれた広大な未開地だった。一九二五年パラ州ベレン市知事ベンデスは、サンパウロ州の日本移民の実績を高く評価し、日本政府に移民の導入を要請、政府は移住に情熱をもつ鐘紡社長武藤山治に委託、翌年福原八郎団長の調査団がアカラ川流域地方を適地と決定、ベンテス知事はアカラとモンテアレグレの百万ヘクタールの土地を無償譲渡したのだった。

昭和二八年八月、南米拓殖会社々長福原八郎が資金と移住者二百名と共に入植し、毎年百名ずつの移住が行われた。移住地は開墾しカカオや米など数種を栽培したがいずれも成果を得られず、脱耕者が続出した。さらに入植五年後にはマラリアが多発し、その治療薬による黒水病が誘発されて死者も出るなど惨状を呈した。そこへ三三年臼井牧之助（東大農卒、女優小山明子父）が第十三回入植者百名と渡航、寄港地シンガポールで胡椒の苗二〇本を持参した。しかし三五年、福原八郎は六年余の苦闘に精根を使い果し、資産一万円を慰謝として移住地に残し帰国したが翌年死去した。そのためアカラ入植は三七年打ち切りとなった。入植者二一〇〇名の七七％一六二一が脱耕や死去で失い、約五百名を残す惨状だった。

その間もう一つのモンテアアレグレ移住地には、武藤と親友の父の奨めで平賀錬吉（関西財界の巨頭の九男、東大農科卒）が三一年新婚の妻と入植し、牧場経営で一応の成功を収めていた。しかしアカラ移住地に心を痛め、三九年三七の時農業指導者としてアカラに移った。そして臼井が持ってきた胡椒の苗を栽培し成功へと導いた。平賀夫人はその間婦人や子供達に日語ポ語を教え、生花や手芸や料理や育児指導も行ってアカラの天女と慕われた。そして第二次大戦後は繁栄時代を迎えトメアスの一部となって、農協の大きな建物や立派な個人の家が建てられた。

さてトメアス行きの朝は七時半家を出て、アマゾン支流の渡し場まで走行九〇分。平型の大きな渡し船は十六メートルの大型トラック五台と乗用車六台を乗せ二〇分で向う岸へ。それから砂埃の道を百キロでとばして十一時半トメアスの押切日会々長の家へ到着。昼食のあと三時半まで昼寝。広い移住地を車で見て廻り平賀氏の家へ行く。移住地の父と敬愛された平賀氏は主家を養子夫婦に譲り、二間だけの小屋のような質素な家に住んでいた。寝たきりで挨拶は手を合わせ、老教授のような風格。夫は氏と話し私は婦人と福沢一郎画伯など共通の話題も出て、尽きない。婦人は銀髪のおかっぱ頭で、日焼けした顔は老いても大家の令嬢の面影を残して美しかった。

夕方からは農協会館の送別会に出席する。一五〇人も集っていたが婦人会の婦人達や日語校の生徒とは、わが家にお招きして旧知なので会は心温る思い、別れには〝蛍の光〟の唄の中一人一人と握手。翌朝三三年持ってきた胡椒の古木をみせてもらって思いを新たにしたのだった。

珍客と催事に追われて

八五年三月二二日、私達は雨でうす汚れたベレンに戻った。二月から四月までは雨期で、時折激しいスコールがあり水たまりのできた道路で子供が水遊びをしていた。

帰ってから夫は休む間もなく、三好徹氏らと日会員の四〇名の宴会や、商工会議所例会、軍司令官交替式に出席するなど努めていたが、四月十二日にはサンパウロに来た丹下セツ子一行十一名とベレン側関係者五〇名を公邸に招待した。丹下セツ子劇団は翌日パス劇場でチャリティ公演したが、彼女の活躍ぶりは見事だった。丹下セツ子は毎年浅草に帰り芸を磨くという彼女だが、劇団を維持するのは大変らしかった。

四月二一日十時半のテレビニュースはタシクレード大統領の十時二三分の死を伝え、夫と碁を打っていた長老茂古沼氏と義弟を驚かした。国民服喪は八日間で翌日は休日となった。ブラジリアの日本大使から二九日の天皇誕生日祝賀会の中止の知らせが届いた。

四月二六日には夫の妹、岡本夫婦が十日間のブラジル観光に来たので、二九日に館員と現地職員二〇名と内輪の祝賀夕食会を開く。その後は二人の案内で私も種々ブラジル発見をした。ベレン市内の美事な森林公園やサンパウロからの観光団と一緒のアマゾン川の船遊び、日伯合弁企業のアルブラス工場見学、胡椒成功者の胡椒園見学など。

船遊びでは最初私が歩道から船付場への急な階段を手すりを助けに下りると、サンパウロの観光団の十人余が、よかったねというように拍手したのだ。そして島観光に行かず船に残った私に手を振ったり、帰って島事情を話してくれた。またアルブラスは坂西社長夫人の案内でアマゾン川を五〇分（普通は二時間）上った所で、工場と社宅でブラジル人の町を作っていて世界一をめざすその広大さ、おおらかさに驚かされた。さらにカスタニャール町の岡島胡椒園ではベルギーに輸出していることや世界の相場の上下に苦労する話から世界的つながりを感じた。

さて、服喪が明けた五日、夫は商工会議所の人々とミナスジェライス鉄鉱山の見学に出かけ帰ると、思いもしなかった〈伯爵高麗〉の慰霊祭に招かれた。ブラジルで有名なコンデコマ（本名前田光世）は明治三七年米国へ柔道家として派遣されたが、金がなくなると西欧を興行試合して廻った。小柄の身で大男を背負い投げする様をみたスペインのアルフォンソ十三世が「前田の実力は伯爵の位に価する」と言った言葉が日韓併合と結びつき、コンデコマと呼ばれるようになった。彼は大正五年イギリス女性と結婚してブラジルに渡り、ベレンに定住してベレン大学や警察等に柔道を教えたが、昭和十六年他界した。それ以来ベレン柔道連盟は彼への感謝と徳を讃えて四〇年も慰霊祭を行ってきたのだ。ブラジル人の恩義に感激！

六月の乾期になると連日三〇度の暑さだが、日系社会ではミス・コンテストやベースボール大会などが開かれ、夫は総裁としてひっぱり出された。球投げの下手な夫は試球式で苦労していた。また州知事の案内で隣接のピアウイ州とマラニヨン州をヘリコプターで視察、広い緑野とアマゾンの蛇行の流れに感激したという。

七月八日コロンビアのカリ移住者の成功者田中氏の家族四人がブラジル農業を学ぶために来て公邸で遅くまでお喋り。トメヤス移住地訪問もする予定とのこと。

七月十日にはコロンビアから竹内博士夫妻が、アマゾンを船で下って来られた。何かの研究目的ですぐアマゾン河口のマラジョウ島に出かけ一週間ほど帰るとベレン市内観光、飛行機で帰国。

カラジャス鉱山見学。

夫妻が留守の間の十七日、日本からの相撲指導使節団四人をベレンの相撲関係者三〇人と招待。使節団の一人二〇歳の久島青年は横綱を期待されていたが、「自分は先生になるのが夢です」と小声で言って、体重一八〇キロの身体を縮める大人しさ。日系人は、小錦をやっつけろと励ましていた。彼らは翌日、相撲が盛んで土俵もあるカスタニヤール移住地で指導するなど、ブラジル全土四か所を訪れるとのことだった。

二三日にはトメアス移住地の小学生の修学旅行の小学生五二名に正式な夕食を提供し、あと日本の短編映画をみせた。そして翌日トメアスとベレンの日会婦人十六名と会席料理と茶会を愉しんだ。茶会は私が日本人大工に作って貰った立礼用の机で、アルミ工場の坂西夫人と合板会社の多田社長夫人に、立礼のお茶を立ててもらい、一同を喜ばせた。

二九日には県人会二五周年記念を祝うため来伯した秋田県知事一行の招宴。

八月六日渡辺、柿沢代議一行が来伯、栃木県出身移住者六名と進出企業の三八名を招待しての夕食会。ミッチーこと渡辺代議士は自己紹介のあと三〇分の演説。ユーモアがあり話上手の人なので、食事中も話で盛り上り皆大喜びだった。

帰国命令を受けて

夫は三ヵ月前にボリビア大使に転進の内示を受けていたが、八月一日帰国命令を

コロンビアのカリの日本人会会長・田中夫妻が、ブラジル農業を現状視察のために、ベレンを訪ねてきた。

受けた。

この頃私は日系社会とブラジル社会が文化や福祉の面で全く交流していないことに気づき、婦人達の交流をしたいと考えた。その最初が八月九日の知事夫人、市長夫人と、コロンビア、アルゼンチン、ボリビア、ベネズエラ、メキシコ各名誉領事婦人、それに山田越知ら婦人会役員を招いてのお茶会だった。坂西、多田夫人のお手前の茶は途中停電があったものの大好評で、飾りの折り紙はみんな大事そうに持ち帰ってしまった。

その後私は婦人会に日本文化紹介チャリティショウの開催を提案。それは婦人会臨時総会で賛成され、知事夫人の都合で開催日は九月十七日に決定された。ショウの出し物は生花、出席者招待のお茶の手前、婦人部のコーラス、子供と大人の日本舞踊、着物ショウと定まり、振袖はサンパウロ新聞社より貸りることになった。会場は具志婦人（デパート社長夫人）が日頃は日会婦人会と疎遠なのに熱心に交渉してくれてヨットクラブと決定した。そして練習や打合せと準備が行われた。

ショウまでの間八月十三日夫はアラバマ州に公式訪問、十七日には夫婦でサンタイサベルの夏祭りに出かけた。

八月二三日コロンビアから親しい森母娘が来た。ブラジルの自然をみるのが目的だが、翌日日本人学校の白山先生の案内で蝶とりに出かける。蝶の出る場所で長々と待ち二羽の蝶をとって大満足。美しい蝶は日本へ輸出とか。

八月二六日夜八時より第五回民謡文化使節団一行一九名と各県代表の日伯役員四〇名を招き宴会。翌日夜七時より日伯講堂での民謡のチャリティショウ。津軽三味線はじめ迫力ある演奏で興味深く、予定より一時間遅れ十一時閉会。

九月二日私は市長夫人の誘いでコミニュティの学校見学。裏町の水の出る地方なので、床上建築の板造り、飲み水等は運ぶという貧しさで心が痛んだ。そのあと農事試験場で苗木育成の畑をみたが、暑さと疲れで疲労困憊。

九月一三日、知事や陸海空司令官夫妻を招いての領事国のレストランでの夕食会。当番のメキシコ名誉領事の力で四、五〇人も集る盛会ぶり。

九月十七日、日本婦人会主催の日本文化祭。十一時ヨットクラブ会場の入口を手製のパンフラワーや葦や皮のパッチワーク、人参などで飾り、二時から入場四時開演したが知事市長司令官夫人らも出席して、約八百人が入場。お茶には知事らも客になってもらう。キモノショウは大人と子供の浴衣から結婚衣裳まで約二〇人が出前の着物でモデルをつとめたが、アメリカ領事夫人クリスチーナも加わり大人気だった。一日曇りで西日のさし込みもなく、六時半何事もなく終了。

九月十九日夜九時より知事と農務長官両夫妻具志夫妻（デパート所有の成功者）と日本総領事館顧問弁護士の小山夫妻等と夕食会で十二時半までお喋り。小山氏は十七歳で移住し大学を出て弁護士になった五〇代はじめの方で、弁護士の実力には定評があった。話はポ語ばかりだったが、和やかで皆満足げだった。

九月二〇日帰朝命令が届く。六月にボリビアへ大使として移る内示を受けていたが、現実となると四〇日以内に立たねばならず急にあわただしさを感じた。

九月二九日の日曜は朝九時から援護協会主催の敬老会。日語校の子供達も加わり二百人ほどが、たどたどしい日語の劇や踊り、午後は老人だけの歌や踊りで三時までつき合ったが、暑くてめまいがしそうだった。

九月三〇日ベレン到着丸一年。午後日本人学校で婦人達に〈ポルトガル文化とスペイン文化の比較文化論〉を話すが、終って自己嫌悪。十月二日午後一時より婦人会の私の送別会。役員達は二派に分かれ苦労したが、六〇人も出席のうえ山田会長が涙の挨拶をする感激のひととき。私も人々がいとおしく別れがつらい。

十月三日夫婦で知事公邸に行き離任の挨拶。私は夫人とチャリティショウの寄付先を相談。

十月四日午後八時より公邸で公式なお別れパーティ。知事、副知事、海軍長官夫妻ら六〇名ほど。リベラールとプロビンシアの二社も来て、パーティは十一時半まで盛り上がる。外の雨を私達への涙雨と名残りを惜しんでくれた。

十月六日日曜日、午前中夫は碁仲間の送別会。昼から私も加わりレストラン博多で囲碁クラブ送別会。夜は日伯講堂で日会と援護協会共催の送別会。一二〇人も集り賑々しいが、星日本人学校長指揮の〝蛍の光〟で送り出された。

八日と九日は私の最後の仕事で、八日には婦人会の依頼のコーラス指揮指導者派遣で州立音楽院に行きサラ先生の快諾を得た。院長先生は日本より管弦楽指導者の派遣を依頼された。州知事も州立オーケストラが悲願とのこと（帰国後、国際文化交流基金を訪ね要請したが、明快な返事は得られなかった）。

九日は九時半知事公邸に行き夫人の案内で癩病院二階ホールでの座談会に参加、州議員で作家の人の演説のあと、夫人が患者ら五〇人と一人ひとり訴えを聞くのだが、細かいことまで心配してやるのに感心してしまった。

この公用以前の九月下旬から十日は、小山氏宅、具志氏宅、越知氏宅などでも送別会が催され、連日の宴を楽しく過すことができた。

そして十日には三時より婦人会五〇名を公邸に招きお別れの茶会。チャリティショウのビデオをみて皆で大喜び。夜は八時より館内のお別れ会。館員と現地職員の惜別の情溢れる会になった。十二時散会。たった一年のベレンだったが、誰もが二年も三年も共に過したような気がするという。私達は友情は年月の長短ではないことを教えられた――。

十月十一日金曜日午後二時空港に行き、六、七〇人もの見送りを受け、小雨の中三時離陸。リオデジャネイロに出て一路東京へ向かった。

第14章　大使赴任前の東京の四八日間　1985.10.12 ~ 11.30

慌しい日々

十月十一日午後三時ベレンに別れを告げた私達は、リオデジャネイロからロスアンゼルスを経由、一二日午後一時半成田に到着、半年前一時帰朝の折泊ったニューオータニに入った。このホテルは各種レストランや商店のほか郵便局や診療所やミニスーパー等があって、赴任前の長期滞在の私達には最適な環境だった。それに滝のある日本庭園は接客用にも、私達の慰安にもなった。

夫は一四日から外務省に出かけたが、二二日にはボリビア大使の辞令が出て新聞にも掲載された。しかし公式行事が未定なので、十一月五日までは私の目の手術や夫のドック入りなど健康対策につとめた。その後後輩の高野氏の頼まれ仲人を皮切りに送別会や宴会がつづいた。私は外務省関係者や夫の東外大や海成高校の送別会に出席したが、夫はそのほかＪＩＣＡや企業などの仕事関係、趣味の囲碁関係と連日連夜出かけていた。私は今までしてきたように新任地に必要な私用公用の買物に忙殺された。

さらに今回は皇室関係の公式行事があり、思いがけず印象深い体験をさせて頂いた。最初は二四日の認証式。夫が出席し、特命全権大使任命状と相手国元首に提出する信認状が授与された。信任状は〝この者は常識があり、人格高潔であるからご信任に応え得る人物である〟旨の国際慣例による日仏語の文書だが、これを提出してから正式大使と認められることになっている。

ところで認証官は大臣、人事院総裁、高裁長官、大使等だが、大使だけは認証式ののち妻を同伴して天皇に拝謁し、お言葉を頂くのが慣例になっていた。私達は十一月二二日十時皇居で昭和天皇に拝謁した。天皇は宮内庁の係官の紹介で御前に進み出た私達にこう仰せられた。

「お役目ご苦労に思います。十分体に気をつけて、任国の人々や任国にいる外交官と親しく交るよう希望します。」

私達は、夫のいう神さびた天皇が、体に気をつけて……とやさしいお言葉を賜ったのに感動した。夫は思わず目を上げたという。

その三日後、私達は駐ホンジュラス色摩大使夫妻と一緒に東宮御所応接間で皇太子殿下（現天皇）御夫妻と三〇分ほどお話させて頂いた。それまで私達は五年毎のペルーご訪問記念お茶会に招かれ二度ほどお目にかかっていたが、今回も御通訳だった夫に「ペルーでは大変お世話になりました」とお礼をおっしゃられ恐縮してしまった。そして七七年のペルーの思い出話になると、妃殿下は「もう時効でしょうからあなた方にお話しします」と仰せられて、日秘会館の歓迎会の折に移民婦人から花束を受けとった直後、失神して倒れたのは、花束の匂いを嗅いだから、と内輪話をなさり、こうつけ加えられたのだ。「せっかく花束を贈って下さった方々にご迷惑がかかるといけないと思い、いままで私の胸に秘めておいたのですけれど」。この妃殿下を隣席の皇太子がやさしく抱きとめられ、その写真が〝うるわしき夫婦愛〟のタイトルで新聞紙面を飾り、ペルー人に日本への親愛の情を深める結果をもたらしたので、夫はその旨ちょっと申し上げたりした。そのほか両陛下は私達の任地のことまで調べられていて話は尽きず、私達は両陛下の思いやりに感激した。

さらにその午後、赴任の記帳のため各宮家をお訪ねしたが、東宮御所同様どこも私達と変らない質素なご様子に驚き、考えさせられた。

もう一つ公人として自覚させられたのが私の名刺だった。「ボリビア駐在特命全権大使伊藤武好妻」とだけの名刺で、外務次官らの家に挨拶の代りにおいてくるものだった。当時の政務次官戸叶代議士が、名のない名刺はおかしいと騒いだらしい。だが私は国際的慣例に基づいて公人として認められたことが嬉しかった。

それから私にとって大事な調理人を、外務省に登録されていたコック組合の世話で決めた。三八歳の独身者で洋食店で働いていて、日本食専門でないのが欠点だったが好人物と思われ同行してもらうことになった。

第15章　ボリビアでの三年一ヵ月　1985.12～89.1

世界一高いアンデス山中の都で

十二月一日夕方成田発のペルーまでの日航機は、同日夜十一時リマに到着した。翌日は二〇年前皇太子夫妻のリマ御案内を機に、親交を続けていた坪山夫人と三人の息子の歓待を受け、日系社会の発展ぶりを実感した。

三日午後四時リマから一時間の航行でボリビアの事実上の首都ラパス市のアルト空港に着くが、四千メートルの高地なので空港ロビーまで歩くのはまるで雲の上を行く心地だった。そして貴賓室に入ると、すぐ高山病予防のコカ茶が供された。お蔭で私達はボリビア外務省と日系人社会の方々による歓迎行事を快く受けることができた。

そのあと乾いた大地を十キロ走り、擂り鉢状の市街を見渡す地点から曲折した坂道を下りるが、この道は万年雪を頂く六千メートルのイリマニ山を背景に、ビルの林立する市街地を眼下にする奇観で、驚きと美しさに思わず息をのんだ。そして標高三七〇〇メートルの市の中心街を通り、最も低い住宅街三二〇〇メートルのカラコト地区の公邸に入った。

その夜から夫と同伴した高野コックは頭痛に悩まされ、私も頭が重く不快な毎日だったが、三日目には皆元気になり、コックは千坪余の公邸の庭を一巡り歩けたと喜んだ。（その後、彼はスペイン語を学び、日本食を研究し、度々の正式宴会や和風大宴会、さらに趣味の野球や釣りでも大活躍した。）

この大邸宅ばかりの地区にある日本大使公邸は敷地一四〇〇坪に五〇〇坪の三階建ての建物があり、日本のドル余り時代に割安に購入した国有財産だった。牧場主の持主が職人と材料をスペインから輸入してスペイン風に建てた美しい家だった。

そして夫が午前と午後出勤する大使館事務所は、市の中心街につづく大邸宅街にある大きな二階建の家を貸りて使っていた。つまりラパスにはいくつかの大邸宅地区があり、貧しい人々は擂り鉢の上方の景色のよい所に散在するという珍しい大都市なのだった。

この町の佇いから私はこの町には歴史が生きていると感じた。ボリビアでは、スペイン人による征服後の一五四五年、ポトシ（標高三五七六）に銀山が発見され、本国への銀の輸出で急速に発展した。ポトシ市は一七世紀後半には人口十六万の都市になり十四の劇場やダンスホール、三六のカジノがあったという。そして十七世紀からはスクレ、サンタクルス、ラパスが発展し、スクレは首都となり、一六二四年大学が設立され、サンタクルスは十五万の都市ながら十二の新聞・雑誌を発行する文化都市になった。そしてラパスには大政庁と大聖堂が建設された。一方、やがて銀の輸出が減りポトシの人口は激減した。

ところが十九世紀になると、錫の世界的需要によりオルーロの錫の輸出が盛んになり、十九世紀後期の一時期世界の富豪の第五位をラパスのボリビア人が占めたという。ラパスも発展しオペラハウス等も建てられ、一九〇六年にはラパスに中央政府がおかれた。その後アジアの錫生産のため輸出は減ったが、第二次大戦中は米国への錫輸出で未曾有の好景気をもたらした。

このように各時代とも鉱物資源が富をもたらしたが、いつもその富は白人階級の物であり、白人と混血と原住民という肌色による階級格差を生じさせた。ボリビアでは、人口六百万人のうち原住民が五五％を占め、主に高地高原に住んでいる。約一三％の白人と三二％を占める混血は都市に住み、支配階級の白人の家庭の使用人や兵士、警察官、教師、商業等に従事している。ラパス市はアルト地区四〇万を含め百万人の白人と混血階級の住む町なのだ。

私がボリビア人とつき合って感じたのは、白人階級は知的で好奇心があることで、それは白人階級が〈ドイツ学校〉と呼ばれる小中高一貫の優れた学校で学び、大学はドイツか米国に留学する習慣が昔からあったことではないかと考えられたのである。留学せずとも国立大学やキリスト教大学に進めるが、高校まではドイツ学校の同窓なのだ。

白人階級の女性は職につく人は少ないようだが、料理上手で家庭をよく守っている。中に副大統領夫人や外務大臣夫人のように、大学の講座を聴講している人も少なくない。

日本の外務省中南米課長も、外務大臣主催の五人の大臣の昼食会に招かれ、ドイツ語で会話ができたので、西欧の政府のようだったと述懐していた。

南米一の最貧国といわれているボリビアだが、それは恵まれない国土と原住民が国の経済に関与していないなどの条件によるものなのである。

八六年三月頃、日本が製作した「これが日本だ」と題した広報映画が大使館にも配布された。それは、経済力によって国の大小を示した世界地図が入ったものだった。これを文化関係者のパーティで上映したとき、一同異様に静まり不快な面持ちをみせた。ボリビアが、ＧＮＰの多少だけで極小の国に描かれていた不満が、私にも推測できて心苦しくてたまらなかった。

パス大統領と活発な外交

夫の最も大事な公式行事である信任状奉呈式は、十二月十二日午前十時大統領庁で行われた。その日夫はオートバイの先導による政府専用車で、打村書記官をお供に大統領庁に行き、一団の儀仗兵につきそわれて大統領庁に入り、パス・エステンソロ大統領に天皇からの信任状を奉呈したのだ。そのあと大統領とはわずかな時間言葉を交わすのが普通なのだが、大統領と夫は二十年ぶりの再会というわけで、話がはずみ異例に長かったとのこと。

何しろ大統領が訪日したのは二十年前、ボリビア革命のあと軍部クーデターでペルーに追放され亡命中であったときだが、招待した日立製作所は元首を迎えるように、駅から本社迎賓館までの道に両国々旗を振る小学生を並ばせ、迎賓館到着後は国旗掲揚と国歌演奏を行って、パス氏が涙を浮べるほどの歓迎をしたのだった。夫は三日間工場見学や日光観光などに同行し本当に親しくなったらしい。大統領は日光の夕食会で芸者と遊んだことまで話して夫を驚かし、式は思い出を語る楽しい一時となったという。

夫は七八歳の大統領の健在ぶりを知り、超ハイーパーインフレの終結を期待した。私達の赴任六ヵ月前は煉瓦のような札束をリュックにつめて買物に行くと報じられ、到着時は零が八個ついたお札を使っている有様だった。

ちなみにパス氏は三〇年代後半には国民革命運動党指導者となり、四三年のクーデターで大統領になったが、四七年アルゼンチンに亡命。五二年帰国して大統領になり、史上に残る〝ボリビア革命〟を成し遂げた。つまり普通選挙法と義務教育法

親任状奉呈式（大統領府謁見室にて）

の制定、錫産業の国有化、農地改革などを行ったのである。しかし六四年の軍部クーデターでペルーに追放され、後七一年から七七年までは軍事政権、さらに八一年は何度も政権が交替する混乱ぶりだったが、八二年四度目の大統領に選出されたのだった。そして夫の期待どおり四月には平価切り下げが行われ一ドル二四ペソとなり、それは安定して続くことになった。

さて、信任状奉呈が済むと、夫は主要な大臣や主要国大使に新任の挨拶をして廻ったが、その中には答礼に公邸に来られた大使も数人いた。その一人西独大使は煙草好きなので、戦時中道で煙草を拾った話も出て、旧来の友のようになった。

私が挨拶に行かねばならなかったのが大統領夫人と外務大臣夫人だった。大統領官邸のパス夫人は六〇代のふくよかな方で、カメラ好きの大統領への土産のカメラを大事そうに開き、「私もカメラ狂なの」と喜ばれた。ただそのカメラが台湾製と書かれていたので、私は日本の工業製品は賃金の安いアジアに依存していることを説明し彼女を驚かせた。そしてお茶を頂きながら三〇分もお喋りした。

別の日訪れたペデルガール外務大臣夫人はペルー人で、気さくに「もうすぐブラジル大使夫人が来るから三者会談をしましょう」と云ってお茶を飲みながら待ったが、彼女もペルー人だったので大笑いしてしまった。私は同国人二人の話を邪魔しないように、先に辞した。

さて、ボリビアには中南米各国のほか、西欧主要国と東独、イスラエル、南ア、ユーゴスラビア、ハンガリー等の約三〇ヵ国の大使館がおかれていたが、チリとは国交がなく総領事館をおいていた。私達がキューバで親しかったユーゴのラドビック夫妻は、私達の着任を新聞で見たと電話をかけてきて私達を驚かせた。

ボリビアでは一般社会でも社交が盛んで、新聞には社交欄があって毎日の社交界の動向を伝えた。私達は各国の国際日に二、三百人を招いての庭でのパーティのほか、必要のある国との正餐や三〇人前後のビュッフェ・パーティに出席したりした。正餐は儀礼的でありながら親交が結べるのでつとめて開いた。

この外交活動に加え、日本大使には日本から来る各種の専門家を招宴する仕事が加わった。当時日本はボリビアに対し南米一の無償・有償の経済協力をしていたからである。八二年の統計では専門家派遣一一七人(この折の機材供与一千五百万円)、調査団派遣三四五人、研修員受入一六八人となっているから、援助が最高に達していた私達の在任中はもっと多かっただろう。

派遣された専門家は一、二名ずつで各地に散らばって、三ヵ月から一年位いるのが普通だったが、異色なのが、すでに五年も続いているチャカルタヤ宇宙線研究所の研究員だった。鳥取大学教授が六ヵ月交替で来て研究所に勤務するのだが、研究所はラパスから三〇キロほどの五三〇〇メートルのチャカルタヤ山の頂上近く、世界一高いスキー場の隣りにあって、常住するラパスから車で行っていた。中年混血の女中がいて料理はするが、毎日泊るのは難しいので、たましか泊らない由。大きなパラボラアンテナが設置されていて、いつ届くとも分からない宇宙の声を聞くという、気の遠くなるようなロマン溢れる研究なのだった。

私達は一度コックも連れてスキー場まで上ったが、夫が気分を悪してすぐ下りてしまった。その後夫は吉井教授の案内で研究所を見学、わが家の夕食の宴のあとで、宇宙好きな夫と教授は心ゆくまで異次元の世界に遊んだ。

さて各種調査団は多岐に亘っていて、来られた調査団は三名から十人のグループだったから、それぞれの興味深い話を聞くことが出来た。私のメモに残っているのは、医療ミッション（サンタクルスの日本病院の設立から完成までで招宴六回）、農地開発調査団、鉱床学関係ミッション、煙草調査団（公邸の畑にも一本の煙草原種を発見）、コチャバンバ地方野菜種子増殖調査団、サンボルハ道路調査、動物の人工授精ミッション、道路ミッション、水資源調査団（アルト地区の井戸ほり等）、空港ミッション、農水省ミッションなどなど。

これら沢山の日本人の地味な努力は形となって結実し、ボリビア側に贈られるのだが、その贈呈式は夫の大事な仕事となった。

外交団婦人会とボリビアの福祉活動

ボリビア外交国婦人会は外交官婦人と、外国人と結婚したボリビア夫人とボリビア人男性と結婚した外国人夫人もメンバーになっていて、会員白三十名の約半数は後者が占めていたようだった。

私は在任二年目の八八年無投票で会長に選ばれ一年間会長を勤めたので、各国の外交官婦人やボリビアの沢山の婦人会や福祉団体の人々と知り合うことができた。

外交団婦人会は毎月会長邸で例会を開くのだが、六、七〇名は出席するので、公邸の大広間に椅子を並べ一時間ほど会議したあと、簡単なお茶会を開いて歓談した。例会の前後に役員会を開くこともあったが、副会長の米国人妻のボリビア女性ベアトリスはじめ、スイス大使夫人ドリス、仏大使夫人ダニエラ、ユーゴ大使夫人タマラ、ボリビア人妻のイタリア人アニータ等役員は、皆明朗で積極的だったから私は聴き役専門で楽しかった。主な活動は高校生への奨学金給付と一般のボランティア団体からの要請による援助活動だった。そして資金集めのためのお茶会用として、婦人会所有の机四五卓と椅子一八〇脚は会長宅の倉庫に預ってあった。そして毎月二つの大使館が協力して、一般人を招いて午後一時から五時までの茶会を開くことになっていた。私はイスラエル、東独、ハンガリーと組んで私の公邸で開いたが、夕方会の終りにはお手製のお茶とお菓子を供し、わが国の小物品を景品に福引を行

お茶会の様子。

った。お茶会は一卓四人組で一人十ドル足らずだが、一回で五百ドル前後の収益が得られるので、貨幣価値が日本の八倍位のボリビアではよい収入になるのだった。

この茶会は婦人のボランティア団体も開いたが、会場はイタリア人会館、日本人会館、軍のサロン、レストラン等が利用された。このように茶会が盛んなので、私は月二回ほど友人とブリッジをして、遊びと奉仕の一時を愉んだ。

ところでボリビアの上中流階級の家庭婦人は職に就かず、自分の選んだ福祉団体に属して活動していた。例えば子供病院には十五人位の会員の団体が作られており、会員は交替で病院に行って事務を手伝ったり、設備の不備を補う資金集めをするのだ。どの団体でも毎月の会費とお茶会の収益などで資金を作っていた。

私が会長をした一年間の大きな活動は、奨学生を三五名に増し充実させたこと、大使館合同のバザーを開催したこと、鉱山離職労働者家庭の自立の一助として彼らの住むアルト地区にパン屋を開店させたことであった。役員達は材料を自分の車で運び、仕入れや運営のやり方を教えたりしたので、開店の日は感激ひとしおだった。

また他の団体の要請による援助は、ラパス市中央の貧しい労働者のための食堂（労働者は五〇センターボを支払う）へ資金と台所用品購入費の援助、アルト地区の診療所へ毛布と暖房器具の寄贈、身障者小学校へ楽器と勉強器具の寄贈など。また無料の母子病院で三つ子が誕生し、ベッドや衣類ミルク等を贈ったが、父親は二一歳

茶室全景

の定職のない貸間住いなので、その後乳児院に預けたと思われた。

ラパス市の中心住宅街の中に乳児院があって、貧しい人はその門扉の籠に乳児をおいて行くのだという。乳児院の運営は教会と思われたが、市の西はずれには日独伊スイスが運営する孤児院があった。そこには六歳から十五歳までの男児約一三〇名が、二階建ての各国棟に一人の教師と生活し、午前は授業、午後は畑仕事をするのである。そして各国人会は自国の棟の生徒がスムーズに暮せるよう、時折訪れては教師と話し合い、資金と物の援助をしていた。毎年クリスマスには各国大使が出席して、子供達に衣類と勉強道具、お菓子の贈呈式を行った。ただ生徒の中には孤児ではなく貧しくて育てられない家庭の子もいて、働けるようになると親が引きとるとのことだった。

ボランティア活動は婦人達ばかりでなく、沢山あるロータリー・クラブやライオンズ・クラブなどの男性達も、公園の改修や道路環境の改善などの公共事業に力を尽していた。

それらの団体では年一回大会を開き、顕著な活動をした個人や団体の表彰を行っていた。私は全国の一二〇の団体の代表が集り、大統領夫人が出席する八七年十月の大会で、折紙協会を作ったことと小学校対象の折紙コンクールを恒例にしたことが評価され表彰を受けた。

夫も同じ頃ライオンズ・クラブ大会で、英国大使と共に感謝のライオン像を頂いた。貧富の差が極端に大きい国だが、余裕ある人々が社会福祉のため汗を流すのには感動させられた。

ボリビアの子どもたちとわたし

私がラパスに着いて五日目、最初に招かれた公式行事は、八五年十二月十日の〈生花と折紙の展示会〉だった。その日四時半、私は市中央のラパスクラブに行き、展示された生花の審査に加わり、七時からの表彰式で表彰状の授与と挨拶をした。会場には百人位がいたが、素朴な感じのいい白人や褐色肌の中年女性で、すぐに親しくなってしまった。

翌日は同じ会場で日本婦人が講師となって折紙講習会が開かれ二百人もの女性が受講したとのことで、折紙と生花に興味をもっていることを知った。

その後私は折紙上手な二世のテレサ長谷川と話し合い、彼女は母校のドイツ学校（ドイツ政府による小中高一貫校で指導者階級の子女が学ぶ）に折紙指導に行っているが、折紙を公立小学校にも広めようということになった。しかし、なかなか名案はなく進展しなかった。

八六年になり市内の主な小学校に折紙作品の出店を呼びかけ、十一月十一日から三日間、日本人会館で展示会と講習会を開いた。講習は連日百人から二百人も受講する盛況ぶりで、講師はテレサ、ソニア岩崎夫人、メリー等で、ミゲル・メルカード（建築家）とカルロスの男性二人も加わった。私はミゲルとカルロスの折紙表現の才能に驚き、永続的な活動ができるようソニアを会長に折紙協会を発足させた。

八七年四月の開会式はミラフローレスのロータークラブ会場で六〇人が出席して行われたが、国歌を歌い国旗を揚げ役員宣誓という仰々しさで会場には熱気が溢れた。

翌日から日本人会館に折紙教室が設けられ、いつも五、六人の少年少女がテレサやミゲルと折紙を楽しんでいた。私にもすぐ「今晩わ」と挨拶する愛らしさをみせて。

さて折紙協会では外部の子どもへの折紙訪問も予定していたから、四月十一日には子ども病院を四人の会員と訪れた。小講堂いっぱいの五〇人の子どもと七人の看護婦に折り方指導するのは大変だが、教師のソニアは巧みで喜ばれた。子ども達は熱心だが痛々しく感じていたら、今度は看護婦だけを対象にして欲しいと病院側からの要請。病床で一緒に折紙をしたいという。

その後六月十八日には市の北部のアチャチカラ託児所の折紙訪問。そこは働く両親をもつ子等が放課後、本を読んだり遊んだりする所なので、折紙を覚えて大喜びだった。

私は折紙を通じてボリビア人の美術の才を夫と誉め合っていたのだが、十月五日には日本で開かれた国際絵画コンクールの賞状が送られてきた。夫は近くの公立小学校で表彰式を行ったというが、応募四千人からボリビアは六人が優・入賞したとのこと。文部大臣も出席する慶事となった。

さらに十一月の折紙コンクールは出品校も増え、講習会も大盛況となった。コンクールには入賞賞品と参加賞を学校単位と入賞者単位にして全員に行き渡るようにして感謝された。ささやかな文房道具なのに、日頃不自由している貧しい子もいるからだった。

翌年五月に私は役員慰労会の茶会を公邸で開いたり、資金調達のため三百人近い茶会を行って、四万ドル余の資金を得たりした。だがその頃から私はオペラ上演の準備に忙しく、折紙協会のミゲル、カルロス、メリー、サラ、長谷川らに任せきりだったが、折よく生花と折紙指導の青年協力隊員小田切昌子が来て大助りだった。

こうして八八年十一月の折紙コンクールは出品数も多くすばらしい作品が多かった。表彰式には小学校の先生や子どもや婦人会の人々が出席し、折紙の広がりを見せた。

その頃日本でも国際折紙コンクールが催されたので、折紙協会からカルロス作の〝民族舞踊を踊る広場〟を出品した。カルロスは詩情を漂わせた踊る原住民を織る創作折紙が得意だった。私達は入賞を期待して送り出したが、結果が分かる前に私

折り紙展示会（日本人会館にて）。

は帰国してしまった。

翌八八年になっても折紙協会の訪問折紙は続いたが、四月一九日思いがけず〈東京幼稚園〉の女校長ら三人の訪問を受けた。北地区の公立小学校内の幼稚園が東京の名をつけたというのだった。

私は五月五日子どもの日にちなんで、折紙協会主催〝ボリビアと日本の子どもの集い〟を日本人会館で開催した。ボリビアには子どもの民族音楽舞踊もあって、出演した小学校も客席の三百人の小学校生たちも一緒になっての楽しい祭りになった。

その後東京幼稚園には教師の日の先生達のパーティと学芸会に招かれたが、十二月八日の卒園式にも招待された。

学校に近い〈教職員の家〉が会場で、三時半から紙で作った三角帽と白い制服の園児の数種の踊りがあり、それが済むと校長と私から証書を受けるのだが、百人ほどの子ども達なのでちょっとした騒ぎとなった。そのあと父母達が私と一緒に写真を撮らせてというのでさらに大さわぎ。写真屋が十人も来ていて、撮った写真を一枚でも多く売ろうとするからだ。私は熱心な親の願い通り沢山の子を抱きしめて撮ってもらった。帰りしなに丁寧に別れの握手をした若い先生が、「この親の中には娘にユリコと名付けた人もいるんですよ」云って私を驚かした。

その頃は日本の名をつけるのが流行していて、私達は十月十三日に〈ヒロヒト幼稚園〉の開園式に招待された。中流階級以上の子ども達が対象らしく文部大臣も出席したが、内輪話でまだ四〇人しか園児が集らず、園児を増やすのが課題ですと園長は云っていた。大使館事務所近くの邸宅街の広い庭をもつ邸宅幼稚園は美しく輝いていたが……。昭和天皇御逝去の折、公邸での記帳に見えた園長とは黙礼しただけで終ってしまった。

ホームコンサートからオペラ上演まで

私達の音楽活動は思いがけない慶事から始まった。赴任後四ヵ月の八六年三月二六日朝、〈還暦おめでとう〉の名札のついた花束をもって日本人会長の河合氏父子が現われ、夜七時半から祝宴するからプラザホテルに来るようお誘いを受けたのだ。誕生日を事更に祝う習慣のない私達はすっかり忘れていて、驚きと喜びと感謝で言葉も出ないほど。

定刻会場に行くと日本人会の人ら百人ほどが集っていて、専門の司会者による民族音楽の男性グループの演奏と民族衣裳の女性六人の華やかな民族舞踊があり、踊り後半では夫も舞台に引っぱり出され一緒に踊ったり、得意の手品を披露したりして三時間を過した。

還暦祝いのパーティでは、武好は民族衣装を着た若い女性と踊った。

ボリビアは民族音楽舞踊の宝庫で、欧米には出稼ぎグループが行っており、その頃世界的に流行し始めたランダバという踊りはボリビア産とのことなどを、私はこの夜に知ったのだった。

そして、その一方クラシックやオペラ愛好者が多く、日常的にピアノやヴァイオリンやコーラスの小さな公演が行われていることを知り、わが家でもホームコンサートをと思うようになった。公邸のホールにはヤマハのグランドピアノがあり、ホールは二階廊下からも見渡せるようになった音楽会向にできていたから。

その年の九月、公邸のホールは、文化使節として来た作曲家服部公一氏を中心としたコンサート会場になった。氏は午前中は国立音楽院で講演をしたが、夜は政府高官や大使ら五〇人を招いての公邸コンサートに出て下さったのだ。私の友人ルイサ・トレホンのピアノ演奏のあと、得意なタンゴから伊英韓国の曲を弾きまくり、みんなを踊らせたりした。戒厳令下で外人は十一時に帰り日本人だけで十二時半まで愉んだ。

さらに次の日の夜には日本人会館で服部氏の講演会があり、夕食後は再び公邸での日本人十数名のコンサート。三菱の辻夫妻はカラオケ大好きで唄いまくっていた。

その年の後半から翌年前半までは外国からの公演が多く、私達はスペインのサルスエラや、ポーランド、韓国、ソ連、中国の舞踊団公演を観た。ボリビア関係では

コンサートの折に、服部公一氏を囲んで（九七年九月）。

八月二七日大使館事務所近くの教会での三〇人の無伴奏コーラスグループがすばらしく感動的だった。創設十五周年記念との由で、海外でも十分評価されると思った。

九七年九月には服部公一氏が再度文化使節としてピアニスト井出美佐子と来られた。二人の公演は夜七時半より文化会館で行われ、前半は日本人作曲家作品の話と演奏、後半はブラームス作曲の三〇分の演奏だったが、途中酸素吸入したり間違ったりと高山病がでてアンコール曲は弾けなかった。

翌日夜はわが公邸のコンサートで、副大統領夫妻と政府高官、各国大使夫妻ら約八〇名を招いての夕食会兼コンサートとなった。最初服部氏は日本の音楽界の歩みのレクチャーを少々、ついで井出氏のハイドン曲の独奏、それから青年協力隊員で音楽院で歌唱指導の渋谷美佳子嬢が、服部氏の伴奏でオペラ〈蝶々夫人〉の〈ある晴れた日に〉と日本の曲を歌い、美事な歌唱で人々を驚かせた。そして食事のあとは服部氏のピアノ演奏で皆でタンゴを歌ったり踊ったり、巧みな夫の司会と服部氏のユーモア溢れる応待にタンゴ・バーのような盛り上り。次の日新聞に一面全面で日本大使館の音楽交流を讃える記事が載せられていた。

その後私達はタンゴ好きの英伊国大使夫妻と世銀代表のアルゼンチン人と公邸持ち廻りでタンゴ・パーティを開くことを約束した。

十二月一日イギリス大使公邸でのパーティではアルゼンチン人アルベルグッチが

〈ある晴れた日に〉を歌う渋谷嬢

終始タンゴを弾き、その伴奏で踊るのだが、夫は戦中派でダンスは全くダメなので、伊大使夫人シルバーナに引っぱられムチャクチャ踊った。シルバーナは「こんな下手な人は見たことない」と言いながら、終りには「優勝」と云ってナフキンで作った髪飾りを夫と自分の頭に飾った。会の途中では民族音楽グループのチャランゴ（アルマジロの甲羅で作った弦楽器）の演奏や民族音楽演奏や、英大使のピアノ演奏もあり温和しい大使の違った一面をみせた。

その後タンゴ・パーティは伊大使公邸、日大使公邸で開いたが、八八年六月十一日の〈麻薬患者のための病院及び職業訓練所建設の会〉にちなむコンサートは、オペラ上演という結果を生んだ。

私はパナマ名誉領事ネリーと副大統領夫人マリタ・ガーレットに誘われ、前記のボランティア団体に入っていたので、病院と訓練所の設計台完成の祝賀会をわが公邸で開いたのだ。八時からの会はガーレットの挨拶、ネリーの経過説明、麻薬患者の母の涙の挨拶、元患者の青年の挨拶、設計台の除幕、設計者の説明と感動的に進んだ。食後は小コンサートになり、渋谷氏とＪＩＣＡのコーディネーターで元テノール歌手小林育夫氏が、蝶々夫人のアリアを歌うと、副大統領夫人は自分がラパス交響楽団協会長であることを告げ、オペラ蝶々夫人の上演を夫と私に依頼された。

私は一八〇〇年後半に建てられたオペラハウスの音響のよさと、一九〇四年ミラ

オペラ『蝶々夫人』の一番面。

ノ初演の〈蝶々夫人〉が、コロン劇場についで〇七年にこのオペラハウスで上演されたが、その後はステージオペラしか上演されず本格的オペラを切望していることを、ソーニァ等から聞いていたので、みんなの願いを叶えたいと考えた。

小林氏はオペラ上演は一千万かかると案じられたが、私は日本の八分の一の物価指数から百万円（九千ドル）と計算し、九月二六日は〈日本の夕べ〉を催した。それに外交国バザーの収益金とトヨタ販売で財を成した河合氏の寄附とで九千ドル弱を得ることができた。大使館の文化事業費を使うことに全く気がつかなかったのは、私がずっとボランティア活動ばかりしてきたからだろう。

十月からは何度か公邸でオペラ愛好会と副大統領夫人でワーク昼食会をして計画を練り上げた。建築家カルデロンは無償で舞台設計し、弟子が安く作ることになった。指揮のカルロス・ロッソはペルーとチリの出張教授でもあったから、ボリビアで不足の管楽器奏者など十七名を招きホームステイさせることになった。主役のピンカートンはボリビアのテノールが病気のためブエノスのコロン劇場専属歌手を招き、演出はピラール女史が、コーラス指導はソニアが担当、上演日程は十一月二一日より六日間連続公演（ボリビア人たちは八日を主張されたが）に決まった。蝶々さんは連日は歌えないので、渋谷嬢の他に小林氏の音大同級生でミラノで勉強中の鈴木葉子氏を招いた。彼女は約一月前来てわが家に泊って練習に加わった。

私は出演者の衣裳作りを引き受け、米大使館員夫人で元デザイナーのルミさんの色のデザインに従って、洋服布地で和服一着分を計算し、布地を買い裁断し、縫い方を指示して縫い方に廻した。幸いラパスの闇市には二十数軒の布地屋がありカメラ商の河合夫人の手伝いで安く入手できた。また縫うのは館員の高野、吉村夫人とＪＩＣＡの今雪所長夫人母娘、河合夫人が公邸で二台のミシンで数日奮闘した。こうして四五着を作り上げた。さらに青年協力隊員の小田切昌子氏はじめ隊員達は、舞台や蝶々さんの着付けで活躍した。

私達と、当日の初日公演を、副大統領夫人や外務大臣夫人らと元首用パルコで鑑賞したが、舞台も衣裳も美しく、洗練された歌唱やオケも見事で本当に嬉しかった。副大統領夫人も広報活動やオケの充実に努力されたので満足していた。

蝶々さんが毎日交替する公演は六回とも連日満員で、補助椅子を出す日もあった。最終日のオペラ終了後の劇場内サロンでの夫主催のコクテルには出演者裏方など一八〇人を招待、オペラが人手のかかる贅沢な芸術と実感した。出席した約百名は日本、ボリビア、チリ、ペルー、アルゼンチン五ヵ国の人が〝心が一つになった〟と肩を抱き合い感激し合っていた。

そのあと二回の再演をと望まれたり、衣裳の展示会だけでもと懇願されたり、しばしオペラの話でもちきりだった。

ところでオペラ上演の準備が進んでいた頃、私は〈日本留学生友の会〉の会長ブランカに、夫がスペイン語に翻訳した〈夕鶴〉の上演を提唱した。カシス監督が主宰する劇団が行うことになり、舞台もオペラ使用のを改造利用するなど準備は急速に進んだ。

しかし上演は天皇崩御や夫の帰朝命令と送別会などの招宴、メキシコでの大使会議などで、二月一〇日～一二日となった。私達は初日は夫の叙勲式で出られなかったが、華やかなオペラのあとで少ない観衆ながら感動は大きかった。監督のカシス氏は八月にはサンタクルスでと語り、それを実現したのだった。

八八年一二月二一日にはわが公邸最後となる音楽会を親しい人五〇人程で開いた。一九日には天皇のご容態の悪化のお知らせと夫の二月帰国の内示があったからだった。いつものように夫の司会で、韓国大使夫人のアリラン独唱（高野書記官伴奏）、弦楽四重奏団の弦楽四重奏とクラリネット演奏、ソ連大使夫人のピアノ演奏、渋谷嬢とバリトンのソリスの独唱と二重唱、韓国女性ギタリストの弾き語り、アルベルグッチのタンゴ演奏と踊り。そして〝夕鶴〟の男性主役予定者の一人芝居では、演劇にも優れた人材がいることを示した。

『夕鶴』を上演し、大好評を得た。

青年協力隊讃歌

私達がボリビアに赴任して間もなくの、八五年十二月二〇日は青年協力隊創設二十周年記念日だった。そこでボリビア側から厚生大臣はじめ関係者十五名、日本側から隊員三五名と大使館とＪＩＣＡ職員十名が公邸ホールに集まり、厚生大臣と日本へ赴任予定のホフマン大使と夫が挨拶を行い、そのあと庭でおでんや焼鳥の日本食の会食でその日を祝ったのだった。

当時ボリビアには五〇人の隊員が来ていたが、私の知る限りでは職種は男性が農業指導や自動車修理など技術指導者が多く、女性は看護婦が多かったが、日本語や歌唱指導、生花と折紙の指導者や柔道家もいて、多彩だった。彼らは一年に一度ラパスで〈日本の日〉を開いて、書道や栄養指導や折紙等のほか柔道大会も開いて人々を喜ばせた。

また本部であるＪＩＣＡは毎年一回ラパスに隊員を集め、研修や健康診断を行った。その機会を捉え、私達は隊員を公邸に招待し、日本食を思う存分食べてもらうようにした。これは隊員達にとって何よりの楽しみになったらしいが、私達にとっても隊員達から現地の交流事情を聞く大事な機会であった。もっとも私達はサンタクルスやトリニダーなど隊員のいる地方訪問の折には、必ず隊員達から話を聞くように努めた。

いつしか私は隊員の活動のすばらしさに感銘を受けていたが、八七年の母の日に「ラパスのママへ、四九人の子どもより」と書いた美しいカードを貰い、東京本部の新聞に〈讃歌〉を送ったりした。

隊員達との話は彼らの活躍ぶりと現地人の人柄のよさを知る貴重なものだったが、特に印象に残ったのは、トリニダーとサンタクルス隊員の話だった。トリニダーでは女性隊員が蟻に刺されて死ぬ思いをしたが、また来たいと思っているとの話。同じ町の看護婦の女性隊員は現地人に日本語を教えていて帰らないでと慕われているとの話。さらにサンタクルスの果樹栽培指導者の男性の話、「私は月一回位、果樹栽培指導のため家々を廻るのですが、ある一軒の家では私が行くと昼食を食べていって、といって飼っている鶏を殺してご馳走を作るんですよ。貧しい彼らの家では鶏は大事な財産ですのに……。本当に感激してしまいます」と。サンタクルスの隊員達は男女ともまた来たいという人が少くなかったが、地方出身の女性隊員達の次の言葉は考えさせられた。

「私がボリビアに行くというと、そんな野蛮な国に何故行くのか、危険だから止めろというんですよ。ボリビアの生活は日本とちっとも変りないのにね。口惜しくてたまりません」

私はＧＮＰの大小で国の大きさを表示した映画を思い出し、経済力ばかりでその国を評価する日本人の悪癖を、もっと文化的価値を認める良識をもつように変えなければと考えた。

ボリビアの日本人移住者

一、模範農場の移住者たち

ボリビアへの移住は、ペルーから逃亡した移住者が、ペルー国境に近いアマゾン地帯に住み着いたときから始まったが、少数の人が都市に住み着いただけだった。ところが一九五四年、沖縄が米軍基地になったことから移住が必要になり、沖縄の要請で一九五七年から十一年間で三千人余りが、サンタクルス市から五〇キロの原野に入植し、「沖縄移住地」をつくった。同時期、内地人も三千人が移住し、「サンフアン移住地」をつくった。そして、両移住地とも、野菜や穀物栽培によってコチャバンバやラパスの需要を満たし、発展した。サンフアンから毎日運ばれる卵は、ラパス名物となっている。

一九八七年九月、ボリビア政府は両移住地の三〇周年記念の日に模範農場として表彰し、八月二二日には沖縄、二三日はサンフアン移住地に、農牧大臣と夫が出かけて記念式典を行なった。

両移住地に行くには、空路サンタクルスに行き、そこからクルーザー等で沖縄へは五〇キロ、サンフアンへは四〇キロの道を行くのだが、途中に川があり、ぬかるみがひどく、人がいて通してもらわねばならなかった。ところが、移住地内は整った畑と町のようで、中学校までの日本語学校や中央広場、公民館、幼稚園、診療所、レストランやカラオケバーもあって、余裕ある生活ぶりを見せていた。特に印象的だったのは、サンフアンに大きな養豚所がいくつもあったことと、沖縄の立派な肥料工場と、医師と看護師のいる診療所が開いていることだった。

この二つの移住地の管理や相談にのってきたのが、ラパスの日本大使館付属のサンタクルス領事館と移住地にあった国際協力事業団（ＪＩＣＡ）だが、移住に関わる任務を終え、八八年二月にラパスに移転した。今雪所長と三人の技術協力担当職員、コーディネーター一人も移った。ＪＩＣＡの仕事が、移住から技術関係に移行したからである。

二、首都の日本人移住者たち

首都のラパスには三五〇人余りの日本人がいたが、金物屋、カメラ屋のほかレストランなどを営み、余裕のある暮らしをしていた。日本人会があり、最初は有名な通りに喫茶店をもつ井関氏が会長だったが、ほどなくトヨタ自動車の独占販売をしている河合氏に替わった。金持ち河合氏は自費でマイアミから輸入したシャンデリアで日本人会館を改装したりした。六八年四月、日本政府の援助もあって建設した五階建て日本人会館は、最上階が食堂、四階が集会場、一階が大会場、二〜三階が教室となっており、日本語、生花、折り紙などの教室が開かれて、賑わっていた。

三、**サンタクルス市の日本人移住者**

この町は一六世紀にスペイン人が開いたところなので、スペイン式の面影を留めた美しさがある。商工業の中心地で、ブラジルからの陸の輸入路でもあった。日本人は千五百人余り居住し、ボリビア大使館からの一人駐在館（現地職員四人）が置かれていた。サンタクルスは低地なので、高地に住む私達の指定保養地だったので何度も訪れたが、山下領事も、後任の横川領事夫妻も、青年協力隊員を招いて会合を開いてくれたので、現地事情がよくわかってありがたかった。隊員たちはボリビア人のよさを誉めたが、日本病院建設の折は、フジタの技術者四〇人が来て、六組のカップルが生まれたとの話も聞いた。

サンタクルス日本人会は会館を持ち、幼稚園から中三までの日本語教室を併設していた。九時から午後三時までの授業で、一三〇人が学んでいるとのことだが、滋賀さんが中心となり、どの教室も熱心で、きちんとしていることに感心した。そのほか、日本人会は高校生のための寮を持っていた。二つの移住地から来て、現地の高校に通う青年のためで、時には問題が起こることもあるらしい。

四、高原都市コチャバンバ

この都市は標高二五五八メートルの高原にあり、ラパスから四〇〇キロなので、一度車で行ったら、オルーロの先には禿山と土道があり、少々難儀した。

あるとき、国会議員の紹介で、英、米、伊、ソ、韓国、ユーゴ大使らとこの町に行き、夜はショーを、次の日は空港現場の開所祝いに付き合わされた。受注が決まっているイタリアに付き合わされた感じで、夫は腹を立てていた。だが夜はオペラ劇場で音楽を楽しみ、気を晴らした。コチャバンバはオケもあり、日本から青年協力隊員のオペラ歌手が歌の指導に来たこともあった。

日本人移住者は十数人しかいないうえに、交流もないと聞いて、ホテルの昼食に招いたら八人ほど出席し、その中の一人の長老は、五〇年ぶりで日系人の集まりに出席したと言って感激していた。

コチャバンバにはユーゴからの移民が多く、成功者も出て、その一人はホテル所有者だった。彼らは会を作り、活発に活動していると、ユーゴ大使夫人は自慢げに語っていた。

特色ある地方都市と移住者

一、鉱山とカーニバルの町オルーロ

オルーロはラパスの東南二二五キロにある、標高三七〇二メートルの鉱山の町で、一六世紀から開けてきた。現在も錫の採掘は続いているが、時おり訴訟問題やストライキ騒ぎが起きている。

この町で特に有名なのがカーニバルで、私たちは八六年二月八日、外務省の招待で、市庁舎のバルコニーから「悪魔のカーニバル」を見た。豪華な悪魔の面と衣装をつけた行列のあとは、町内会や他の町や村からの若い人たちがそれぞれの衣装で踊りながら行列するのだ。悪魔は町外れの教会にある鉱夫の守護神マリアを守る悪魔のことで、五〇キロもの重い飾りをつけての踊りは大変な迫力！　韓国、ソ連、北欧、アルゼンチンの大使らと一緒に見物し、彼らが帰ったあとも二世の記者らと四時まで見てしまった。二日続くカーニバルのため一年かけて衣装を準備するという。見物席にはＪＩＣＡの人達もいるはずだが、すごい人出で会えなかった。オルーロに住む日系人移住者は多くないらしい。

二、アンデス南端の、高原の町タリハ

ラパスから千キロのタリハには、八六年九月、下院議員リオ氏の誘いで三日間滞在した。午後四時、空港でバンド付きのお偉方と花束レイの仰々しいお出迎えをう

オルロの「悪魔のカーニバル」

け、そのあと州庁舎に連れて行かれ、玄関から議場までの廊下の両側に儀丈兵が並び、議場には二〇人ほどのバンドがいて、国歌演奏から始まる式。名誉市民証や花束が贈られ、知事と市長の堅苦しい演説と夫の答礼。議員も数名参加した古風な式。ホテルに帰ったら、テレビとラジオのインタビュー。中国から五千家族の移民受け入れが問題になっていた時で、夫の賛否を聞きたがっていた。夜の夕食会ではスイスのホルンに似た、天井までの長い楽器演奏と踊りがあって、面白かった。

翌日、言語研究所へ行き、英仏独語を学ぶ百人ほどの学生に会う。日本語は十名近くが学んでいたが、教師がかえってしまい、授業ができないという。ついで市役所と文化会館へ挨拶に行く。ブルーのアールヌーヴォ風の文化会館は外観は立派だが中は荒れ果て、日本の援助が欲しい様子。

さらに大学へ行きが学長に会うと、私達も親しい近藤博士が四、五日間来て、博物館と日本庭園を造ったと語った。昼は上院議員邸で焼肉パーティ。食後、年輩男性が上手な歌とギターで楽しませてくれた。四時、着替えて〝域〟と呼ぶ家でのお茶会へ。在住のアルゼンチン領事夫人も加わり、三〇人ほどの集まりだが、皆余裕ありげでゆったりしている。タリハはパス大統領の出身地で、ヨーロッパの田舎風。夜は産業振興会の夕食会だが、顔見知りもいて愉しかった。

三日目は丘の上の新設の像の除幕式。お偉方に加え、小学生から大学生、一般人も参加。式後高校生の一団に囲まれ、愛らしいと思ったら、修学旅行の援助を、という。昼はアルゼンチン領事館近くの金持ちの家でアルゼンチン料理をいただき、一時半に空港へ行ったら、高校生たちが歌を歌っての見送り。

帰って少ししたら、例の高校生から旅費おねだりの手紙。夫は丁重に断り、市役所の案内の小学校に自費でブラジル製アコーディオン二台を贈った。楽器がなく伴奏が出来ない由なので、ほどなく校庭での贈呈式の写真が送られてきた。

三、原野の中の牧畜の町、トリニダーと日本人

トリニダー市を最初訪問したのは、八六年五月の市の祝典参加のためだった。ラパスから三〇分の飛行で萱葺き屋根の空港到着。空港には両国旗をもった三〇人ほどの日系人と市長らのお出迎え。市内は未舗装で、土埃がたつが。ホテル・ガナデロ（牧場主の意味）は五階建てで、室内は清潔だが、湯が少ない。昼は市長の案内で焼肉店へ。マリアッチ風楽団の演奏もあり、簡素だが美味しい。

午後は専門家中谷氏の案内で、九一歳の岩波老人を見舞い市内を一巡する。市の周りは牧場だが、沼川があり、雨季になると水没し風景が一変するという。夜は七時ころから日系人四〇人を招き夕食会。若い女性が多く、日本語を話すのは二人。食後歌が出たが、恥ずかしがる人もいて、十時半散会する。そのあと屋上の航空会社主催のダンスパーティに加わり、満月を満喫。

翌日九時に大聖堂へ行き、英米、ブラジル、ペルー大使夫婦らと大統領主催のミサに参加する。十一時半ミサが済んで出ようとしたらひどい雨と風。当然起こる南風の由で、ミサの後の行列が駄目になってしまった。ホテルで昼食を摂り、三時からの軍隊の行進を屋上から眺めて、夕方の便で帰った。

二回目のトリニダー行きは八七年六月。休暇旅行のつもりが、市長の出迎えと二人の女性から花束贈呈。午後七時市長の案内で、田舎町に不似合いな立派な市議会場へ行き、十数人の市議の前で名誉市民証を授与され写真撮影。突然の式なのに、夫は巧みな挨拶を返す。

そのあと、ブランカ市議の家で、夫は貫頭衣、私はワンピースの民族衣装に着替えさせられて、彼女の家の前の小学校校庭へ。市長の誕生パーティとのことで、二百人もの人が四角い校庭を取り囲み、乾杯のあと牛の踊りなど民族舞踊を踊る。ポテトフライと地酒をつまみながら一二時まで付き合いブランカとホテルへ帰る。

次の日は中谷氏のジープでマモレ河畔に行き、簡素なレストランで市長一家と牧場の組合員らしい一団と昼食会。釣った魚を揚げただけだが、おいしい。船遊びを誘われたが、一五キロを五〇分もかけて走る悪路なので早く帰る。

翌日ふたたび中谷氏の案内で福原医師の「さむらい牧場」へ。サンタクルス行きの悪路を三〇キロの牧場の片隅の木陰で、今朝殺した牛の棒焼き肉の昼食。医師仲

タリハ市で、民族衣装を着せられて。

間三〇人と田中という姓が多い日系人十数人が集まり、持ち込んだアコーディオンや電子オルガンの賑々しい調べと豪快な昼食を楽しむ。帰途、大原という成功者の新築の煉瓦工場を見て驚く。中谷氏は雨季になると舗道以外の道は水没し、風景は一変すると語ったが、ホテルの壁に水跡がついていた。

トリニダー県の隣にリベラルタ県があり、リベラルタ市とコビハ町があり、日本人が三百人くらいいるが、二つの町を結ぶ道があるだけという。夫はこの市に農業用機械やトラックを贈ったが、交通大臣とヘリコプターを乗り継いで行ったという。生活は苦しく、日本へ働きに行きたいという希望が多かったが、九〇年に移住者の出稼ぎが自由になって、退職した私達も嬉しかったが、日本語で苦労するだろうと案じられたのだった。

ボリビアは不思議な国土をもっている。大きさは日本の二倍だが、アンデス高原地帯が国の三分の一を占めている。その中央のラパスの五〇キロ北から、イタアンプー山（七〇一〇メートル）、ポトシ山（六〇八八メートル）、ムラタ山（五八六九メートル）、イリマニ山（六四〇二メートル）の高峰が連なり、その南方は禿山ばかり。高峰の東は熱帯湿潤地帯で、ブラジル国境にのびている。その南方は乾燥低地帯で、日本人移住地もある開拓された地帯。アンデス山岳地帯の西はティティカカ湖の一・五倍のウユニ塩湖があり、その地方は塩原地帯で、アンデス山系がかつて海底から隆起したことを物語っている。

私はブエノスアイレスからの帰途、機上から見た禿山の連なりの谷底から細い煙が上がる異次元的光景と、その果ての地に輝くすり鉢状の街が緑と花で輝いていたのを今も思い出す。

初めてスペイン国王を迎えたボリビア

八六年五月頃だったと思うが、本省から次のような通達が届いた。一九九二年はスペインの中南米征服五百年に当り、スペイン政府は記念の催物をするので、わが国もそれを応援するため藤波官房長官を長とする支部組織を作った旨と、中南米各国が九二年にどのような行事を計画しているかを訊ねてきたのだった。当時中南米は征服への怒りが最高潮なので、認識不足に呆れたが、その後藤波氏の汚職事件もあって、組織は解体してしまった。

その年の十月十二日（「新大陸発見の日」あるいは「コロンブスの日」と呼ばれていた）私はスペイン大使館の国際日のパーティに出かけた。そして何度も会って親しくなった独身のスペイン大使に「コロン（コロンブスの西語）の日おめでとう」と挨拶した。すると彼はその言葉を手でおさえるようにして「コロンはイタリア人です。今日はスペインの船が新大陸に到達した日ですから〈スペインの日〉なんですよ」と注意されてしまった。庭でのパーティのアトラクションには、スペインから来た〈ツーナ〉という学生楽団の演奏でスペイン色を強調していた。

その翌年の五月二〇日スペイン国王ファン・カルロスご夫妻が来訪した。初めての宗家の来訪なのに新聞の取り扱いもあまり大きくなく、その夜の晩餐会もスペイン関係者と政府要人六〇名ほどの簡素なものだった。

私達外交国は二一日昼国王と会見したが、各国大使の紹介のあと、国王夫妻が人々の中に入り三〇分ほど歓談しただけの儀礼的なもの。私達が大統領庁の会見室から帰るとき広場は原住民がぎっしり集っていて、「悪魔帰れ」「侵略者は来るな」などと書いた粗末なプラカードをかかげていた。

翌二二日夕刻国会で国王が演説するとのことで国会に行ったが、国王が植民地時代の政治の成果を長々と読み上げている間、外では原住民のデモ隊が激しい「侵略者帰れ」のコールを繰り返していた。混血の警官達も黙ってそれを見守るばかりで高圧的でないのは、同じ被害者意識があるからだと感じた。

〈翌年スペイン皇太子が来て国立大学を訪問し、学生の反スペイン・デモに見舞われたという〉

その後スペイン政府は十月十二日を〈二つの文化が出会った日〉とし、九二年の同日にマリア号が出向したパロス港で式典を行い、記念行事としてセビリア万博とバルセロナ・オリンピックの開催を発表した。

これに対し中南辺地各国はその日を〈民族の日〉と呼び、祝休日にするのを止めた。もっともそれ以前から〈民族の日〉と呼ぶ国は少なくなかったのだが。

そして九二年の当日、大きな大きな祝典を開いたのはドミニカ（大聖堂にコロンブスの遺体があるという）だけで、日本は復元したサンタマリア号をパロス港から日本へ向け出向した。しかしカルタヘナ港では寄港拒否に合うなど、ドミニカ以外は全く歓迎されなかった。

コロンブスが先駆者として祭り上げられ、最後には罪人として地に落ちたのは米国において顕著だった。米国は独立後百年の一八七六年万博を開催したが、新しい発明と並ぶ新大陸発見者コロンブスはパイオニアとして讃えられたのだった。コロンビアの名をつけた大学など先駆者をちなむ名の研究機関が誕生した。

ところが十六世紀になるとスペイン批判書が発表され、征服の残虐さが問題になり、一八二〇年代に中南米各国が独立、二〇世紀には米国で公民権運動が起って、六四年には黒人の人権確立をみた。そのような時代の流れから、米国では〝新大陸発見時のコロンブスは人権侵害という犯罪者であり、罪人として裁判にかけるべき〟との声が挙り、実際に裁判を行った大学もあるという。哀れ、地に落ちたコロンブス！

ローマ法王の来訪

ボリビアはカトリック教を国教とする国で文部宗教省が設けられている。そのため大聖堂の聖祝日のミサには各国大使も招かれた。無宗教の私達は出席を遠慮したが、大統領が出席することや〝世界平和を祈るミサ〟もあるので、場合によっては出席するように努めた。

旧市街のほぼ中央の坂道の広場の大聖堂はいつもは小さな入口しか空いていないのだが、当日は祭壇前には大統領夫妻席と信者の席が設けられ、その右手には政府関係者席、左手には外交団席が作られていた。神父達の祈りのあと美声の神父の抑揚をつけた進行と聖歌隊の聖歌、最後に会場いっぱいの合唱。終ると隣席の者同志が肩を抱き合い祝福し合う感動的な一時間だった。

五月のコルプス・クリスティの屋外ミサは、大聖堂前の広場に儀仗兵や聖歌隊や神父等の列で華やかさと厳そかさを添えたミサのあと、国旗を掲げて歩く大統領のあとに政府高官や外交官らが続いて、十分ほど坂道を下りサンフランシスコ大寺院まで行き、そこでのミサで終わるのだった。オペラの舞台のような光景に集った大群衆も声もなく見守るのみ。

このようなミサの感動と友人達の厚い信仰心に接して、私も信仰について考えるようになった。そしてその頃八八年一月にはローマ法王パプロ二世の五月の来訪が知らされた。アニータら各婦人会は記念バッヂを作り販売して、奉納金を作るのだと張り切っていた。わが日本大使館でも法王庁大使館からの要請で、三月一日昼七名の地域代表を集めたワーキングランチを開いた。外交国は世界を七地域に分け代表国を決めていたが、日本はアジア地域代表だった。スタッグ（男性のみの会）八名の会は、十二時半から三時終了となった。

五月九日（月）は法王到着日で勤めは午前中のみ。私達は三時半家を出てブロックされた道を空港へ。エルアルト空港は中央建物の外壁にティワナク神像を彫り出した風情のある空港で、その三方には階段状の席や台をおいた席が作られ許可された人々が到着を待っていた。五時十五分予定時ぴったりに白い翼が着陸、扉が開くと白衣に真赤なマントの法王が姿を現す。その姿を夕暮れの金色の光が包むと、恰も生きた神の到来を思わせた。

法王はゆっくりと階段を下りると、大地に跪まづいて愛しむように接吻した。そして近づいた大統領夫妻と握手を交すと国歌と礼砲が奏された。それから車で一巡して、法王大統領それぞれの台に立つと、大統領の歓迎の挨拶、ついで法王のスペイン語による挨拶。それから閣僚と外交国代表が一組ずつ紹介されて法王に挨拶したのだが、私は夫に続いて握手し、「よくおいで下さいました」と西語で言うと、「あ

ヨハネ・パウロⅡ世を空港に出迎えた武好。

りがとうございます」と法王は明確な日本語で応えられたのだった。

　こうして歓迎式典を終えると、法王は専用の防弾ガラスの専用車に乗り、人でうずめ尽された道を市中心街にある法王庁公邸へと向かった。薄暗く寒くなった車の中に立って、にこやかに人々の喚声に手を振って答えられながら。

　翌日十日は朝八時半より法王庁公邸で外交団への謁見があり、そのあと空港に隣接した空軍施設内の特設ミサ会場へ行く。広大な広場の中央に五米ほどの高さの階段のついた演壇があり、その前方に参列者席が設けられていたが、椅子席は高官分しかなく大部分の人は立見だった。だが副大統領夫人が隣りに私達を誘ってくれて大助りした。

　十時半からのミサは最初はスペイン語で、ついでアイマラ語で行われた。ラパス周辺はアイマラ人の原住民地区だったから、出席した原住民は大変な感激だった。私達も理解できないアイマラ語のミサにまで出席し、外務大臣母娘とほぼ三時間のミサを終りまで見てしまった。

　法王は翌日から五日間で五都市を廻われミサを行った。オルーロ（東南二二五キロ、標高三七〇二）スクレ（北方四〇〇キロ、標高二六〇〇）では西語とアイマラ語のミサ、コチャバンバ（南方四〇〇キロ、標高二五五八）サンタクルス（西方八八三キロ、低地）タリハ（西方八八三キロ、高原）は西語とケチュア語によるミ

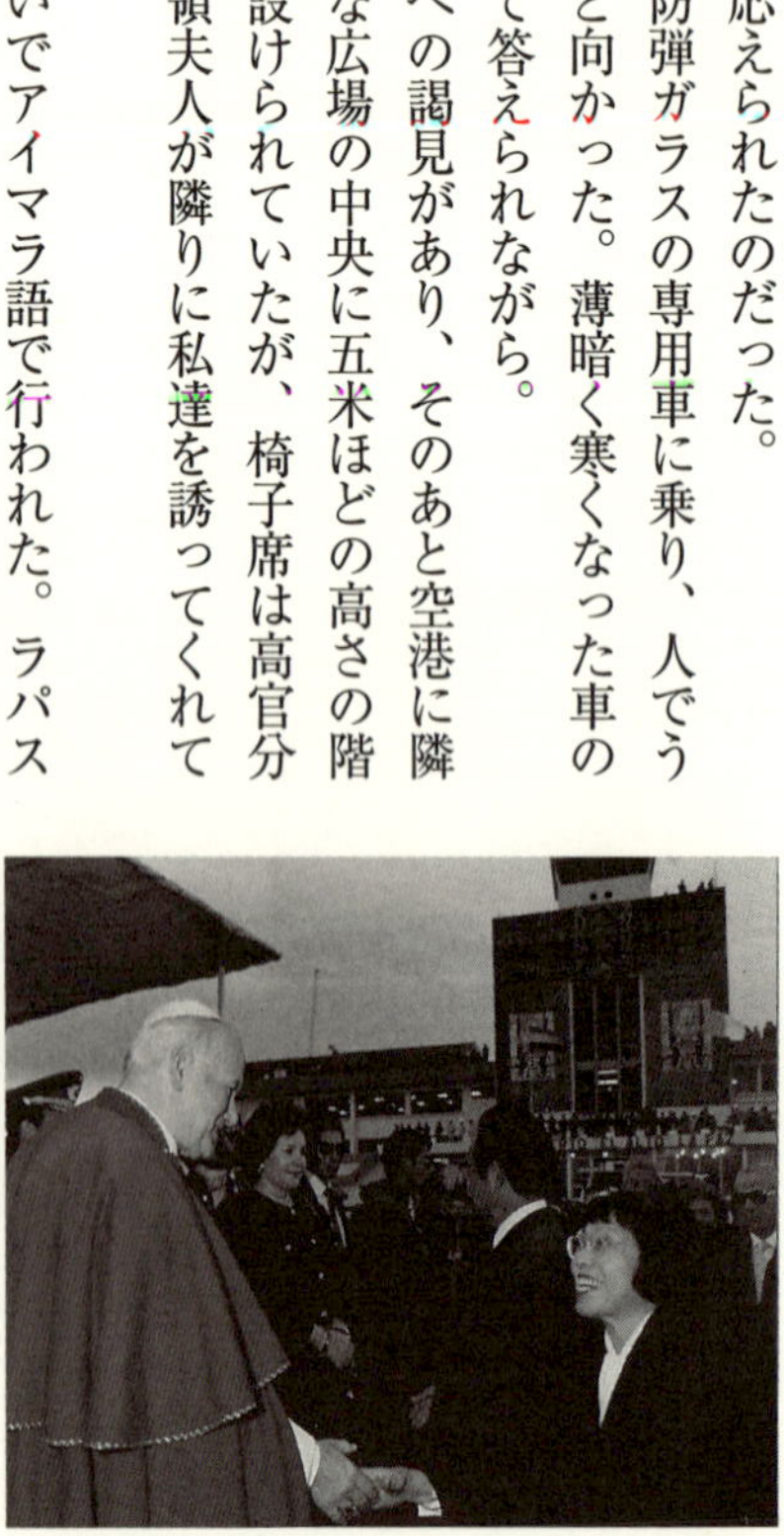
ローマ法皇と握手する著者。

サを行った。法王は暗殺未遂事件により腹部を痛められているとのことだったが、高さによる不快さを表に出さず絶えずにこやかに応待されているのには感動させられた。そしてボリビアの人々にえも云われぬ余韻を残され、彼らは一生それを語っていくだろうと思った。

私が知った三人のインディオ

一、民族衣装のプライド

私たちの公邸には日本から同行したコックの他に、中年男性の執事と二人の若い混血の女中、インディオの洗濯女、二人の混血の庭師が働いていたが、混血の女中が辞めたので、インディオの女中を雇ったことがあった。彼女の仕事は台所でコックの助手を務め、台所の後片付けをすることだった。女中たちには働きやすいよう木綿のワンピースの制服を与えてあったが、インディオの女中は袖広の民族衣装を着けたままだった。私が「どうして制服を着ないの」と聞いても何も答えず、次の日は制服を着けていた。私は彼女に、ごく近所の店に行って紅茶を買ってくるよう頼んだ。すると彼女は制服を民族衣装に着替え、帽子を被って買い物をしてきたのである。私は彼女のプライドを知り、制服着用は止めにしたのだが、彼女は辞めてしまった。

その後彼女の代わりに混血の女中が来て平穏になったが、午後の洗濯は二人の女中とインディオの洗濯女が、石の洗濯台や金だらいで手洗いするので、洗濯機があればと思い、本省から送ってもらった。ところが女中たちは洗濯機を一顧だにしなかったので、それはコックの専用物になってしまった。彼女らは石鹸水をつけて天日に干すと真っ白に仕上がるなど昔ながらの洗濯法を守り、丹念にアイロンがけもして、見事に仕上げていたのだった。

二、副大統領になったアイマラ人のインディオ

私達夫婦はM上院議員夫妻とそれぞれに親交を結んでいた。それで八八年一月、令息が結婚式を行なったときには、ラパス・ホテルでの披露宴に招かれた。M上院議員は金山を所有する名門で、私達の公邸に近い自宅には温水プールもある豪華さだった。

したがって、招かれた人もパス大統領をはじめ名家の人ばかり二百人余りとのことだが、大使は私達だけ。だが私は、サロン中央の踊り場の向こうの席に、民族衣装を着け山高帽を被ったアイマラ人の婦人を見つけた。同席のイタリア人アニータによれば、あちらの席は政府高官が大部分という。

私が驚くほどにはアニータが驚いていないので、私は時代の変化を感じていた。上院議員の令息は、米国留学中に知り合った女性とにこやかに並んでいたが、噂ではよい勤め先がなく、日本レストランを開く予定とのことだったが、三ヵ月、市の中央部に焼肉レストランを開いた。私たちが帰国した八九年の四月、軍人大統領が選出され、副大統領にインディオが登用されたので、私は結婚披露宴の夜を思い出した。私の親友のオペラ歌手、ソーニア・ブステージョは、副大統領夫人は管弦楽協会会長にならないので、私が会長になったと知らせてきた。

それから五年後、私達が親しかったサンチェス・ロサーダが大統領になったが、ふたたび副大統領はインディオであった。前回の人と同じかどうかは知らなかったが。

三、**誇り高いアイマラ人**

私たちのボリビア滞在最後の年の五月、ユーゴ大使夫人タマラから「市の中心部にアイマラ人の文化センターがあって、アイマラ語を教えているのよ。私も習いに行ってるけど、おもしろいから行かない？」とお誘いを受けた。私はあと半年で帰国する予定のうえ多忙なので、講師に来てもらうことにした。一説によれば、ボリビアのアイマラ人の先祖はイスラエルの民がエジプト脱出をした時以前、またはピラミッドが造られる前に来たと言われる。

ティワナクの広い廃墟の中の半地下広場の壁には、白人、東南アジア人、黒人等の顔を彫った石像が多数かけてあり、他文化との交流があったことを示している。ティワナク一帯はアイマラ人が住み、巨石の石積みや一枚岩を彫った「太陽の門」

などを残した。この高度な文明を持つアイマラ人は一部がティティカカ湖を通ってインカ文明の基を作ったという。ともあれアイマラ人は聡明なインディオと言われているので、私は接してみたいと思ったのである。

中年の講師は語学教授は初めてらしく、私も何も用意していなかったので、最初いくつかのアイマラ語の単語を教えてもらったが、彼の話は、ティワナク文化をいかに心の拠りどころにしているか、に移った。それによれば、アイマラ人の歴史はおよそ三千年を数え、毎年六月夏至の日、太陽が「太陽の門」から本殿跡に直射する午前六時、原住民が「太陽の門」の前に火を焚き、コカの葉を神に捧げ、チチャ酒を大地の神に注ぐ祭りをするという。私も誘われたが、早朝で高地（三八四三メートル）なので、断ってしまった。次のとき新聞をもって来てくれたので、写真を見て簡素な祭りを想像することができた。

私はその後、夫や友人たちと一緒に、ラパスから七一キロ離れたティワナク遺跡を見学した。広大な遺跡はスペイン人による破壊によって失われているところもあって、さびしかった。

しかしアイマラ人が信仰するというティワナクの話を、明快なスペイン語で話すアイマラ人から聞いた感動は忘れられない。忙しさのために、私は三回しか彼の話を聞けなかったのだが。

数々の贈呈式から

夫の在任中は日本経済も繁栄し途上国への有償無償の援助が行われた時だったから、その贈呈式は夫の晴れがましい仕事だった。

最初は八六年三月十五日のサンタクルス市の日本病院引渡式。サンタクルス市は首都西方三五〇キロのボリビア第二の州都で、日系人三千五百名がおり、そこから五〇キロの移住地——サンファンと沖縄——には二千人の日系人がいて、毎日卵や野菜を首都に運んでいた。

同地では夫が州知事ら政府や軍や大学への表敬訪問があるので、十一日サンタクルスに行ったところ、空港でマイアミに行くという大統領夫人に会い、彼女も日本病院引渡式に出たいと同市の実家に戻って行った。病院の庭と周囲の石塀は未完成で心配したが十五日朝完成。

午前十一時より玄関前で厚生大臣、大統領夫人、知事市長夫妻らが出席、両国々旗掲揚と国歌吹奏、そのあと玄関でテープカットしホールの会場で大臣と市長と夫の挨拶、銘碑除幕、植樹、シャンパンで乾杯のあと院内一巡で式は終り昼はホテルの昼食会。

夜は夫主催の五〇名の晩餐会で、私達は大統領夫人と、知事夫妻、日本病院の工事担当のフジタ工業顧問林屋氏（元ボリビア大使）と同席したが、大統領夫人は私達との偶然の出合いが引渡式出席となったと大満足だった。

この日本病院は一部病室にエアコンもついた立派な病院だったが、半年もしない中に医療器材の不足と、入院患者が少ない上に少し良くなるとシーツを盗んで夜逃げするなど支払困難問題などが出て、日大系の医師五人が五年間医療と管理を行うことになった。

八七年一月十六日にはティティカカ湖畔に建設予定の漁業センターの起工式には農牧大臣と出席。軍楽隊も出る立派な式だったという。

七月六日は職業訓練校へ器材贈呈。

七月二七日市文化会館で、二五万ドル相当の照明音響器具の無償援助。この式には私も出席し、七時半からのホールで沢山の出席者と夫と市長の挨拶、ギターとタカタカ、民族音楽バンドの演奏を音も照明も一変した中で楽しんだ。あとは二階小ホールでワインで乾杯、パンとチーズとおしゃべりで終了。快い贈呈式だった。

その数日後、エジプト大使が日本大使館を訪れ夫に古いパピルス画を贈ってくれた。昨日の贈呈式をみて母国での二〇年前を思い出したのだといい、次の言葉が添えられたという。「二十年前日本はわが国に文化会館を建ててくれました。そして柿落しにはわが国のオペラ〈アイーダ〉を上演させてくれたのです。私はあの時の感激を日本大使に捧げるためパピルス画を贈ります」。私達はそんな昔の出来事の感謝を関係もない夫に表明した事に感激してしまった。そしてドネーションの仕方にも心遣いが大事だと教えられたのだった。

夫はいつも挨拶は〝贈与は現地人への施しではなく、現地人の進歩のための道具であるとの思い込めたもの〟といっており、ある記者は私に夫の挨拶を誉めてくれて、夫の主張はちゃんと届いていると感じた。

さて八八年二月二八日はサンタクルスから三百キロブラジル寄りの所の鉄道起工式で、夫は交通大臣と共に軽飛行機、車、トロッコを乗りついでの苦行の式を行ったが、労働者の手際のよさに感心したと語っていた。

三月四日はチチカカ湖の鱒の養殖センターの引渡式だが、大統領と副大統領のほか大臣四名も出席する国を挙げての行事となった。この地方はプレインカのティワナク遺跡もあるアイマラ人の住む地域で、政府高官も夫も町長と同じ民族衣裳を着せられて挨拶し、その写真はこれまで以上に大きく各紙々面を飾った。

三月十四日はラパス市中央病院に、五百万ドル相当の医療器材の贈呈を行った。この中には救急車も一台含まれていたが、後日救急車は職員の休日の家族旅行に使われているとの噂しきりだった。

四月十四日はコチャバンバの野菜種子研究センター起工式のため出席。

四月二〇日、エルアルトで食糧増産援助のためのトラクターと肥料の引渡式。ボ

チチカカ湖ます養殖所開所式で、パス大統領、村長と一緒に記念撮影。

民族帽をかぶって挨拶する武好。

リビア側は日本の肥料が高価なのでブラジル製品が欲しかったとの事。肥料は農民に有料分配するからという。この願いは夫の努力によって、八月二七日リベラルタ市での道路用トラクター等十数台の贈呈で実現した。ブラジル製は安いため台数が多くなり、部品入手も容易で修理が楽だと大喜びされた由。リベラルタはラパスから千キロ北方のアマゾンにつづく低地にあり直行便はないので、同行の交通大臣と小型ヘリを乗りついで行く不便さだった。

そして引渡式後、小学校々で日系二三世三百名ほどに西語で挨拶、会談でも日本語を全く解さず、自分の姓も小原だか大原だか不明の有様で、日本大使の訪問は珍しく喜びだった。夫は近くのコビハ町の邦人訪問のため、交通大臣と別れ邦人の車で行って邦人宅に一泊したが、ペルーから逃亡した高令の数人の移民と、数百人の二、三世に会い話を聞き、この地方に住む千名余の邦人の困難な生活ぶりを知った。

八九年になり一月二〇日のサンタクルス市郊外の家畜改良センター引渡式には、私達の帰国前のサンファンと沖縄移住地訪問を兼ねて私も同行した。強風と俄雨の下の式は、国旗掲揚から始まり農牧大臣と大学学長と夫の挨拶、沖縄県人の専門の説明と形式ばって長かった。

だが昼のバーベキューパーティになると、隣席の農牧大臣は「私の三代前は神父で原住民と結婚しました。私は白肌ですが妹はモレーノ（褐色肌）なんですよ」と話し出した。何度も会って親しいとはいえ、私達はその率直さに感動した。夫と私は彼らは南米一の素朴で真面目な人柄をもつボリビア人を讃え、コチャバンバ病院を見学したことを語り合った。

コチャバンバ市に六年前寄贈した小規模病院は看護師と医療技師養成所が建設されていて、そこには当時珍しいエイズ研究会も作られていたが、何より心臓バイパス手術の出来る病院として有名になっていたのだ。ただ日本病院と名付けなかったので、そこが日本の援助による病院であることは忘れられていたが――。ともあれ成果を上げるのが望ましく、夫は殆んど使われない橋と、機材の私的流用問題の解決に苦慮していた。

天皇の崩御と離任

八八年九月十九日、天皇吐血の第一報が届いて以来、毎日天皇のご容態が伝えられ、崩御の際の心得も加えられた。そうして一月六日現地のテレビは〝一月六日午後七時崩御〟と放送した。私達はサロンに御真影を飾る祭壇を設け、十日から三日間大統領はじめ一般人までの弔問を受けた。

その間の十一日内示通り帰朝命令が出て、超多忙の毎日が始まった。サンタクルス移住地訪問や、二三日から一週間のメキシコでの大使会議、私のブエノスアイレス行などの行事の間を縫っての送別会と私への茶会などなど。

これらの中で特に印象的だったのは、第一が交通大臣邸の昼食会で、このような会の慣例で夫が挨拶すると、交通大臣は「伊藤大使のように上手な挨拶のあとでは困るんだが……」の前おきつきでペーパーを読み上げたのだ。雑談に入ったとき皆に「一体どこで勉強したのか」訊ねられ、夫は戦時中の年限短縮で一年間しか教室で学ばず、学徒動員により工場で働いていたことを隠して、東京外大でと答えていた。真実を云っても信じて貰えないと思ったのだろう。私は複雑な思いで同席の三組の大使と二組の大臣の率直な友情に心の中で感謝した。

二つ目は出発前日の〈日本留学生の会〉のシンポジウムと称する送別会が、私達夫婦の顕彰式だったこと。式後の最上階の音楽付コクテルは、美しいラパスの夜景と元留学生らの語らいに彩られた忘れられない至福のときとなった。

もう一つはベデルガル外務大臣主催の授勲式。普通大使の授勲式は外務省サロンで勲章が渡され、ワインで乾杯という簡単なものだが、二月十日の夫への授勲式は旧シェラトンホテル（ラパスホテル）で主要閣僚と各国大使夫妻を招いた夕食つきの異例の豪華さ。各国大使らは日本国と夫の働きに当然のことと祝福してくれた。また外務大臣は私に「あなたにも勲章を差上げたいが、わが国の制度にないので残念です」といわれ恐縮してしまったが、私の文化活動も高く評価されたのは嬉しか

った。

そうこうして二月十四日火曜出発の日、雨の中九時前に空港に着くと見送りの外交団婦人会の人達が三〇人余も来ていて、一階のＶＩＰルームに入りきれず、急遽儀典長が二階の大統領専用室を解放して下さった。中央壇上に国旗と大統領用椅子があり、式典ができる立派な大きな部屋だった。その部屋の中央のソファで、口々に日本大使のお蔭でプレシデンシャルルームに入れたと大喜びで、楽しい別れになった。九時半機内に移り、十時六分離陸。夢の中の出来事のような心地で、雨上りのアンデスの白雪の山にさよならをつぶやいた。

ボリビアの最高勲章受勲記念写真（ラパス・ホテル叙勲記念晩餐会にて。

第16章　母国での最初の三年間　1989.1～91.12

息子との帰国、大喪の礼

八九年二月十四日、私達はラパスに別れを告げ、リマを通ってボゴタに赴いた。五年の仮埋葬を終えた息子の遺骨を連れ帰るためだった。その日の夜ダニーロ夫妻と娘ディアナが、息子の遺骨の入った黒塗りの小さな箱をもってホテルに来てくれた。「あなたの息子をお渡しします」といって。両手に抱いた息子は私には重かった。

翌日夜八時よりテケンダマホテルで、大学の先生と学生達在留邦人等六〇名を招いてお別れ会を催した。学生は馴染みのない顔ばかりだが、フミオ財団の奨学生に紹介され嬉しかった。学長とトロンコーソ学部長はイトウフミオ財団はフミオホールを造り、毎年四人に奨学金を給与したことと沢山の出版を行ったことを語り感謝を述べられた。私は食事のときの隣席のトロンコーソ先生の「フミオはいまも生きています」の一言に涙を抑えきれなかった。それまでは人前では決して泣かなかったのに。翌日の学長主催の昼食会でも、二〇数名の方々が〝あなた方の大学とかあなた方の家〟といわれ、息子の存在を実感した。

その夜私達はワシントンに出て十九日夕刻ホテルニューオータニに帰り着いた。

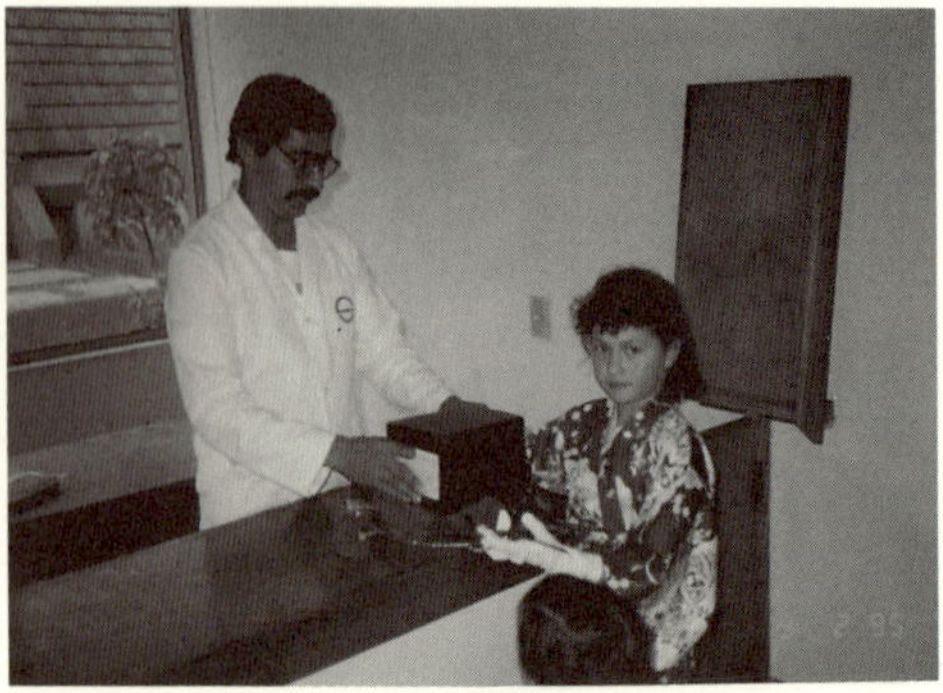

遺灰となった文雄を受け取るダニーロの娘、ディアナ・マリーア。

大喪の礼のため一般客は泊めず、特別客の私達も本館十一階のホテル役員八名が泊る階の一室だった。新館はミッテラン大統領ら仏語や西語各国の賓客用でロビーの警備は厳しかった。夫は政府の紋章入りネクタイピンをつけたが、私は何もないので私服や女警官に不審視された。

二二日に夫は、大葬の礼出席のためにに成田からヘリコプターで来たボリビア副大統領を迎賓館で迎えたが、ホテルの新館も到着する各国弔問客で一杯になった。そして二四日朝夫は冷たい雨と寒さの中総理官邸からバスで会場に行き式典に参列。私は自室のテレビの前で目と心をこめた。夫が帰ってからは、三年前の謁見の折に〝体を大事にして〟と仰せられた昭和天皇の優しさと、講和条約発効のときから始まった私達の外交官生活が、今日の昭和の終りと共に終ったことを話し合った。

私達の移住計画

夫の退官の日まで時間がったので、その後ラパスの日建工業支店長白根氏の奨めで仙台の本社を訪ねた。この会社は十部門をもつ中企業だが、秋保温泉ではサンタクルスのホテルを模した高級ホテルを経営していた。加藤社長はホテル建設の折ブラジルの日系画家を数ヵ月招いてホールの壁画を描かせたり、八六年には中南米の在日大使夫妻を招き二日がかりの親睦会を開いたほどのラテンアメリカ愛好家だった。

三月末には〈囲碁アマチュア世界選手権大会〉があり、南米代表としてアルゼンチンのアギラール青年が来た。夫はプリンスホテルの前夜祭と翌日の日本棋院の試合に同行などしたが、一回戦で敗けてしまった。夫は彼が強力なブラジル囲碁会を破って来日した事を讃え、二重橋や浅草や桜見物に連れ歩いた。

この当時日本はバブル景気で、一億円の家やマンションも珍しくなかったから、私たちは得体の知れない経済のあり方に嫌気がさし、アルゼンチン移住を思いたった。そして四月に入ると夫は移住手続きを始め、私達はホテル内の岩井クリニックの人間ドックを受診した。私は胆石で早急な手術が必要との診断で、四月中旬虎の門病院で六時間に及ぶ手術を受けた。肝硬変寸前で取り出された小豆大の九八個の石に驚いてしまった。それでも二週間後退院し、家財整理のため桜上水の外務省寮に移った。約一ヵ月夫は仕事の選り好みするお手伝いさんを四・五日使っただけで、一人で奮闘していた。

夫の再就職

六月七日夫の退職の日が来て、夫は外務省に行き依願免官の証と七月からの三和銀行顧問の再就職の辞令を受けた。折しも天安門事件で省内は大騒ぎで、夫は知人らに十分の挨拶もせず帰ってきた。

その後私達は移住は新職場の終了後として、貸マンションを探して通勤に便利な湯島天神近くに居を定めた。

それから程なくの七月四日、両陛下のご招待でドイツ、トルコ、ドミニカ前大使夫妻と皇居のお茶会に伺った。大使任務終了の慰労の意だろうが、両陛下はどの国についてもよく勉強しておられ、ティワナク遺跡の「太陽の門」まで話題にされたのには敬服してしまった。

さて夫の勤務は週三回の短時間だったが、初めての異った仕事にすぐ馴れたらしい。八月二五日にはEU統合問題で講演をして好評を博したと言ったが、九月十一日にはハンガリーの橋渡しで東独の人々が西独へと大移動して話題となり、十一月九日ベルリンの壁崩壊！

一方わが家の十二月は二つの心のこもった会合。一つは十二月荒木草栄主宰の〈茶道生花の創流四〇周年記念会〉。夫は席上女史が二人の弟子と元駐日ボリビア大使吉田夫人の求めでラパスに来られ、すばらしいお花とお茶の会を催された話をした。その会には女史を師事する中南米やアジアの外交官夫妻や政済会の方々も出席していたからだった。

もう一つは宇都宮の菩提寺の寛専寺の墓の改装が済み、十二月十五日に親族十五人と加島君が集まって、息子の遺骨を収め七回忌法要を行ったことだった。

アルゼンチンと西欧旅行

私達の移住手続は昨十二月で終えたが、九〇年になるとアルゼンチンの永住権取得のため、一月二四日ブエノスアイレスに赴いた。ところが一、二月は夏休みで係官も休暇中で、取得できたのは二月十五日だった。もっともその間親しい新垣氏や比嘉氏一家の方々や、新聞社の田中氏や高木氏、大使館現地職員の人々と交り、共にバカンスを歓しんだ。

ただ誰もが経済不況を訴え、若い日系人の日本への出稼ぎが始って、日系社会はつぶれてしまうのではと危惧していた。それにあれほど安全だった地方都市では、略奪や強盗事件が頻発している事を聞き、私達の移住をためらわせる気持になった。

しかし二月十六日ラパス行便でサンタクルスで乗り換ると、機内には顔見知りが三人もいて故郷に帰った感じ。それからラパスの五日間は「ユリコが帰った」と引っぱりだこ、初日夜は河合邸のパーティに、二日昼はアニータ邸の昼食会、三日昼はブランカ夫妻招待のボリビア料理、夜ネリー邸に行ったら誕生パーティで副大統領夫人や外務大臣夫人もいて大歓迎された。四日目の昼食はオペラと演劇関係者十七名と会食。四時イタリア人会館でアニータの婦人会の茶会、夕方は高野コック経営の料亭〈ふじ〉へ。ラパスが好きで残って開業したが、チリから材料を空輸するので経営が大変と嘆く。九時にはパラグアイ大使夫人の誕生パーティに招かれ、各国大使方をびっくりさせてしまった。五日目朝はトレホン家の朝食会、昼はJICA招待の仏料理、四時のお茶は下町の坂上にあるソニーの喫茶店に折紙グループが集り、折紙の西訳本の出版を相談。夜は日本人会館で日建支店長白根氏と棋友数名と会食碁会で一時まで。

二二日はリマに行き一泊して黄金博物館と天野博物館を見学した。街角に大統領候補の日本人の大きな看板を見つけた。驚く私達に同行の大使館員は、「フジモリという農科大学々長ですよ、泡沫候補ですがね」と言った。

私達は二四日トロントに出て二泊、冬のナイヤガラの滝をみたり市内観光をした。トロントでは中国人と韓国人がホテルのメイドやタクシーの運転手をしているのが印象的だった。こうして三月二六日三七日間の旅終了。夫はブエノスとトロントの支店を訪れたりして少しは仕事をしたらしい。

その四月ペルーの大統領選挙でフジモリ氏が当選!! 現地の日系人は大統領となって失敗するとまたペルー人に虐められると、当選しないよう紙の人型を冷蔵庫に封じこめ祈ったというが、何という快挙であろう。

さらに八月二日にはイラクがクエートに侵攻し、米軍の海上封鎖が激しくなる事態となった。この頃銀行では九月三日から二週間の夫の欧州出張を計画して下さったので、私も旅費を負担して同行させて貰うことにした。そして息子の親友加島徹君が五年もイスラエルのキブツに行ったままなので、両親より帰国を果すよう頼まれ、バルセロナで落ち合うよう計ったのだ。こうして私達はロンドン二泊、パリ一泊、リスボン二泊、バルセロナ三泊、マドリッド二泊、セビリアとグラナダ各一泊して十六日帰着した。

この頃日本はバブル期で、欧州各国に進出する必要があったから、バルセロナでは支店開設準備を、リスボンでは支店の拡大移転が進行中だった。

現地バルセロナは九二年のオリンピック会場や空港の整備中で、セビリアは万博会場の建設中で活気に溢れていた。ただ夜は物騒でバルセロナの運転手はフランコ時代の方がよかったと嘆き、マドリッドの夜のタクシーは助手席に家族を同乗させていた。そしてセビリアではアフリカからの出稼ぎ移民で、スペイン人が職を奪われるという話を聞いた。

私達はセビリア滞在中、モゲールという私達の訳書『プラテロとわたし』の著者の故郷とコロンブスが船出したパロス港の五百年祭のメーン会場を訪れたが、両方とも美事に装われ、そこからセビリアまでの〈五百年記念ハイウェイ〉も美事に完成していて、スペインの工業化の進展ぶりに驚かされた。

それから間もない十月二日東西ドイツの統一が実現。連日テレビは現地の状況を放映したが、その中にボリビアで親しかった東独大使が、外務省を辞めさせられソーセージ売りの屋台に立っている姿が映されていた。温和なブリギッタ夫人の姿はなかったが、懐しさと哀れさで胸がいっぱいになった。

私の手術と移住とりやめ

九一年正月四日から三泊四日の沖縄旅行に出た。夫が『日本人の移住』をまとめようと考えたからで、県庁移住課の人々や毎日案内してくれた運転手さんから生活ぶりを聞いて、日本一の移住県ぶりを知った。

四、五月頃夫は横浜の教育大学の二週間の講義に出かけたり、母校海城学園で講演をしたりした。そして夫婦で現代企画室の太田編集長に会いに出かけた。ボリビア移民の本に添えられた挨拶文に感動したからだ。ラテンアメリカ関係の本を今後も数多く出版するとの事で応援したいと思った。

その八月私は移住前にリウマチで痛む左膝と、腰骨にもぐり込んだ右股関節を治したいと虎の門病院に入院、八月十五日左足の人工関節換置手術を受けた。ところが手術終了直後血栓が肺にとんで呼吸困難で危険な状態になった。そのため今後は手術はできないと宣告され股関節手術はとりやめになった。当然海外移住はあきらめざるを得なかった。せっかく取った永住権手帖は一度も使わずじまい。それより新垣氏等待っていてくれた人々へのおわびのつらさ!

秋頃になって夫は銀行の海外拠点長会議に出て、景気後退の厳しい現実を知ったと語ってくれた。こうしてバブルがはじけ始めた重苦い空気の中、十二月二七日夫は三和銀行を退職した。夫は二年半の経済界の新しい体験を加え、全く自由なただの人になった。

九一年は国際的にも崩壊の年で、四月末来日して大歓迎されたゴルバチョフは、七月一日のクーデターで失脚し、十二月二五日ソ連邦は崩壊した。私はボリビアで親しく交り、日本公邸の音楽会でピアノを弾いて下さったソ連大使夫人が、どうしているかと案じた。

だが何よりの悲しみは、息子の恩師トロンコーソ博士十月他界のお知らせ。前々から心臓が悪いとの噂で日本へお招きの手紙を差上げたのだが。

ただ一つの慶事は、メキシコ時代から親交を続けている福沢一郎画伯が文化勲章を授勲されたことだった。

パリで立ち寄ったムーランルージュでの記念スナップ。台紙は、ロートレックが描いた踊り子の絵つき。

第17章　終の棲家を定めて　1992.1 ~ 94.12

終の棲家を社交場に

家探しという課題をかかえ落着かない日々を送る私達は、一月末の午後珍しくクラシック音楽を楽しんでいた。その途中私はレコードを代えようとプレーヤーに近づいたとき、じゅうたんの端につまづき右手とお尻を床に打ちつけころんでしまったのだ。虎の門病院に救急車で入院したが、骨盤内骨折との事でただひたすら安静に横たわるのみで三十日を過し、十日のリハビリを済ませ歩けるようになった。だが右足は四糎短くなり、二糎高くした特製靴と杖を使う身となった。ただ夫はその間毎日病院に来て〈喫煙室〉に通い知人の大使の親族や有名歌手の母等の患者と親しくなり、料理の出来ない不便さを院内レストランで凌いで満足していた。退院して以降、私は右手に銀の杖を、左腕を夫が取って歩くのが習慣になった。お杖様と称して。

その後私達は義弟妹達が住む宇都宮市に家を建てようと出掛けたりしたが、舞い込んだ一枚のチラシが終の棲家を決定した！

それは仮住いに近い湯島四丁目の十六階建てマンションの七階で、南向きの部屋からは、春日通りを隔てて湯島天神境内が食卓に坐したまま一眺できた。夫は即座に買うと決めてしまった。まだバブル末期で八千万円という高値だが、値切りをしない夫に代って仲介の藤和不動産の人が七千五百万円に値下して貰った。タクシーしか使わない私にとっては、昼夜タクシーが走っていることや、館内に食料品店や美容院があって嬉しかった。

さらに意外な発見は、以前ニューオータニ宿泊中買った観光地図に東京文化会館と並んで湯島ハイタウンの名があり、高級ショッピングと飲食店街かと話合った所だった事だった。藤和によれば、この建物は三〇年前のマンションブーム初期に、モデルマンションとして選ばれ、政商岩崎氏が相続税を物納した三千坪の国有地に建設したもので、A棟は富裕層向け、B棟は庶民対象で六〇平方米以下だったが、市価の半値以下で売り出されたという。

六月十七日私達はリフォームを済ませ、終の棲家に落着いた。長い流浪生活の終り……。

その少し前の五月二九日は、両陛下のお招きで赤坂御所でのお茶会に伺った。皇太子時代の南米諸国御訪問二五周年記念日なので、ペルーとアルゼンチンの元大使館員とサンパウロとロスアンゼルス元総領事館員夫妻六〇名ほどだったが、両陛下は一人ひとりに言葉をかけて下さるので、同じ仕事仲間のような親しみを感じた。

私は顔を合わせて時間と空間を共有する大事さを教えられた思いだった。

新しい生活が身についたある朝、私は夫に云った。「これからたっぷり時間があるし、貴男は西語を書くのが上手だから、日本文学の古典の西訳をしたら？ 源氏物語の美しい西訳を残せるのは貴男だけですもの」。夫は直に答えた。「自由な人間になったのだから音楽と読書で心豊かに過したいと思っている」と。私はあたら才能を無駄にすると怒って、彼に〝あたらの君〟と名付けた。

八月十日に十六日間のバルセロナ・オリンピックが済むと、わが家を友人と交る楽園にしようと考え、海外で親しくなった友人達を招いてブリッジ会を再開した。エクアドルでブリッジ会を創った東綿支店長林氏とブラジル高砂香料の松尾氏、外務省員の大池夫妻との会は午後二時から翌朝始発までの徹夜の会となった。その後林夫人や元エクアドル川崎汽船の松井夫妻、夫君が三菱商事の永見夫人が加わり、松尾大池氏らが海外勤務になり、電源開発の夫の碁敵、松田氏が入った。そして彼の箱根のリゾートにブリッジ旅行をした。その後も元コロンビアの三菱電機の鎌倉在住の森氏と、元コロンビア大使館員の小河原夫人が加わって、毎回人数は六人～八人と変ったが、月一回が恒例になった。

私は九二年五月三〇日に『百年の孤独の国に眠るフミオへ』を出版した。現代企

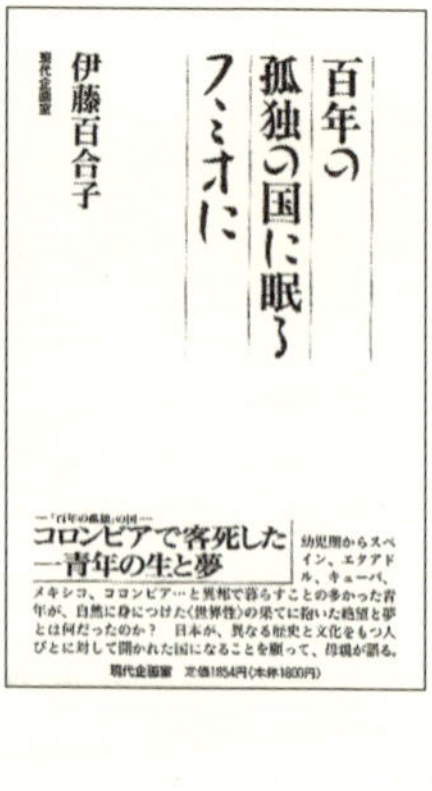

『百年の孤独の国に眠るフミオに』書影（現代企画室、一九九二年刊）。

画室の編集長太田氏が、コロンビアのノーベル賞作家ガルシア・マルケスの代表作からのネーミングを行ない、アリサのクリスマスカードの絵の装丁で創った本はすばらしかったが、書評にもとり上げられず終ってしまった。

もっともその頃はベストセラー以外は売行きが悪くなっていたらしい。六五年『プラテーロとわたし』を出版した理論社は、三つの児童図書出版社と共同して、各社の名作を集めた《フォア文庫》を創り、プラテーロの本も二冊に分け一冊五百円で売っていた。そのお蔭か若い読者が現れ、明大生高木青年がわが家を訪れてくれた。彼はフラメンコの踊り手だったので、フラメンコグループとヒメネスの故郷を訪問したりして、長いおつき合いとなった。

ともあれ『プラテーロとわたし』は毎年版を重ね、二〇年ものロングセラーになっていたのだった。そして六七年、弥生書房出版の『ヒネメス詩集』も五刷再版で、出版社が消滅したにもかかわらず、詩の引用許可を求める申し出が続いていた。(〇五年には『プラテーロとわたし』の一節が大学入試問題に、『詩集』の二篇の詩が用語辞典に引用された)。私達は名作の偉大さに改めて感動した。

さて湯島に定住してからのわが家への外国からの来客も増えていった。十月には村越夫人主宰の画廊四一二で、〈竹久のぶ展〉が開かれたので、竹久さんの歓迎会を開いた。のぶさんは竹久夢二の義娘で、コロンビアに移住し画家として活躍され

湯島ハイタウンの新居へ、最初のお客様が大勢みえた。

ていて、私も彼女の家を訪ねたりした。折よく来日中のコロンビア在住の牧場経営者竹本氏夫妻（通産省の海外優良企業表彰式出席のため）と画廊の村越夫人、太田夫妻、小河原夫妻も招いての賑やかな会となった。

ところでこの年は私の日本女子大卒業五〇周年に当っていた。そこで『五十周年記念号』を出す事になり、志磨、福長両氏と私が編集に当り、六月のクラス会を十人ほどが集って私宅で開いた。完成した文集を配ったが間違いを発見、改めて再度配布しなおす失敗をしてしまった。

嬉しい出来事は、十月十八日に、私が結婚前教師をした栃木県立女子青年師範学校の第二回卒業生の宇都宮市での同窓会に招待されたことだった。出席の教師は親交中の生出あさの氏と私だけで学生も半数の十五名、男性教師は一人が現役中学校長で他の五人は他界の由。学生達が中学教師や地方名士で活躍しているのに感動した。

その二日後福沢一郎画伯が他界され、教会のミサに参列してメキシコ時代からの四〇年余の交際を偲んだのだった。

それでもこの年は喜びで終った。仙台の日建工業加藤社長がボリビア国名誉領事に任じられ、十二月三日秋保の自社ホテルで叙任の祝典が開かれたのだ。モンテネグロ駐日大使夫妻はじめ知事や仙台市長、東北大石田学長、北欧二ヵ国の名誉領事等も出席する国際的集会となった。夫は三年越しの仲介の労が実を結び満足げだった。

そして十二月中旬スペインのフェセールがバルセロナの伯父と三度目の来日、ニユーオータニで、亡きベルタの事や発展するバルセロナの事など語り合った。

私達のオペラ狂時代

九三年はモーツァルト年で、前年から彼のオペラが放送されていた。それにオペラのLPレコードの販売も最盛期だったから、ボリビア時代のオペラ熱が蘇った。夫のオペラ蒐集も熱が入り九三年には有名作品のディスク一二〇枚を集め、年の後半の音楽会場通いで都内のほとんどの会場を知ってしまった。この年オペラの引越し公演が増加し、私達の引越公演観賞は九三年六月十日のメトロポリタン劇場のワーグナーの『ジークフリード』から始まっていたからだ。

九四年も前半が過ぎる頃は、ディスクで見た欧米の劇場を訪れたい思いが強くなった。それで、一ヵ月のミラノのオペラ生活を計画した。

九月十九日ミラノに着くと、在住の鈴木葉子氏とスカラ座で『ボエーム』を観賞、レザーディスクそっくりの舞台に懐しさと現実の感慨。その後旅行会社で予約をとり九月二四日より一〇月一一日までオペラ公演運まかせの四都市を巡る旅に出た。

最初のコペンハーゲンでは、泊ったヒルトンホテルの日本人ボーイが「美しい町だが物価高で住みにくい。人のよいユーゴの妻の里がよい」という。そして人魚姫像の前では、大学教授を名乗る立派な紳士が観光案内をしたいと申し出た。お伽の国らしからぬ現実。

泊まった二夜はオペラ上演がなく、オペラハウスで観た国立バレエ団公演は、大柄なバレリーナの群舞などに圧倒され息を飲む美事さだった。何とこのバレエ団は百年の歴史をもつという。観衆もゆったり和み快く、住みにくさなど別世界の感じだった。

次のベルリンでは東独の中心地のヒルトンホテルに投宿したが、周辺は昔の重厚な建物ばかりで、人出もなく静かすぎるほど。次の日は爆撃されたままの西独との境の教会前で、昼食をとったが街のけばけばしく騒々しいのと、ウエトレスがアフリカからの移住の女性ばかりなのに驚かされた。

夜はホテルの前の古いコンサートホールで、ベルリン交響楽団の『第九交響曲』を聴いた。合唱団は少人数ながらすばらしい演奏だったが、夫は気分が悪いと化粧室で聞くハメになった。煙草の吸いすぎらしく帰り道元気になった。

翌日夜は古い由緒あるオペラハウスで『魔弾の射手』、ドイツ人による民族オペラを観賞した。舞台装置はドイツらしい雰囲気で、演奏とオペラハウスの立派さにも感動した。

三日目の夜は西独側の新しいモダンな劇場で現代バレエを観た。日本人男女二人がプリンシパルで踊っていた。帰途大学生らしいタクシー運転手は、道路修理中で遠廻りしたからと料金を割引いてくれた。

次のプラハのフォーラムホテルもベルリン同様五年前建設の米国様式、十四階の自室からはプラハ城や市街が一眺でき、昼も夜も美しいプラハを堪能した。しかも十六階のレストランでは昼夜生演奏があるので、ついそこで郷土料理と音楽をたのしんだ。昼のタクシーでの観光も一時間三〇ドル（コペンハーゲンは百ドル）と安く、大学生の英語のできる運転手も感じよく親切だった。

夜は古い立派なオペラハウスで『アルジェのイタリア女』を観たが、電光掲示板があり、舞台演出もサービス満点だった。スメタナホールは公演がなかったが、街中が和やかで音楽が溢れている感じがした。

五日目ハンガリー行のため入国査証をとりに領事館に行ったら民族衣裳のボリビア人がいた。彼はチャランゴ奏者でブタの下町のホテルで毎夜演奏しているとの由で、プラハにも演奏拠点を作りたいと語った。

ハンガリーのブタのハイアットホテルは、ダニューブ河畔でライトアップされた対岸の王宮や橋が美しく輝くのがみえた。女性的なプラハと対照的な男性的な街の重厚さに圧倒された。

翌日昼は古いオペラハウスで『ドン・カルロ』が予定されていたが、大統領も出席するガラコンサートで既に切符は完売、もう一つのオペラハウスで『セビリアの理髪師』をみた。二階正面の枡席で見易く、隣りでは父親と三人の少年が喜んでいた。歌がハンガリー語でアリアだけイタリア語で少年達も分り易いと思われた。入場料も安く子供達にも親しまれているのは驚きだった。ハンガリーには日本から百人もの留学生が来ている由、プラハと並ぶ音楽国だったのだ。

ところが快い旅は盗難事件で終ってしまった。有名な喫茶店前の歩道で、バックに入った高価なダイヤ等の宝石類をすられてしまったのだ。夫は「体を傷つけられたわけでもないし、仕事で必要がなくなったのだから、誰かの役に立てばいいさ」と言い、その一言で私も諦めた。

ミラノに帰った翌々日ストが行われ、十五日のスカラ座の公演『ポッペアの戴冠』は、時間も守らず指揮者ムーティと主役も代役だった。舞台も貧弱で第二幕に入るとき二百人以上帰ってしまった。

そうこうした四都市十七日間の旅とミラノでの生活によって、なり行きまかせのオペラを堪能し、ささやかなつき合いで国民性や実生活の一端にふれることができた。それに各都市に建設された米国名のホテル等からユダヤ資本が動いていてＥＣの経済統合が近いと夫と話し合った。（後日、日経新聞に独記者の書いた論説で私達の見方が正しかったと分ったが)。

九四年の大晦日は恒例となったベルリンフィルのジルベスターコンサートで越年した。この当時NHKは毎週末欧米各国の劇場公演の音楽会やオペラを放映していたのだった。

第18章　交友と旅の多忙な日々　1995.1〜2000

ボゴタ、ニューヨークの旅と日本発見の旅

一九九五年は一月十七日の阪神淡路大地震の驚きから始った。私達は息子の親友林田君の神戸の実家に僅かな食料品を送っただけだったが、被災地への援助活動は熱心に行われ、この地震を契機に日本人はボランティアに目覚めたのだった。

そしてこの年介護保険制度が誕生、文京区福祉会の係の婦人が来て、わが家の週一回のお手伝いさんを、福祉会員に換えてくれたので一日五千円の負担金が三分の一位になった。

一月末コロンビアのアリサ画伯の次男が文部省留学生として来日したので歓迎会を開いた。すでに留学生として来ていたオルガ・ロウとその母中山順子ロウ夫人（主人は私達がボゴタ在任中暗殺された法務大臣）、コロンビア写真展計画中の加納夫妻、元コロンビア大使館参事官高野夫妻、元コロンビア大使館員の小河原夫妻、現代企画室の太田夫妻、コロンビア専門家平尾氏の十四人が集ったが、会話は専らスペイン語。だがアルフォンソは日本画、オルガは彫刻を学ぶと希望に燃える若者を囲む会は心地よかった。

そして三月、私の『百年の孤独の国に眠るフミオへ』の西訳本が出来、その出版記念会にハベリアナ大学への旅に出た。そして三月十八日私達はまず病床のアリサ画伯を訪ねた。昔の面影を残す古い地区の石造りの家の居間に、傍らに酸素ボンベをおいた車椅子の画伯は、夫の活々した話ぶりにつられてか、しっかり話されたのに安心した。老いと疲れがみえる夫人はいつものように日本茶を供し、記念にとサバンナの版画をゆっくり包み贈って下さった。

ホテルに戻りテレビをつけると、地下鉄サリン事件のニュースを伝えていた！その後会った知人達が、東京の安全神話はくずれ、世界一危険な町になったと言うようになった……。

息子の命日三月二一日には、恩師トロンコーソの妹マリア・エレーナの案内で大学食堂付小講堂に行き出版記念会へ。六時芸術学部女子学生の二曲のレクエムのフルート演奏に始まり、文学部長の本の紹介、学長のザビエルの書簡を引用しての日本人礼讃、夫のボゴタの緑に譬えての知的風土の讃美、色摩大使の両国の交流の希望等で会終了。会終了後学長は隣室食堂の壁一面の緑の絵の前に案内して下さった。

翌日は正午からトロンコーソ博士と亡息の大学教会での追悼ミサ。その後学長主催の十名ほどの昼食会と、礼儀正しいエレナの大学生の息子の運転で市内を一眺、発展を見せる有様に感激した。そして夜は料亭〈初花〉で竹内夫妻、ダニーロ夫妻、

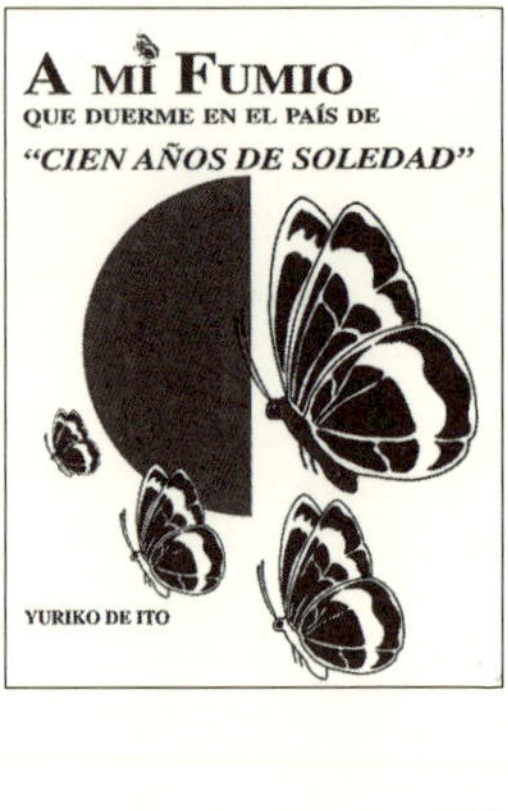

A MI FUMIO
QUE DUERME EN EL PAÍS DE
"CIEN AÑOS DE SOLEDAD"
YURIKO DE ITO

フミオの思い出を綴った本のスペイン語訳が出来上がった。

アベージョ夫妻、マリア・エレナと日本食でお喋り。西訳本の好評は嬉しいが、寂しさも加わり複雑な思いで過した。

エレナらに見送られニューヨークに出た私達は、音楽会と美術館廻りの十日間を過した。メトロポリタンオペラハウスでは、二四日『椿姫』、二五日はパバロッティの『トスカ』、二八日はドミンゴ指揮の『蝶々夫人』、二七日はカーネーホールでのオーケストラ演奏という豪華さ。引退をささやかれているパバロッティは体は衰えても声は健在だった。そして市内を廻りハーレムが平穏な整然とした町に様変りしていたことと、中国人街が活気に溢れ賑々しかったのが嬉しかった。

旅行から程ない四月十六日、恵比寿のガーデンホールで、藤城清治氏の影絵『プラテーロとわたし』が上演された。これはこの中の数篇の叙事詩にテデスコがギター曲をつけた作品で、八千草薫が朗読、関西のギタリストが伴奏したが、花で飾った舞台のカーテンに写し出される電光影絵の見事さに息を飲むばかり。満員の親子を感動させた公演は二日続けられた。

うっとうしい日が続いた六月十二日、アリサの逝去が伝えられ、上智大のコロンビアからの客員教授アンドラーデ神父主宰のミサが同大教会で執り行われた。私は体調悪くミサは夫に任せて家で祈りを捧げた。

さてその年はオペラの引越公演が多く、私は六月二二日上野文化会館の『ジャンヌダルク』と、三〇日NHKホールのボリショイオペラ『イーゴリ公』を愉んだ。

さらに七月にはボリビア在住の日系二世で折紙上手なテレサ長谷川と娘アケミが来たので、元ボリビア青年協力隊員の小田切昌子氏と元専門家吉田氏を招いてボリビア時代を話し合った。

その七月参院選挙があり、前コロンビア大使館参事官で公明党の高野氏が当選した。応援の講演会に出たりした夫もトップ当選を喜んだ。

十月になるとコロンビアの日本大使館の高級クラークのアベージョ博士が来日、ニューオータニで日本庭園をみながら会食したが、彼は訪日二度目なので東北に行き日本研究をしたことを語った。私達も十一月十四日日本発見の旅をと、高知と高松を訪ねた。

そして十二月には新任のコロンビア代理大使と日本在勤が長い女性文化担当官の平井さんとニューオータニにお招きした。日本庭園が好評だったからだ。

年末にはペルーから一時帰朝の永見夫人と林、松井、小河原各夫妻と中山夫人等とオペラをみてお喋り、大晦日はウィンフィルのコンサートで越年。今年レザーディスクが一枚一万円のが半値に、ワグナーの〈指輪〉五枚組八万円のところを三万五千円で入手できた。これが、やがてDVDへ移行するとは、予想もしないことだった。

湯島天神の改築と第二回日本発見の旅

寒さの厳しい一月五日、現代企画室の太田夫妻来訪、私の西訳本が日本で四、五〇冊は売れそうとの知らせ。思いがけない事なので嬉しかった。

三月二一日は息子の十三回忌なので、十七日日曜に貸り上げた車で宇都宮往復。親族と加島君十八名で寛専寺で法要、櫻亭で昼食会。和尚は老いが目立ちお説経も短く、夫の寺嫌いが深まった。

五月にはわが家の前の湯島天神が三年越しの改築を終え、桃山様式の平成の文化財となった。そして五月二五日は盛大な神幸祭が催されたが、前夜祭には仮設舞台で薪能が催された。私達も野村万作の『棒しばり』と『土蜘蛛』を愉しんだ。神幸祭は義弟妹夫婦や幼児、加島君や妹一家らを喜ばせ、夜はねぶたを見たり提灯行列に加わったりした。

梅雨に入ると夫は喘息気味で病院通いをしたが、六月二二日には東外大総会に〈卒業五〇年奉祝組〉として出席した。西語科は五人のみ、この組は七〇歳を迎えたのだ。

七月にはサントリーホールでのヒブラのソプラノ独唱会と、目白のカトリック大聖堂でのシスティナ礼拝堂合唱団の合唱を聴いた。合唱はすばらしかったが、女子大時代よく行った西洋風の大聖堂はコンクリートのモダンなのに変っていて寂しかった。

八月六日はボリビアの独立記念日なので、元ボリビア大使と領事夫妻約四〇人が駐日ボリビア大使に招かれカナダ大使館内のクラブに集った。長く遠ざかっていたので気づまりの感じだった。

その八月わが家では自作戯曲の上演を望む富永ひろし氏を演出家藤城裕二氏に紹介する集りを開いた。富永氏はかつてスペイン好きの人を集めて『イスパノフィロス』という小冊子を十年ものあいだ自費出版され、私達もよく寄稿したものだった。藤城氏は昨年文京区の小劇場で『プラテーロとわたし』をギター伴奏で鮮かに演じた方で、演出家だった。藤城氏の提言は実行されず上演できなかった。

平成になるとスペイン愛好者の会イスパニヤ会が誕生し、夫もそこで講演したりしたが、この頃から会報に「スペインをテーマにしたオペラ十五曲」とか、「ヨーロッパ旅行記」などを連載していた。

そして同じ八月ブラジルのベレン市から、丸岡夫妻が「一生に一度」と天理教本部訪問に来日された。私が校歌の歌詞をかいた、夫妻経営の日本語学校は、八〇年代日本への出稼ぎが増えて閉鎖され、サンパウロに出た長男は交通事故死したという。（年老いて病身の丸岡氏は翌年他界）。

十月には京都で日本女子大同窓会があり、日本発見の旅をそれに便乗させた。京都のあと富山に出、さらに飛弾高山を訪れたのだ。

十一月六日はボリビアのサンチェス・ロサーダ大統領が国賓として来日された。

夫婦ともボリビアで親しくしたのでなつかしさ一杯で話し、夫人に「蝶々夫人」の子役のお孫さんの写真を差上げ喜ばれた。

十二月久しぶりで上野文化会館の引越し公演『カルメン』を観たら、主役が代役で、六万四千円損した感じで、オペラ観賞はこれを最後に止めにした。共著予定の『オペラの話』の資料と、夫の原稿『移民の話』や『古代原住民の物語り』も放置してしまった。

ペルー大使公邸人質事件とディアナマリアの招日

そして十七日にはペルー大使公邸の天皇誕生日パーティのさ中、トゥパック・アマルというゲリラ集団が、来客二百人を人質に公邸を占拠するニュースがとび込んできた。その後人質は男子八五人となったが解放はされなかった。

ペルー公邸はボリビア赴任途中二泊した所で、事件が身近かに覚え、真夏の人質の苦難を思いつつ越年した。

一九九七年になっても、人質事件は一向に解決されなかった。シプリアナ神父が人質との交渉に当ったが進展しなかった。二月には訪日して曽野綾子氏の案内で湯島天神を参拝、「日本人人質が無事解放されますように」と西語で書いた色紙を奉納された。(〇一年私は押見宮司よりこの話を伺い、色紙と写真を見せて頂いた)。

四月九日両陛下は新しいお住いの御所で、ペルー御訪問二〇周年記念のお茶会を催され、私達もお招き頂いた。いつものようにお話かけ下さるが、人質を案じる話ばかりで沈んだ雰囲気を、御所の自然のままの庭が和ませた。

人質事件は四月二三日、フジモリ大統領指揮の軍のトンネルからの突入作戦で三ヵ月半の幕を閉じた。ゲリラは全員射殺、ペルー人三人が犠牲になって。

その同じ四月、ハベリアナ大学出〈フミオイトウ財団〉の奨学金で修士課程を終了した真下祐一氏と夫人サンドラ、息子の学友落合佐枝氏を招いての夕食会を開いた。真下氏と落合氏は共に立教大の西語教師で顔見知り、サンドラは日本生活に慣れたが友人がなく寂しいらしい。質素で耐乏強いサンドラを夫は娘のように思い、彼女とのつきあいはすぐ深まった。

さらにその月には三年の留学を終え帰国するアルフォンソと別れの語らい、彼は一昨年国連大学の在日コロンビア大使館主催の美術展に大作〝竹林〟を出品し、昨年の日展で〝インド僧の祈り〟が入選するなど成果をあげていた。これから母国とニューヨークで個展を開くという。お祝いに義父の紋付羽織袴を差し上げた。

さらに四月はサントリーホールでのアグネス・バルツァのオペラ歌曲を聴き、藤城裕二氏演出の一人芝居『やさしさという名の階段』を町屋のムーブ劇場で愉んだ。

コロンビアの学校が夏休に入る六月、亡息の親友ダニーロの娘ディアナマリアを高校卒の祝いに招待した。彼女は幼い頃息子に詩を暗誦して聞かせたやさしい利発な子だった。わが家でも七月に行われる〈全国共通の大学入試資格試験〉の勉強をしていたが、小田切さんに案内して貰った都内や奈良、京都の観光旅行はさほど興味をもたなかった。同年代の永見さん姉妹はロックコンサートや慶應大学のスペイン語教室に連れていってくれると、彼女は日本ではイスパニア語でなくカステイリヤ語を教えていると批判精神を発揮した。私は行動的な年頃の少女の三週間の滞在が何を与えたかと反省した。

ただ六月十五日友人十六人を招いての、ボランティア演奏旅行中の中林淳真氏のギターコンサートはすべての人に感動を与えた。

七月から八月、真下・サンドラ夫妻はボゴタへ里帰り、フミオ財団から出版した詩集の発表会を催した、という。

八月になると夫は恒例のニューオータニホテルの囲碁クラブの大会に通ったり、二人で新国立劇場のマリアカラス展に行ったりしたが、三一日にはダイアナ妃がパリで自動車事故死された。テレビがホテルリッツを映し出すので、私達も同じ扉から出入りした事を思い出し身近かに思えてならなかった。

さらに十一月五日から三週間、夫は外務省に行き古文書開示作業を行った。元総領事ら五、六人と、倉庫から引っぱり出した古文書を見て、開陳するか否かを決めるのは、興味深いが苦労の多い仕事だったらしい。

大晦日は真下・サンドラ夫妻を招き、年越そばとおせち料理を供し、真夜中の初詣客で賑わう湯島天神へ送り出す。

九八年　故郷を訪ねて

わが家では一月十六日、真下・太田両夫妻と六人の新年会で幕を開けた。両氏は酒につよく、語りつつよく飲むので、ボリビア以来禁酒の夫は、その通飲ぶりを喜んで見守り、コーラばかり飲んでいた。二人の女性のワイン好きにも目を細めて。

その後ハベリアナ大学からフミオ財団出版の三種の出版物が届き、秋野靱子氏よりボリビア民話の和訳の美事な絵本を贈って頂いた。同氏は日本画が専攻だが、一時アルゼンチンに移住された時からの親しい友人だった。

二月七日から二二日までは長野オリンピックが開かれたが、この間私達は国際フォーラムホールにロシア人セブラのソプラノコンサートを聴きに行ったり、ボリビアのガリンド新任大使の着任と、カルデロン参事官帰任の歓送迎会に出席したりした。カルデロン氏は私の本の感動を熱心に話して下さって感激してしまった。

三月十五日私は夫と共に三〇年ぶりの里帰りをした。実家を継いだ甥から母の三三回忌、長兄の二一年忌供養の知らせがあったからだった。

私達は宇都宮廻りの高速道路を通って二時間半で益子町はずれの大羽に到着したが、昔畑や水田で広々と美しかったわが家の前には、ビニールハウスや青屋根の家が建っていて、私道入口まで姪が出迎えに来てくれなければ判らないほどだった。そして坂の上の古い大きな実家は雨戸を閉じたまま、甥は坂下の邸内に二階家を建て住んでいたのだ。

自宅での法事が済んだとき、古い私の実家が好きで住みたいと言っていた夫は、真黒な大きな仏壇と位牌がなくなっている事を甥に訊ねた。すると甥は位牌は菩提寺の墓に埋めたという。私達は炭素分析するため持ち帰りたいと考えていたので呆然として顔を見合わせた。小さな位牌には十六世紀からの歴史が刻まれていたはずだった。この頃、厚生省から夫の遺父の遺品の絵が届けられたが、夫の死後、義弟は伊藤本家へ行きルーツを調べ、白梅会会誌で、亡父の処刑についての事情を詳しく知った。また、私の甥は、郷土史家であった長兄が遺した『益子史とわが家史』を持ってきてくれた。

日本発見の旅

四月は思いがけない便りに驚かされた。ラジオのパーソナリティの山田五郎氏が、「プラテーロを連れて日本中を回りたい」とロバに代るポニーを買ったと写真を送

愛馬をプラテーロと名づけ、日本じゅうを回りたいという山田五郎氏。

ってきたのだ。嬉しい日本のヒメネスおじさんの出現!!

その四月私達は〈タイタニック〉の映画をみたり、錦糸町トリフォニーホールのショスタコヴッチ・フェステバルの弦楽四重奏やロシヤ人歌手の歌を聴いた。さらに中林淳真氏の新国立劇場でのギターリサイタル、紀尾井ホールのベルリンフィルメンバーの演奏を愉んだ。

六月の前半二週間は夫の外務省古文書公開審査だったが、そのあと音楽の友ホールでの服部公一氏の自作歌曲の演奏会があり、変化に富む歌曲とユーモアたっぷりの氏の話、それに演奏会後の千葉大使令嬢誼子氏とお喋りで夫も十分癒されたらしかった。

さらに七月二四日の小松原庸子フラメンコ舞踊団の日比谷野外公演に招待され、歌い手と男性踊りをスペインから招いた情熱溢れる舞台。年を感じさせない小松原氏の踊りに元気をもらう。

八月の夫は恒例のニューオータニの囲碁大会で、金持の実力者揃えの中で奮戦、洋傘の景品を持ち帰った。

九月は美術の月で、秋野不矩氏のインドをテーマにした大作の日本画展と、二四日の加納恒彦氏の〈メデジンの花祭り〉写真展。秋野氏の大作に圧倒され、元皇室写真家の作品は端正で美しかった。

この頃私達二人に喜びと感謝を与えて下さったのは大阪外大林田教授創刊の雑誌『大学のボランティア活動』だった。息子文雄の追悼記事は紙面も多く、息子への愛に溢れ、私もコロンビアの大学でのフミオ財団設置の思いを書かして頂いた。

ところが十月になると日本の不況は深刻となり、山田五郎氏は〝プラテーロと日本中歩く旅〟を延期すると知らせてきた。ラジオで名の知れた俳人でもある彼だが、町々で講演会など開いて資金を作る計画が無理と判ったからだ。

私達のこの年の日本発見の旅は、九月の軽井沢・長野地方、十一月の長崎古都市とハウステンボス行となった。長野の善光寺では素朴な日本の信仰の原点を知り、ハウステンボスでは西欧生活の美を再確認した。そして長崎の地図を見直し、平戸市と本島の間に《黒子島》を発見、不思議さを覚えた。十二月七日にはザルツブルグのマリオネット『魔笛』をなつかしく見た。そして暮にはコロンビアの竹内夫妻が来日、わが家にも訪ねてきて下さった。夫人は、「フミオ財団」の伊藤家代理を務めて下さっていたのだ。

十二月十九日米国はイラクを空爆開始。国内は失業率四六％で失業者三四〇万人。学級崩壊、オウムの再活動、外務省の不正発覚の例年になく寒く暗い越年となった。

ボリビアから贈られた賛辞

世紀末の新年を快く迎えた。南米からの十六通のクリスマスカードの中にボリビアのマルガリータ・キルマンからの次のカードがあったからだった。「クリスマスと新年おめでとう。お別れして十年になりますが、あなた方のようなすばらしい大使に出合いませんでした。これからもいないでしょう。あなた方との楽しい日々を思い出しています」

彼女はみなに敬愛されていたドイツ人で、障害を持つ子供達の支援をしていた。二月下旬今度は駐ボリビア日本大使暉子夫人より、所用の知らせに付記したFAXを頂いた。「こちらラパスでは今だにお茶会やブリッジの会などで奥様のお名前が出るだけでなく、私の名前まで間違いられてユリコユリコと言われ困っております。当時奥様がいかに活躍されたかが伺われます」。私は十年経っても忘れないラパスの友人達の深い友情に感激した。

こうして一月は元気にサントリーホールの雅楽演奏を愉しんだが、二、三月と体調を悪くして、家の中の音楽環境も怠り勝ちだった。だが四月には回復し九州旅行を思い立った。

五月二日鹿児島に飛び、二泊して汽車で宮崎に出た。そしてシーガイアのオーシャン四五ホテルの三二二五号室に泊った。米国式高級ホテルの快適さに加え、館内には図書室、ビデオルーム、温泉プールがあり長期滞在に適していた。それにいつものように雇ったタクシーの運転手の皇室ゆかりの鵜戸神社の歴史や天孫降臨の地の話で、このホテルを保養所と定め再訪を約したのだった。こうして宮崎港から夜のフェリーに乗り大阪から帰京した。

六月末久しぶりで新国立劇場に行き、ギリシヤ悲劇《メディア》を観賞した。劇は面白かったが板ばかりの会場は居心地悪く、〝楽しい一時を過す〟満足は得られなかった。

そして七月中旬ケネディの息子の自家用機運転中の事故死。私達は宗教に支配されない墓を持ちたいという気持ちが強くなった。家族三人だけの墓を。それで広告と加島夫人の紹介で、調布市の《メモリアルガーデン調布》に一墓求めてしまった。

この八月わが家には義妹のお花の弟子だった寄川尚子氏や、原田氏と婚約した小田切昌子氏、アジアの蝶を撮影した甥の岡本昭男夫婦と娘二人など訪問が相ついで、愉しかった。だが九月下旬には真下夫妻が夫人サンドラの首の腫れ物の心配で相談にみえた。（虎の門病院を紹介し、働きながら抗癌剤の治療を受け、全治した。）

夫も九月は腰痛に悩まされたが検査の結果異常なく、十月六日には二人で交通会館に行き、パスポートを更新した。何という阿呆、年を考えもせずに。

私は十月十八日母校の卒業生の会桜楓会の求めで、《ラテンアメリカの生活と心

「メモリアルガーデン調布」の玄関入り口。

情》を話し、その集りに出た森悦子さんの自閉症児問題に関わることになった。そして二〇日には普通校で自閉症児教育をしている武蔵野小中高校保護者会長松井氏の集りに出席し、ウルグアイに創った自閉症児校の進展を話し合った。

十二月初旬はアルフォンソ、アリサの文化使節としての個展を新宿センタービルで観賞し、暮れには林夫妻、小笠原、森両氏のブリッジ仲間とＪＩＣＡの黒沢関口両夫妻と関口長女美紀氏と森氏長女優子氏の賑やかな忘年会を開いた。

「霞ヶ関」という世界の不思議な話 ⑭

２００１年外務省から昨年の沖縄サミットで会計某氏が昨年の沖縄サミットで会計某氏が多額の公金を使いこみ、外務省では一億五千万円を支払わなければならなくなったので、貴使にも醵金をお願いしたいという手紙が届いた。夫は十一年前退官しており在職中は皆で出しあった課金を使っていたとのことで送金しなかったと思う。

それから三ヵ月ほどたつと、外務省から一人三万円から三百万円の負担で全額支払ったとの報告があった。

私は前々から、外務省は士農工商の社会と考えていた。つまり上級職は士階級、中級（専門職）は農工階級、初級職その他事務職は商階級なのだ。

私は、外交にたずさわる人は平等な立場で自由に討議できなければ良い仕事はできないと考えている、というと、

夫は「外務省制度は、創設以来百年以上も続けてきたのだからすぐには変わらないだろう。だが僕は、四十代から各大使館で次席となり、総領事、大使としても充分働けたから満足している」と述べたのだった。

第19章　別れの時を迎えて　2000～03

二〇〇〇年　息子の改葬式と夫の病気

年の初めブリッジメンバーの永見夫人が、勤務先ペルーから一時帰国したので、一月のブリッジ会は三日と十一日の二回となった。社交的な彼女はペルーの日本人婦人会のブリッジ会の常連らしいが、その時の話題に必ず出るのが二十余年の前の〝皇太子殿下ご夫妻のご訪問〟だといい、さらに最近は紀宮殿下への誉め言葉も加わったという事だった。長くペルー問題に関わってきた夫も、ペルーで日系人が支配できる程の地位を得たのはご訪問もその一助と信じていたからその話は嬉しく納得した。私も日本の皇室の歴史の重みとその力を考えた。

三月には完成した墓を加島母子と寄川氏とみに行き、息子の納骨式の打合せをした。加島君は墓の近くのサッカー競技場と東外大の新建築を案内してくれて、墓が自宅近くなのを喜んだ。

三月十八日の改葬式はすばらしい天気で、高速を通り四〇分で墓地に到着した。十一時より墓前で式を始めたが、献花だけの我家流なのであっ気なく終り、管理棟二階のホールで昼食会。息子の大学時代の同級生、長井・藤川・星・増田・福井・

「メモリアルガーデン調布」に改葬された文雄のお墓。

落合各氏と大学院の林田（ポ語）安岡（ロ語）八名と、私達の親しい人と親戚など約三〇名が集った。息子の同級生が各方面の中堅幹部として活躍しているのに感激し、過ぎた十六年の重みを思った。来られない同級生の方々が息子の学生時代のあれこれを書いた〝寄せ書〟を送って下さった。私達は息子が友に愛され幸せな学生時代を送ったことを知った。食後は若い女性のフルートとヴァイオリン、年輩男性のギターによるトリオ演奏で、リクエストを混じえて十一曲、〝禁じられた遊び〟で終った。

そして四月下旬には息子の友から二つの嬉しい贈り物。一つは大阪外大助教授の林田氏からのビデオ『ジオルスン物語』という教会での最初のオペラ様式の宗教劇。もう一つ東大講師安岡治子氏から著書『ロシア文学案内』で、オペラの参考にもなる興味深い本だった。

また四月から介護保険制度が本格スタートし、私は要支援で週一回のヘルパーサービスを受けることになった。五月には膝痛や腰痛で三度も検査を受けたが異常なく自然治癒した。

夫は五月末の猛暑のせいか体調悪く、六月二日の文京シビックセンターで上演されたボリビア民族音楽会へも行かず、日頃の買物も坂道で休みながらとなった。それして外出のときは私の左腕をとって歩く〝お杖様〟の役目が果せなくなった。それ

文雄改葬式に集まった親族たち。

でも呑気な私達は老いに気づかず音楽やブリッジで日常生活を愉んでいた。そして夫の奨めで六月から湯島ハイタウン管理組合の理事になった。

ハイタウンはAB棟合せて四百世帯、店舗四〇軒の大世帯で、理事三五名は十年以上続けている人もいて自己主張が強く個性的だった。私は広報を担当し九月と十二月にハイタウン新聞を発行したが、本格的新聞はそれまでの新聞と整合性がないと非難された。だが所有者には大好評で余分に欲しがる人もいた。私はその間、ジャーナリスト小板橋氏や、やり手の遠藤・山本氏、入倉・加治・木村の三女性と親しくなり、会の様子や個性的な役員達の人間模様を夫に話し、「日本人発見」となった。

六月二五日は衆参院議員選挙、七月二一日から三日間沖縄サミット、九月十五日からのシドニーオリンピック、十月六日には鳥取西部地震などがあったが、ハイタウン内ではお店の閉店が相ついだ。私は酒類から乾物等を売る細山商店を存続させようと他の理事と努めたが美容院とともに十二月末で閉店となった。よく出前して貰ったおそばやさんも。

十月に夫は肺気腫と診断され、米国製のパッチ薬を使ったが、あまり本気にならず医師にあきれられた。

十二月には真下・太田両夫妻を招き忘年会を開いたら、二人の男性の誕生日と判明。ウイスキーとワインを痛飲する四人を「気持がいいね」と夫はコーラ片手に笑みを浮べ眺めた。

さらにその後、関口・林・黒沢・高野各夫妻と関口美紀夫妻等と忘年会を催した。新婚の関口夫妻は〈プリンセス雅子〉と名付けられた胡蝶蘭を持参され、私達は〈アデオス二〇〇〇年〉と記したケーキで乾杯し大いに語り合った。二〇世紀に別れを惜しみながら——。

理事長就任と夫の病気

二〇〇一年の正月は上天気で湯島天神は三日間大賑わいだったが、中旬に寒くなり十七日大雪が降って、わが家前の春日通りの坂道では十四台がエンコし警察が助けに来たが、四台は放置されて一夜を明かした。

私は一月二九日の理事会で前会長の不信任案による投票で理事長に選出された。私は毎日午後二階の事務室に通い、年輩の事務員と共に組合の仕事をした。ところが夫は正月早々から前の坂を上がるにも息切れすると言っていたが、二月中旬夫は夜明けに息苦しいと廊下に坐り込んでしまった。私は夫が煙草を止める好機と考え、救急車で虎の門病院に入院させて貰った。

夫は一ヵ月の病院生活で煙草は止められたが、三月二二日の退院後も常時酸素吸入を必要とする体になってしまった。居間には小さな冷蔵庫程の酸素発生器がとりつけられ、就寝中も酸素の鼻輪をはずせなかった。それでも夫は気にする様子はなく、退院三日目にはブリッジ会に加わり大勝した。メンバーは初めからの森・松田氏らがやめ、林夫妻、松井夫妻、小笠原夫人となっていた。

夫の入院中私は午前中淋しがりやの夫を見舞い、午後は管理組合事務室に通ったが、退院後は午後事務室に行くようにした。夫はそれを〝女神さまの天孫降臨〟と呼び、夕食の炊飯器のボタンを押す事で女神様助けと喜んだ。ただこれまで行ってきた毎月の美味しい物を食べるレストラン行きは中止した。四月二二日の飯田橋ホテルでの自閉症児後援会の松井氏による《感謝の会》には私だけ出席した。

私の理事長の仕事は、建物の大修繕のための劣化診断の開始と、長期管理費滞納者対策だった。この五年以上の滞納者は、テレビ出演をし著書も多い著名な評論家と満州引揚げの実業家、それに右翼の親分だった。私は執筆中のパレスホテルで評論家に会って長時間話し、他の二人とは事務室で不払理由を聞いた。前者二人は管理の藤和コミュニティとのトラブルが原因なので藤和の力を貸りて解決した。親分の未払いは先住者の借金を引き継いだ事で、毎月三万ずつ支払う事になった。日頃肩いからして怖いと思った親分は「この不景気でわしらも大変なんですよ」本音を吐き紳士的だった。

こうして六月二四日総会を開いたが、理事長バッシングに会い田中副会長や三浦幹事の力で五時間の会を終らせた。苦労したが初めての体験は面白かった。それにハイタウンは西側隣りを隔た所に上野の歓楽街があり、北側には東大の広い敷地、西側には啄木や一葉や漱石が住んだ住宅街がある上町と下町の境に位置していた。だから北町町会として五月の湯島天神の祭礼にはマンション内に祭壇を作り、五つの町会の御輿の休憩所として町会長兼任の理事長も祝事に加わらねばならなかった。また毎年の五町内会合同の新年会では、ハッピ姿のおじさんの美声を聞くこともあった。それに私は神田明神の氏子の有力者より、子ども御輿を寄附して頂き、お話を伺う等初体験を重ねた。

ところで九月十一日にはニューヨークの同時多発テロ事件で驚かされたが、その後夫は腹がふくらみ妊婦のようになり十一月下旬検査をしたが、カロリー過多のデブと診断された。そのせいか恒例のブリッジは夜十一時すぎても疲れをみせず、勝率のよいのも変らなかった。

この年管理組合はAB棟三ヵ所の共同トイレの改修工事を完成させ、後半五ヵ月でB棟の壁と廊下の大修繕工事を終らせた。そして二月着工の都交通局による建物前の舗道の改修も済んで美しい環境になっていた。さらに十二月には営繕部の人と玄関わきの庭の竹垣を新らたにした。新らしくなったハイタウンは毎年立てる門松も栄えて見えた。

師走わが家では恒例の忘年会も催さず、大晦日には二人で音楽を愉しみ除夜の鐘を聞いた。そして夫は湯島天神の賑わいを尻目に寝室にひき上げた。私は「鼻輪さんの初夢はどんなかしら?」と彼のかけ布団をそっと抑えた。夫がよく私にしてくれたように。

二〇〇二年　別れの年

お正月の料理を食べていたとき、夫は食物が喉がつかえる感じがすると云い出した。私は管理組合の新年会を用意したり、五町会のサイドパークホテルの新年会に出たりして、管理組合の仕事を始めた。さらに一月二七日には私の次兄の兄嫁が他界し葬式に出たりして、夫を虎の門病院に連れて行ったのは二月中旬だった。だが医師はうがい薬を処方しただけで治らず、三月初め再度受診して、三月二二日内視鏡検査を指示されたのだった。

当日午前夫の検査を担当した医師は、食道に指先大の腫瘍の写った写真をみせた。私達もすぐ癌と判った。丁度その日は五〇回目の結婚記念日だった。私は夕食後夫にこう告げた。「あなたは五〇年間私に幸せをプレゼントして下さいました。これからは私が命がけであなたをお護りします。肺気腫で酸素を頼りに十年生きた例がありますから、十年間は大丈夫ですよ。食道癌も初期だからきっと治ります。そして秋には金婚のお祝いの音楽会をパレスホテルで開きましょうよ」

その後呼吸器担当の医師から消化器外科の宇田川医師に引継がれ、四月一日入院となった。私は管理組合理事長を辞めて看護に専念したいと告げた。夫は「病気は医者に任せてあなたは辞めない方がいい」と即座に答え「あなたを誇りに思っているよ」とつけ加えた。

入院した日とその翌日は理事会があって、夫を昼まで看護して帰宅した。すると病院から電話があり、私は九時すぎの人気のない事務室で宇田川医師に会った。すると肝臓が悪性癌に侵されていていつ破裂するか分からないから覚悟するようにとの宣告。私は以前から〝こんなに幸せだと神様にいじわるされても仕方がない〟と夫に云っていたせいか、妙に平静にそれを受けとめ、夫にも告げず帰宅した。

入院五日後の土曜日自宅療養許可が出て帰宅したが、二日後肝臓の痛みを訴えて再入院。私もリウマチで足腰が痛み検査入院をさせて貰ったが一週間で退院、夫の一〇一五室の二人部屋を個室にして泊り込んだ。

夫には十一日から十五日まででで第一回の抗癌剤の投与が行われた。だが副作用防止の薬のせいか、食欲があり吐気もなく病院食を全部食べ、血液検査も正常で二七日退院となった。

自宅での夫は五月一〇日の再入院まで本当に元気で、脱毛以外は健康人と変らなかった。五月十日再入院、十四日~十八日までの第二回抗癌剤投与を受けて十八日退院したが、夫はすっかり元気になりブリッジをしたいとの事で私は室内帽を購入したが、人々の都合悪く次回に延期した。そして三一日から始ったソウルのワールドカップでテレビに釘づけの日々を送った。

ところが六月十日外来で病院に行くと夫は気分が悪くなり即日入院となった。だが十三日から十八日までの第三回抗癌剤を投与されると元気になり二〇日退院。来訪した真下サンドラ夫妻とワールドカップの決勝戦を大型テレビで堪能した。サンドラさんも抗癌剤で血液癌を治した経験もあるので、私達は夫の癌も治るものと信じ明るい日々を送った。

こうして七月は四日に入院し、五日から九日まで第四回抗癌剤投与を受けた。そのとき栄養剤点滴も同時にされたのが気になったが十一日自宅に戻った夫は少ししか食べず、下痢をし熱をだした。そして十七日には洗面所で倒れ体力の衰えをみせた。医師に告げると〝自宅にいる日を大切に〟と最後通牒的言葉。そんな苦悩の夜十二時、アルゼンチンのアギラール夫人から電話。彼女の心遣いが嬉しかったが、私は一人で夫の病状を話した。

七月二四日夫は入院を望み、ベッドの読物にアガサ・クリスティの文庫版五冊購入を私に頼んだ。そして二六日入院五回目の抗癌剤投与を受け、猛暑つづきの八月八日退院した。夫は二、三回目の投与で元気になったので、抗癌剤投与すれば回復すると信じていたらしい。だが夫は下痢と便秘を繰返すようになり食事もミルクとくず湯、マンゴウ少々程度、それまでのシャワーのための洗面所行きも出来なくなった。夫のふくれたお腹を押すと痛いと云い、入院を希望するので二一日を入院と決めその前夜、サンドラさんを招きオペラを観た。娘のように可愛がったサンドラさんが〝セビリアの理髪師〟をみたがっていると云って、最後の夜を三人で過せるよう私がとり計らったのだ。サンドラさんは夫を坐らせたり横にならせたりして夫を助けてくれた。オペラの前半を終えたとき、「後半は病院から帰ってからね」と私が云うと、夫は本当に嬉しそうに微笑んだ。

八月二一日、医師は六回目最後の抗癌剤投与したものの、鎮痛剤の点滴を加え、〝あと一週間はもたない〟と宣言した。今回もまた二人部屋の個室（夫は自宅みたいと喜んだ）から自宅に通い、管理組合の仕事を続けた。病院と自宅の三〇分のタクシーでは、運転手さんとのおしゃべりで気をまぎらわせた。

夫はだるさと軽い痛みを訴えたが、二日間は元気に見舞客に応待し、二四日はサンドラさんをスペイン語で笑わせたが、「今日は何日」と何回も繰り返し訊ねたのが気になった。そして二五日朝十時頃、「今日は何だかうすら眠くって」と云い、私の「少し休めば元気になるわ」の言葉も聞かず、目を閉じ意識を失っていった。私は翌日真下氏と近くの銀行でお金を下したりし、二七日には午後夫と仲がよかった義弟に夫を頼み、午後七時半からの理事会に出席した。理事会は紛糾し、迎えに来た加島君にせかされて十時すぐ病室に戻った。そして安らかな眠りがまだ続くと思っていたら、静かに息を止め「あら！」という間もなく、跳んできた医師に十時二五分の死を告げられた。この五ヵ月間、大した痛みもなく過し、眠いといって意識を失ったので、まだ眠りが続いている気がして、死んだという実感がわかなかった。夫もまた眠いから目を閉じたら、ヘンな所へ来ちゃったと驚いているのではないかと思った。

翌日夫の遺体は研究のため解剖され、葬儀社の霊安室で一夜を過した。そして翌日午後火葬を行なった。銀の棺の中の夫は病気の苦しみがなかったせいか、いつものような安らかな寝顔をしていた。私は心の中で、とっても立派よと夫に賞讃の言葉を捧げたが、私は体調悪くやっと棺につかまって立っている有様だった。

死を知らず、死という言葉を一言も交わしたこともなく他界した夫の四九日間は、夫と共に眠る安らかな日々となった。夫は何事にも執着のない人間で、人生についても喫煙で少し位寿命が縮ってもいい、と十七歳から喫い初めた煙草を一日三〇本は吸い続けていた。それに夫も私も人生は「ケ・セラ・セラ」（なるようになる）と考えていて、抗癌剤治療で奇蹟が起ると信じる呑気な人間だった。だが独りになった私が夫の死を平静に受け入れることができたのは、息子の死以来信じていた「神のなさることは時に叶って美しい」の聖書の言葉があったからだろう。

お別れ会

〝人間の魂は死後四九日は家の棟に留まる〟と教えてくれた母の言葉に従い、四九日に当る九月二一日にお別れ会を開くことにした。

そしてその旨を九月外務省に知らせると、二〇日夜、新聞協会から明日各紙に訃報に載せるとの電話連絡を頂いた。ところが当日掲載されたのはその日葬儀の長崎大司教の島本要氏の訃報だった。私はキューバで親しかった島本ヴァチカン大使館書記官が私に知らせてくれた思いがした。十一時葬儀の時刻に合わせ、島本氏の霊に祈りを捧げた。

さて葬儀は、人間らしい夫の立派な人生を讃え、親しく交際して下さった方々が、音楽と食事で歓しめる集りの百合子流ですることにした。会場は物心共に豊かな人生のしめくくりにふさわしく、夫が三和在職中の二三階の自室から眺めた皇居前のパレルホテルの大会場とし、フルート、ピアノ、チェロのトリオ演奏を会の間中演奏してもらうことにした。お料理もシェフと打合せスペイン色を加えて最上級の仏料理を用意した。

そして九月二一日午前十一時から二時まで約七四名をお招きし生前のご交誼感謝をこめた会を行ったのだが、その十一時十五分前頃、思いがけず宮内庁の方が天皇陛下からの御下賜金を持ってきて下さったのだった。それは祭壇の夫の遺影の下に飾られたが、外交官としての業績を讃える証しとなった。会場の遺影は人間性豊かに生きた夫らしいと、普段着の笑みを浮べたものだったから……。私はやさしいお心くばりをされる陛下に、ただ感謝感激をするばかりだった。

お別れ会は第一部は献花、献杯ののちフランス料理のフルコース。その間の演奏は夫の好きなベートーベンやヴェルディの作品で、トリオの三人が私の我儘を聞いて下さったもの。料理もシェフと私でメニューを作った最高の味覚で、一時間余の至福のときを過した。そして第二部はまず天皇御下賜金や弔電の紹介。さらに藤城氏（声優）の『プラテーロとわたし』の二篇の献読、そのあと五人のお話。職場を代表しての長崎大使のあと作曲家服部公一氏が、文化使節でアルゼンチン大使館文化センターを訪ね夫と親しくなり、一夜タンゴバーに行って、氏がタンゴを弾いて喝采を浴びた話をされた。さらに元エクアドルの川崎汽船支店長松井氏は、海軍大臣でもある大統領との国家プロジェクトを、夫の協力により成功させたことを、元外交官で参院議員の高野氏が、氏が公明党員なのを全く気にせず、仲人や選挙応援をした事への感謝を、同期生の柿沼大使が思い出を語られた。それらの話は私の知らない夫の一面を知るようすがになり、友人が云ったように「武好を惚れなおした」のだった。ともあれ三〇分延びた会は私の感謝の挨拶で終ったが、形式ばる事は嫌った夫にふさわしい感動的な別れだったと皆さんが誉めて下さった。

その夜、息子の大学院時代の親友の大阪外大教授林田雅至氏等がわが家に来られ、真下、サンドラ夫妻らとお別れ会では紹介しなかったコロンビアの「イトウフミオ財団」が話題となり、林田氏の提案でわが家を財団の日本支部にすることになった。私も亡夫への天皇はじめ沢山の皆様方のご芳志を生かせると考え、日本に来ている留学生や外交官等の日本文化紹介の仲立ちをしようと思った。そして「ラテンアメリカ日本文化研究者支援協会」と命名。

その後十月十四日には、メモリアルガーデン調布で夫の埋葬式を行った。ヴァイオリン演奏の中、親族や親しい友人三〇人の献花に彩られ夫は永遠の眠りについた。息子の遺骨のそばで――。夜一日付添ってくれた義弟夫婦が帰ると、私は空になった祭壇の前で空虚感に苛まれ、深更まで坐り込み、私が死んだら墓に「武好は孤高の人だった。よく働き、内外の友人と家族を愛した人だった」と彫んでもらおうと考えた。

その後十一月六日には霞関会の合同慰霊祭があり、芝公園に臨時移転中の外務省に、養子となってくださる加島君とサンドラさんに付き添われ参列した。逝去者四五名の中に二人の知人もあり、旧知の枝村理事長や林屋夫妻、野田大使らが参列されていたので、親しみのある会で慰められたが、七六歳五ヵ月の寿命は口惜しかった。

また十一月二五日には両陛下のペルー御旅行記念日のお茶会に招かれていたが、二一日に高円宮が急逝され延期となった。

〇二年の大晦日は、小林育夫氏と森千秋さんが来訪され、一人の越年をあわれんで泊って下さり、三時頃までおしゃべりした。窓から初もうでの賑わいを眺めながら。

そして〇三年になると、遺産相続の手続きやマンション管理組合理事長として六月末の総会まで、本当に忙しく過したが、それらに夢中になって悲しみを紛わせたのはありがたかった。それに三月は米国のイラク戦が開始され、三月二九日日本支部の第一回の会合を林田、太田夫妻、関口夫妻、原田さんらと開いたが、話題はイラク戦賛成派の関口氏と、反対派の太田氏と私との討論になってしまった。関口氏はイラク勤務の体験があったからだが、この戦争への関心は大きかった。

その後「ラテンアメリカ日本文化研究者支援会」は六月ハベリアナ大学で詩とサーレス博士の来日で、ささやかな集まりを行った。博士はソルボンヌ大学教授ゴン哲学を学ばれ博士号を持っていたが、大学では俳句の講座をもち、京都では京大訪問や禅の体験もされた方だった。そこで協会では奥の細道を辿る旅を、真下サンドラ同道でして頂いた。そして私は林屋大使より頂いた西語版「奥の細道」の豪華本を贈呈した。（後日学長兼フミオ財団理事長より丁重な写真付お礼状を頂き、本は

イトウフミオ財団日本支部が贈った『奥の細道』スペイン語版（オクタビオ・パス＋林屋辰吉共訳（は、ゴンサーレス博士（右）から財団理事長のロウ学長に手渡された（ハベリアナ大学学長室にて）

大学図書館の貴重本と収められた)。訪日された博士は私の身体を案じて、高さ30センチくらいの、金色の紙製の「健康のためのマリア像」を送って下さったのだが、それから三年後に四〇代の若さで他界されてしまった。この頃設立二五年を迎えた「フミオ財団」は、本の出版事業だけに縮少された。

偲ぶ会

二〇〇三年八月は夫の没後一年に当るので、八月二日パレスホテルで「偲ぶ会」を開催した。お招きしたのは本当に親しい方々と、夫の他界後親しくなった方々六七名。献花献杯のあと私は出席者を紹介一言挨拶をお願いしたが、中には長々話す方もいて、司会の太田氏が巧みに抑えて下さったりした。その後シェフと私が献立を決めたバイキング式の和洋料理はとても喜ばれた。

第二部では林屋大使が最初のメキシコ勤務以来の交誼の話、林田外大教授が息子と私達との親交を、関口氏はエクアドル(七七年)以来の夫婦とも同じ大学のよしみを語った。そして真下、サンドラ夫妻のヒメネスの詩二篇の献詠、ギタリスト中林淳真氏の六五年氏がスペインデビュー以来の親交の話と、心のこもったギター演奏。そして夫の甥の娘のバレエと、中村夫妻のタンゴ、新らたな友古館由佳子さんのヴァイオリン、飯田俊明氏のピアノ伴奏のデュオ演奏が行われた。古館さんのジプシーヴァイオリンは、ハンガリーのチャルダーシュ曲を好きな夫にと私が願って実現したものだった。

さて九月に入ると、私の最も親密な三番目の兄で、元記者の孝夫が思いがけず病気になり、聖蹟桜ヶ丘の自宅に二度見舞ったが五日急死した。兄は一ヵ月前から「大羽へ帰ろう」と言っていたという。古い実家のある故郷へ。

十月も終り近い二五日、ラテンアメリカ日本文化研究者支援協会主催の第一回〝お話の会〟を開くことができた。話は浮世絵についてで、階下の羽黒洞主宰の木村品子氏（父君は有名な画廊主で、ジョン・レノン夫妻のような有名人も来店した）父君作製の浮世絵のビデオと、江戸時代の肉筆浮世絵をみせて下さり、そのモダンさと鮮やかさに驚かされた。そのあと会食しながらおしゃべりで時を忘れた。

この会は、外国人出席者がわずかだったので、留学生を招こうと考え、在日南米諸国大使館に問い合せると、留学生の大部分は地方都市に在住していることがわかった。毎回二〇人ほどが集まった「お話と音楽の会」は二〇〇六年まで八回開かれたが、私の脚の骨折入院で、中止せざるを得なくなった。ブリッジ会も同じことだった。

さらに嬉しかったのは、十一月十八日両陛下よりペルーご旅行三五周年記念日のお茶会に招かれたことだった。私は両陛下に夫への御下賜のお礼を申し上げ、ラテンアメリカの日本文化研究者を支援する会の設立のお話を申し上げた。

この年の暮、在コロンビア日本大使館の元高級クラークであったアベージョ博士の夫人から知らせを受け取った。博士は、半年前にクリスマス・カードを書き終えたとたんに倒れ、急逝したというのだ。寂しがりやの夫が、博士を招き寄せたに違いない、と私は思った。

二〇〇三年の年の暮れ、私は友人達に中桐雅夫の詩に私の思いを託して年賀状を差上げた。


新年は死んだ人をしのぶためにある。

心の優しい人が先に死ぬのは何故か、おのれだけが生き残っているのはなぜかと問うためだ。

あとがき

私の夫は昭和二七年（一九五三年）外務省に入省、昭和の終焉の昭和六四年（一九八九年）退官いたしました。私達は入省翌年の三月二二日メキシコ赴任を機に結婚、四月二八日の平和条約発効により、十年ぶりの外交再開となったのでした。そして昭和六四年一月帰任し大喪の礼に参列、同年六月退官いたしましたから、まさに昭和の外交官といえるでしょう。

私達は夫がスペイン語を専攻いたしましたので三七年間の外務省勤務のうちに二七年間をスペインとメキシコ、エクアドル、キューバ、アルゼンチン、ウルグアイ、コロンビア、ボリビア各日本大使館及びベレン総領事館（ブラジル）のラテンアメリカ八カ国に勤務いたしました。

これらの国々は（ベレンを除き）スペインが征服し西欧文化を移植した所ですから、一九五〇年代は文化的な進んだ生活を展開していました。経済的にも第二次大戦時の欧米への輸出で豊かさを享受していたのです。

さて外交官生活についてですが、外国では夫婦単位で交際するときと、男女別々にするときとがあります。私共は人づきあいが好きで、とりわけ夫は話し上手聞き上手で、誰とでも平等なつきあいをするので好感を持たれたようです。そのかわり、招宴準備や引越の荷造りや自分の身の回りのことなどは私に任せきりでしたが。

新しい国に行く毎に新しい出会いがあり、何人もと親しくなりました。ただ任期の関係上、その出会いは三年足らずで別れになりますが、それだけにつきあいは深く心に残りました。

私はいま改めて出会いの不思議さ、すばらしさを考えています。出会いで生まれた友情によって、幸せをいただきましたし、一生家族同様のおつき合いをさせて頂いている方が何人もいます。それどころか家族のいない私にとって、出会いで生まれた友こそ家族なのです。夫婦の出会いに始まるすばらしい出会いにただ感謝あるのみです。


この本は、二〇〇四年に書き始めましたが、持病のリウマチによる骨の病気や、二年続けての脚の骨折や激やせ後の大腸手術などで毎年のように入院し、原稿はとびとびに書いたものになりました。

その乱雑で長々しい原稿を、現代企画室の編集長、太田昌国氏は明快にまとめてくださり、未整理の膨大な写真からふさわしいものを選び、地図をつけて、読み易い本にして下さいました。長い間の辛抱と情熱をもって名編集ぶりを発揮された同氏に、心から敬意と感謝を捧げたいと存じます。

いま私は、この本では書けなかった二二歳からの慢性関節リウマチを持病とする私と社会の関わり、在宅及び施設での介護体験を通じ、介護のあり方、高齢者社会の老人の幸せを探究しています。

歩けずベッド上の机に向うのが精一杯の独り暮らしの老女は、我が家眼前の湯島天神に知恵のおすそ分けを願いながら、はりきっている次第でございます。

伊藤百合子

二〇一〇年八月

【著者紹介】

伊藤百合子（いとう ゆりこ）

1923年、栃木県益子町に生まれる。日本女子大学校家政学科第三類（現社会福祉科）に学ぶ。1933年より栃木県立女子師範学校で、戦後は新制中学で教諭を務める。その後、労働省内婦人少年局（栃木職員室勤務）、宇都宮家庭裁判所少年調査官などを務めた。1952年、家裁での同僚、伊藤武好調査官が外交官としてメキシコへ赴任するのを契機に結婚、メキシコへ赴いた。以後、外交官一家として、スペイン語圏各国での生活が40年近く続くことになるが、その経緯が本書で綴られている。

著書に『百年の孤独の国に眠るフミオに』（現代企画室、1992年）、そのスペイン語訳“A Mi Fumio que Duerme en el País de Cien Años de Soledad”, La Fundacíon Fumio Ito, Bogotá, Colombia, 1995. がある。. 共訳書に、フアン・ラモス・ヒメネス『プラテーロとわたし』（理論社、1965年）、世界の詩57『ヒメネス詩集』（弥生書房、1968年）がある。

すばらしき出会いの50年
昭和の一外交官一家の内外生活史

発　行　2010年11月10日 初版第一刷
定　価　2500円＋税
著　者　伊藤百合子
発行者　北川フラム
発行所　現代企画室
150-0031 東京都渋谷区桜丘町15-8 高木ビル204
TEL.03-3461-5082 FAX.03-3461-5083
e-mail:gendai@jca.apc.org
http://www.jca.apc.org/gendai/
印刷所　藤田印刷株式会社

ISBN978-4-7738-1016-5 C0023 Y2500E